Blue Book on the Development of
Consumer Goods Industry in China(2012)

中国消费品工业发展

蓝皮书（2012）

中国电子信息产业发展研究院　编　著

主　编 / 杨拴昌

副主编 / 闫逢柱

中央文献出版社

图书在版编目（CIP）数据

中国消费品工业发展蓝皮书 . 2012 / 中国电子信息产业发展研究院编 .
—北京：中央文献出版社，2012.10

ISBN 978-7-5073-3655-9

Ⅰ . ①中… Ⅱ . ①中… Ⅲ . ①消费品工业—工业发展—
白皮书—中国—2012 Ⅳ . ① F426.8

中国版本图书馆 CIP 数据核字（2012）第 234574 号

中国消费品工业发展蓝皮书（2012）

编　　者 / 中国电子信息产业发展研究院
责任编辑 / 张文和
装帧设计 / 佳艺堂

出版发行 / 中央文献出版社
地　　址 / 北京市西四北大街前毛家湾 1 号
邮　　编 / 100017
网　　址 / www.zywxpress.com
经　　销 / 新华书店
印　　刷 / 北京市艺辉印刷有限公司

787 毫米 × 1092 毫米　16 开　18.5 印张　311 千字
2012 年 12 月第 1 版　2012 年 12 月第 1 次印刷

ISBN 978-7-5073-3655-9　　定价：88.00 元

大力推进工业转型升级

（代序）

党的十八大会议是我国全面建成小康社会的关键性阶段召开的一次十分重要的会议。大会报告进一步明确了“工业化基本实现、信息化水平大幅提高”的目标任务，提出了促进工业化、信息化、城镇化、农业现代化四化同步发展的新要求，强调了加快形成新的经济发展方式的重大部署，为工业和信息化改革发展指明了方向，提出了明确要求。我们必须认真学习领会、全面抓好贯彻落实，坚定不移走中国特色新型工业化道路，促进工业和信息化又好又快发展。

新中国成立以来特别是改革开放30多年来，我国工业建设与发展取得举世瞩目的成就，总体规模大幅提升，综合实力不断增强，工业对国民经济增长的贡献率超过45%，制造业产出跃居世界第一。工业的发展为确立我国经济大国地位、增强国家综合实力和国际竞争力提供了强有力支撑。但同时，我们也必须清醒认识到，我国工业长期依靠高投入、高消耗，发展方式粗放、结构不合理、核心技术受制于人、资源环境约束强化、区域发展不平衡等深层次矛盾和问题突出，已进入到必须以转型升级促进工业和信息化又好又快发展的新阶段。我们要深入学习和贯彻落实十八大精神，紧密结合学习贯彻胡锦涛同志在中央政治局第三十三次集体学习时的重要讲话，紧密结合贯彻落实国务院颁布的《工业转型升级规划》，牢牢把握工业转型升级的中心任务，以科学发展为主题，以加快转变经济发展方式为主线，着力推进自主创新和深化改革开放，努力把工业发展建立在创新驱动、集约高效、环境友好、惠及民生、内生增长的基础上，不断增强工业核心竞争力和可持续发展能力。

一是着力促进工业经济平稳较快发展。发展是硬道理，是执政兴国的第一要务。工业是实体经济的主体和基础，特别是在当前严峻复杂的经济形势下，保持工业经济平稳较快发展尤为重要。要牢牢把握扩大内需这一战略基点，贯彻落实“四化同步发展”的要求，以推动城镇化、农业现代化为重点，改善供给结构，挖掘内需潜力。高度重视、大力培育发展信息消费等扩大内需新的增长点。积极打造国际竞争新优势，落实促进外贸稳定增长相关政策，稳步拓展海外市场。

二是加快建设现代工业发展新体系。要根据工业转型升级总体要求，围绕推动战略性新兴产业、先进制造业健康发展，加快传统产业转型升级，大力发展生产性服务业，瞄准重点领域和方向，集中力量尽快取得实质性突破。加强技术创新、技术改造，实施工业强基工程，推进质量品牌建设，促进产业转移和产业集聚，不断提高工业制造基础能力、新产品开发能力和品牌创建能力。特别是加快推动关键核心技术突破，大力培育发展战略性新兴产业和先进制造业，加快形成先导性、支柱性产业，促进全产业链整体升级。

三是大力推进信息化和工业化深度融合。两化融合是新型工业化道路的鲜明特征。要抓住新一轮科技革命的历史机遇，加强信息网络技术的广泛运用和全面覆盖，重点要大力推进信息化和工业化深度融合，加快研究和推动出台扶持政策措施，实施重点行业两化融合推进示范工程，深化信息技术在工业领域的集成应用，加快推动制造模式向数字化、网络化、智能化、服务化转变。同时，要加快建设下一代信息基础设施，实施“宽带中国”工程，推进三网融合，发展现代信息技术产业体系，健全网络与信息安全保障体系。

四是着力增强创新驱动发展新动力。当今时代，科技创新和技术进步已日益成为经济社会发展的主要驱动力。必须把加强创新能力建设摆在更加突出位置，着力提高原始创新、集成创新和引进消化吸收再创新能力，更加注重协同创新，充分发挥科技创新在工业转型升级中的战略支撑作用。推动科技和经济紧密结合，加快构建以企业为主体、市场为导向、产学研相结合的技术创新体系。依托国家科技重大专项及重大产业创新发展和应用示范工程，突破一批重大关键和核心技术，加快新技术新产品新工艺研发应用，加强技术集成和商业模式创新，提高科技成果转化和产业化能力。

五是加快推进工业绿色发展。建设生态文明，是关系人民福祉、关乎民族未来的长远大计。必须牢固树立生态文明理念，坚持节约资源和保护环境的基本国策，着力推进工业绿色发展、循环发展、低碳发展，努力建设美丽中国。要紧紧围绕建设资源节约型、环境友好型工业体系，进一步淘汰落后产能，推进工业节能降耗，加强节能减排共性关键技术和装备开发、示范与推广应用，促进清洁生产和污染治理，提高资源利用效率。发展循环经济和再制造产业，加强低碳技术研发、推广和产业化，提高工业经济可持续发展能力。

六是不断优化企业发展环境。企业是市场的主体。推动经济增长和发展方式转变，关键要激发企业的内在动力和活力。当前，中小企业特别是小型微型企业面临的困难增多，要以小型微型企业为重点，积极推动实行更加有利于实体经济特别是工业发展的政策措施，不断优化企业发展政策环境。要以深入贯彻国务院关于进一步支持小型微型企业健康发展的意见为重点，加大对小型微型企业发展的扶持。推进汽车、钢铁等重点行业兼并重组，协调推动实施大企业做优做强的政策措施，努力形成大企业顶天立地、中小企业铺天盖地，大中小企业相互竞争、互相促进、协调发展的格局。

推动工业转型升级是一项长期性、艰巨性的战略任务。我们使命光荣、责任重大。工业和信息化系统一定要进一步增强大局意识、使命意识和忧患意识，更加紧密地团结在以习近平同志为总书记的党中央周围，高举中国特色社会主义伟大旗帜，以邓小平理论、“三个代表”重要思想、科学发展观为指导，坚持走中国特色新型工业化道路，立足于不断提高发展的质量和效益上来，加快形成新的经济发展方式，努力实现从工业大国向工业强国转变，为全面建成小康社会、加快社会主义现代化进程做出新的更大的贡献。

工业和信息化部部长

2012 年 11 月 21 日

前　言

消费品工业是国民经济和社会发展的基础性、民生性、支柱性、战略性产业，涵盖轻工、纺织、食品、医药等工业门类。新中国成立后的前30年，经过艰苦的努力，我国建立了较为完整、独立的消费品工业体系，实现了从无到有的转变，保障了当时8亿人口的基本消费需求。改革开放以来的30多年，我国形成了市场化、国际化的消费品工业体系，实现了从小到大的历史性转折，成为世界消费品制造中心和采购中心，在满足13亿人口的温饱型需求和大部分居民的小康型需求的同时，也为世界人民增添了福祉。

一

2011年是国家“十二五”发展规划的开局之年，也是国内外经济形势复杂多变的一年。面对人民币升值、信贷紧缩、劳动力和燃料成本快速上涨、大宗原材料价格剧烈波动等诸多不利因素，消费品工业借力国家宏观调控，大力实施扩大内需战略，积极应对市场风险，加速调整产业结构，加快转变发展方式，总体保持了平稳运行态势，在扩内需、促就业、保增长等方面发挥了重要作用。全年消费品工业增加值同比增长14.1%，高于全国工业0.2个百分点，增长质量总体向好；内销产值同比增长30.5%，较2010年提升了0.4个百分点，扩大内需效果明显；出口同比增长15.7%，主要轻纺产品出口增速均在20%以上，轻纺产品国际市场份额保持稳定；全年规模以上消费品工业企业用工人数占全部工业的比重达38.2%，新增就业261.7万人，比2011年增加了19.2万人。

二

当前，国内外经济和社会环境正在发生深刻变化，消费结构也在不断升级，这既对我国消费品工业的发展提出了巨大的挑战，也为其发展方式转变指明了方向。

第一，第三次工业革命即将到来，消费品工业生产方式面临重大变革。美国经济学家杰里米·里夫金、英国《经济学家》杂志等纷纷预言，全球工业发展进入了一个崭新的时代。在这一时代，制造业生产方式发生深刻变革，个性化、定制化的生产将逐步取代集中式、同质化的生产，生产者要紧密贴近消费者与消费市场。未来这一深刻变化将会对我国消费品工业“以量取胜”的发展模式提出了巨大挑战，能否尽快转变发展方式、提升发展内涵将直接决定中国消费品的国际市场地位。

第二，消费品高速出口增长难以持续，全球消费品工业格局调整加快。近年来，国际经济形势发生了巨大的变化。在欧美，经济形势复杂多变，主权债务问题将会在一个较长时期内存在，居民的消费信心受到了挫伤，消费需求持续低迷，这对我国的消费品工业、尤其是高度依赖外需的轻纺产品出口形成了巨大的挑战。同时，重视实体经济的政策导向引发了制造业回归，这将改变国际消费品工业的竞争格局，加剧国际消费市场的竞争和贸易保护。在新兴市场国家、尤其是周边的东南亚国家，近年来市场化改革正在推进，开放程度日趋加深，经济呈现强劲增长之势。这些变化与其廉价的劳动力优势结合在一起形成了较强的竞争优势，劳动密集型的轻纺工业向这些国家或地区转移明显加快，这将会对我国消费品工业的发展形成较大的压力。

第三，要素供给结构发生重大变化，消费品工业发展面临约束加剧。伴随着观念上的巨大变化，我国的出生率持续下降，刘易斯拐点提前到来，人口老龄化步伐加快，人口红利正在稀释，劳动力市场逐年承压，多年以来支撑我国消费品工业发展快速发展的动力正在快速削弱，人口大国的劳动密集型的轻纺工业发展面临着“用工荒”的困境。同时，随着城镇化的快速发展，我国耕地资源短缺加剧，粮食、油料、棉花等重点消费品原料的供给保障面临挑战，价格波动加剧。除了劳动力和原材料外，我国消费品工业发展面临的生态环境要素约束也在升级，节能、减排、降耗压力较大。面对要素供给结构的大变化，消费品工业必须加快转型升级，走集约式发展之路。同时，也要求我国的消费品企业尽快提升全球范围内整合资源的能力，加快“走出去”的步伐。

第四，收入水平持续增长，消费结构快速升级。改革开放30多年来，伴随着收入水平的快速增长，城乡居民的消费观念和消费结构发生了显著的变化，生存型需求下降，发展型和享受型需求增加。消费结构的变化对消费品工业发展提出了更高的要求，既要满足城乡居民的基本消费需求，又要迎合个性化、多元化的时尚需求，既要提高耐用消费品的品质和档次，又要满足新一代消费群体对快速消费品的需求增长，既要重视传统消费品行业的发展，又要大力发展医疗保健等新兴消费品工业。

综上所述，我国消费品工业化发展的内在动力、比较优势和外部环境正在发生深刻变化，必须牢牢把握科学发展这个主题，紧紧围绕转变经济发展方式这条主线，遵循产业发展的客观规律，适应国内外市场需求变化，加大创新投入，提升发展内涵，扭转过度依赖要素投入和高度依赖国际市场的发展模式，实现由消费品制造大国向制造强国的跨越。

三

“十二五”期间，改造和提升消费品工业是消费品工业发展的中心任务，也是化解消费品工业发展过程中的不平衡、不协调、不可持续问题的根本出路。为完成这一中心任务，必须高度重视以下问题。

第一，深入推进结构调整。结构不平衡问题是我国消费品工业发展面临的最突出的问题。从行业内部看，传统消费品工业所占的比例依然较大，新兴消费品工业发展滞后。从市场结构看，市场主导的消费需求增长机制尚未形成，高度依赖外需的局面并没有得到根本性改变。从产业组织结构看，行业集中度普遍不高，进入门槛较低，恶性竞争依然不同程度存在。从空间结构看，东部沿海地区所占比重过高，中西部地区的资源和成本优势没有得到发挥。从技术结构看，企业的创新主体地位尚未真正确立，企业自主创新能力普遍不强，竞争手段单一。为解决这些问题，必须加快推进传统消费品工业与战略新兴产业的结合，大力发展现代生物医药、纺织新材料等战略新兴产业，培育新的增长点。必须深入推进流通体制改革，挖掘国内消费潜力。必须加强标准体系建设，严格执行产业政策，加大落后产能淘汰力度，深入推进企业的兼并重组。必须加快园区和公共服务平台建设，提升产业综合配套水平，增强中西部地区承接消费品工业梯度转移的能力。必须明确企业的创新主体地位，加大研发和技改投入，加快新技术、新工艺的产业化应用。

第二，着力提升消费品工业有效供给能力。在市场经济体制下，产业持续健康发展的基础不是供给与需求的简单平衡，而是有效供给与有效需求的平衡。在转变消费品工业发展方式的过程中，要把提升有效供给能力作为化解市场供求矛盾的重要任务。从企业层面看，要顺应国内外消费结构升级的趋势，努力增加适销对路的消费品生产和供应。要加强研发设计，开发生产新型消费品，培育新的消费增长点。要加大对国际市场的调研，积极开展“走出去”实践，探索生产和服务外包的新途径。从政府层面看，要研究制定消费品工业增加有效供给的主要举措，加大对企业研发设计和“走出去”的支持，加大知识产权的保护力度，营造良好的市场竞争环境。

第三，加快推进诚信体系建设。“国以民为本，民以食为天，食以安为先”，保障健康、安全的食品供给是食品工业发展的终极目标，也是食品工业持续健康发展的根本保障。近年来，经过社会各界的共同努力，我国食品安全法律法规不断加强，食品安全标准体系日渐完善，食品生产技术水平和产品质量不断提高，食品安全整体水平也得到了明显提升。但我们也要清醒地认识到，我国食品安全的基础还较薄弱，与人民群众的期待相比还存在明显的差距。为从根本上解决食品安全问题，需要大力推进食品企业诚信体系建设。诚信是社会道德建设的前提，是食品质量安全的治本之策，更是食品企业发展的立企之本。在食品企业诚信体系建设过程中，一方面要落实企业的主体责任，使企业充分认识到诚信体系建设的重要性和紧迫性。另一方面，要加快机制建设，要充分发挥部际协调机制的作用，加快诚信信息管理共享机制、企业信用奖惩与保障机制建设，加大诚信的教育和宣传力度，形成全社会关注的良好氛围。

第四，大力实施轻纺工业自主品牌战略。自主品牌是市场竞争的基础，是应对不断加剧的贸易保护的重要途径，更是实现由轻纺产品制造大国向制造强国转变的必由之路。改革开放30多年以来，通过引进外资，我国的轻纺工业以代工方式实现了由小到大的历史性转变，但自主品牌建设严重滞后，不仅知名品牌数量少，更重要的是品牌的技术水平和国际竞争力低下。面对严峻的形势，一方面需要强化品牌竞争意识，深化品牌发展意识，巩固品牌保护意识。另一方面，需要科学处理企业品牌、区域品牌和国家品牌的关系，切实改变重企业自主品牌建设、忽视区域品牌和国家品牌的建设的倾向，使三者相互促进，共同发展。

四

基于对上述对消费品工业和社会发展中一些重大问题的思考，赛迪智库消费品工业研究所研究编撰了《中国消费品工业发展蓝皮书(2012)》。本书基于国际化视角，较为详尽地分析了过去的一年中我国及世界主要国家消费品工业的发展态势，系统剖析了国内外的相关政策及其对消费品工业发展的影响，对 2012 年我国及世界消费品工业的发展走势形势进行了预测。全书分为国际篇、发展篇、政策篇、行业篇、区域篇、企业篇共 6 个部分。

国际篇，首先分析 2011 年欧美等东南亚纺织、食品、医药等重点消费品行业的发展态势。接下来，回顾评析印度“国家制造业政策”、美国“纺织品执法和安全法法案”等三大全球消费品工业领域的热点事件，探讨其对我国消费品工业发展的影响及对策选择。最后，预测 2012 年全球消费品工业发展面临的形势，研判乳品、纺织服装、家电、维生素等重点消费品的供求形势。

发展篇，首先从固定资产投资、市场供求关系和经济效益变动三个方面，分析 2011 年我国消费品工业的整体发展态势。接下来，回顾评析了“纺织业竞争力加速流失”、“棉花价格过山车”等四大热点事件。最后，展望 2012 年我国消费品工业发展面临的形势，预测发展走势，提出应对之策。

政策篇，首先从国内和国际两个层面分析 2011 年我国消费品工业发展面临的政策环境。接下来，回顾评析个税改革、棉花临时收储政策等四大影响消费品工业发展的重点政策，探讨其对消费品工业发展的影响。最后，展望 2012 年国家宏观调控及工业发展的相关政策走势。

行业篇，选取纺织、食品制造、医药、皮革等四个典型消费品行业，从运行、效益两个角度分析 2011 年的发展情况，展望 2012 年的发展形势。

区域篇，选取山东、浙江、江苏三个消费品工业发展水平较高的地区，从面临环境、发展态势、经济效益、重点行业等方面分析 2011 年这三个地区消费品工业的发展状况。

企业篇，选取吉林化纤、华北制药、伊利集团、羚锐制药、TCL 集团等典型消费品企业，从主要业务、国内地位、生产运行、经济效益四个方面分析这些企业的生产经营状况，从业务拓展、市场战略两个方面剖析其经营战略。

展望未来，消费品工业发展面临的国内外形势虽然复杂多变，但其基础性、民生性、支柱性地位不仅不会弱化，相反会进一步凸显。面对良好的发展空间和无限的发展潜力，既要珍惜取得的成果和经验，也要正视发展中面临的不平衡、不协调、不可持续问题，加快实施转型升级战略，全面推进消费品品牌战略行动计划。我们坚信，坚持以科学发展观为指导，凝心聚力、攻坚克难、开拓前进，就一定能够实现我国由消费品制造大国向制造强国的转变。

目　录

CONTENTS

国际篇

发展篇

政策篇

行业篇

区域篇

企业篇

国际篇

第一章
2011 国际消费品工业发展状况

受金融危机、欧洲主权债务危机及日本大地震的影响，2011 年全球消费品工业整体增长明显乏力，突出表现为欧美等发达国家消费品工业增速的下滑。尽管中国、巴西、印度等新兴经济体国家的经济依然呈现出一定的增长势头，但因发达国家经济状况不佳、失业增加引致的进口需求下降以及控制通胀政策的实施和大宗原料价格的走高，这些国家的消费品工业的发展增速也出现了不同程度的下降。

一、主要国家纺织工业发展情况

（一）印度纺织业

纺织业是印度重要产业之一，工业增加值约占全国 GDP 的 4%，出口约占印度总出口的 17%，提供 3500 多万个就业岗位，仅次于农业。近年来，受益于欧美市场需求增加，印度纺织业出口稳步上升，成为我国在国际市场上的一个重要竞争对手。特别值得指出的是，2005 年全球纺织品贸易进入“后配额时代”后，印度的纺织品出口增速明显提高。

进入 2011 年后，国际需求的下滑给印度纺织业的发展造成了明显的冲击，出现了大量的企业倒闭现象。生产方面，印度纺织部的统计资料显示，2011 年前 11 个月，印度的棉纱产量达到了 285.6 万吨，布匹产量为 388.8 亿平方米，较 2010 年同期分别下降 9% 和 5%。在印度棉纺织和人造纤维行业集中的孟买、苏拉特、乌贾因和坎普尔，2011 年就有 555 家非小规模企业倒闭。出口方面，作为世界上的一个纺织品出口大国，印度的出口市场主要集中于欧盟、美国及阿联酋等国家。进入 2011 年后，受国际经济疲软的影响，印度纺织品出口增速回落，由 2010 年的 12.54% 降至 10.63%，国内的库存出现了一定的增加。在主要出口市场中，对欧盟出口的下滑最为明显，但对亚洲以及美国的出口依然维持了较高的增速（见表 1–1）。

表 1–1　2011 年印度对主要国家纺织品出口占比及出口增速

国家	出口占比（%）	较2010年相比增速（%）
美国	19.89	16.98
阿联酋	7.79	1.28
英国	6.60	–8.58
德国	5.91	10.41
孟加拉	3.80	112.85
法国	3.00	–13.79
意大利	2.84	2.87
西班牙	2.83	–2.52
中国	2.78	69.51
土耳其	2.46	47.90
欧盟合计	29.81	–2.07

资料来源：DGCI&S, Kolkata

就原因看，2011 年印度纺织业生产和出口出现明显下滑的原因集中于三个方面：一是国际需求下滑。受经济萧条的影响，法国、英国等国家的进口需求明显下降，企业取消了一部分订单或推迟新订单；二是原材料价格和劳动力成本的上涨。2011 年印度国内棉花价格从 2010 年 10 月份 100.01 卢比 / 千克快速上涨到 2011 年 3 月份 160.89 卢比 / 千克。除了原料价格上涨外，近年来劳动力成本的上涨也是加剧印度纺织业困境的一个不可忽视的原因。2012 年 3 月，印度泰米尔纳德邦 (TN) 的三家纺织协会宣布，已批准其成员企业的工资修订协议。根据协议规定，在未来四年里，纺织工人的基本工资将提升 32%，其中，第一年的工资将上调 20%，其后三年的工资将以每年 4% 的幅度增长。除基本工资的增长外，工人所获物价津贴的最低标准也上调；三是国内税收政策的影响。2011 年，印度政府对国内服装和成品征收 10% 消费税，这是导致国内纺织品需求显著下降的重要原因。

（二）意大利纺织业

纺织服装业为意大利的传统优势产业，目前已发展为具有特色、不断创新和销售网络完善的支柱行业，其中 2009 年纺织行业产值 615.75 亿欧元。由于其纺织服装业设计完美、制作精巧和处理技术水平高，在世界范围享有较高的知名度和品牌度，多个品牌成衣服装引领时尚潮流和闻名世界，如范思哲（VERSACE）、古奇（GUCCI）、泽尼亚（ZEGNA）、普拉达（PRADA）等品牌，纺织纺织业成为意大利的重要出口创汇产业。

进入 2011 年，意大利的纺织业发展呈现出先高后低之势。上半年，随着欧美市场需求回暖，意大利纺织业业运营态势有所改善，上半年商业信心指数回升，新订单和成交量增加，出现恢复迹象。但进入下半年，整个形势发生了很大的变化，生产和出口出现了明显的下滑。从 2011 年前 11 个月新订单指数来看，前 8 个月国内市场订单及国外市场订单相比去年同期增加，尤其是前 3 个月增加更为明显，总订单分别上升 15.59%、18.53%、12.02%。但后三个月新订单相比去年有所下降。

2012 年，由于全球经济增长基础并不稳定、信贷紧缩没有发生根本改善、原材料居高不下等原因，意大利的纺织业发展形势依然不容乐观，恢复至经济危机前水平甚至最好年份 2001 年水平仍待时日。

（三）越南纺织业

作为一个正在崛起的发展中国家，越南近年来经济快速发展。在其经济中，纺织业处于重要的地位，纺织品是越南的三大出口创汇产品之一。凭借廉价的劳动力成本、优惠的国内政策以及出口优惠待遇，越南纺织品的国际竞争优势明显，纺织品的出口的年均增长率超过了 20%，出口市场集中于欧美以及日本等发达国家。特别是在 2006 年 11 月加入世界贸易组织（WTO）后，越南纺织业的发展明显提速，纺织业也成为越南引资热门行业。

为了进一步提升纺织业的国际竞争力，越南政府先后出台了一系列的措施。例如，针对 2008 年前三季度出口订单下降的情况，越南政府出台了三项政策：一是将服装纺织企业出口额的 1% 用于帮助面临倒闭的企业，补助困难的员工；二是拨出 5 万亿越盾用于对需要贷款的企业进行贴息；三是拨出 500 亿越盾用于帮助企业开拓新市场及市场份额面临下降危险的传统市场的广告宣传等贸促活动。一系列优惠政策的实施，使得越南的纺织业得到了快速的发展，对包括中国在内的纺织品出口大国也形成了一定的压力。特别是自 2011 年开始，因中国国内紧缩性调控政策的实施以及劳动力成本和棉花高价，不少纺织企业开始向越南进行转移。

进入 2011 年，虽然国际纺织品需求疲软，中国、意大利等纺织品出口国的出口下滑，但越南纺织品出口依然明显增加，纺织品出口额达到了140.28亿美元，相比去年增长25.1%。但同时，因其产业链不完善，面料、纱线以及棉花对世界的进口依赖也很明显。2011年，越南棉花、棉纱进口分别达到了105.5万吨和153.6万吨，相比2010年分别增长56.6%、30.6%。

二、主要国家食品工业发展情况

（一）美国食品工业

作为全球食品工业大国，世界上前50名的食品公司超过1/3总部设在美国。2010年美国食品工业增加值2074.35亿美元，约占工业总产值的12.19%，就业人数163.1万人，占工业总就业14.15%，代表性企业主要包括卡夫食品、泰森食品、百事可乐等公司。由于重视科技投入和自动化提高，美国食品工业就业人数逐年下降。

生产方面，自2008年金融危机爆发以来，美国的制造业发展受到明显的冲击，食品工业也不例外。但相比于其他工业，需求刚性的作用使得食品工业受到的冲击相对较小，食品工业的发展还是呈现一定的增长势头。统计资料显示，2008年美国食品工业的工业增加值为1864亿美元，2009年增长到2166亿美元。但自2010年开始，食品工业的工业增加值出现了一定的下降，2011年全年食品工业的工业增加值预计在2000亿美元[1]，增速也将会由2009年的1.6%降至1.0%。伴随着食品工业增速的下降，食品工业在整个美国工业中的地位也出现了一定的下降。

需求方面，近年来美国食品工业竞争激烈，市场已经非常成熟。伴随着恩格尔系数下降，美国国内市场增长较慢。进入2011年，虽然前两个季度食品消费仍然维持了正向增长，但第三和第四季度，美国食品消费分别下降了0.2%和2.4%。内需的不足使得美国的食品工业对国际市场的依赖程度越来越大，目标出口市场集中于加拿大、墨西哥、日本、中国和韩国。同时，美国食品工业也面临着其他国家食品工业的有力竞争，食品进口不断增长。自从2006年以来，美国一直是食品净出口国家，目标进口国主要集中于加拿大、墨西哥、中国、澳大利亚和新西兰。

[1] 此处的食品工业包括了传统的食品、饮料和烟草。

（二）欧盟食品工业

食品工业在欧盟经济发展中处于重要的地位，是仅次于金属制造业的第二大产业，法国、荷兰等国均是世界上重要的食品生产和出口大国。每年，欧盟食品工业年平均成交量9000亿欧元，约占工业总产值的14.5%，包括310000个中小企业，提供480多万个就业岗位，约占工业总就业的14%。但与多数国家一样，欧盟食品工业的集中度较低，缺乏大型跨国公司，99%左右的企业均为中小型企业。近年来，欧盟各国试图通过加大创新、开发新产品和规模化生产等手段振兴食品工业。

进入2011年，欧盟食品工业的发展受到了较大的冲击。一方面，受主权债务危机和世界经济下滑的影响，欧盟的食品工业的生产、出口和国内需求都出现了明显的下滑，意大利、西班牙、希腊等国的食品企业生产经营陷入了资金短缺和需求不足的困境。另一方面，欧盟委员会出台的两部有关食品添加剂的新法规也对食品工业的生产造成了一定的影响。其中的一部法规列出了某些添加剂的名单，另一部法规对食品成分中所含酶、调味剂等添加剂和营养成分作出了相关规定。预计，2011年欧盟食品工业的产值在8300亿欧元左右。

（三）日本食品工业

食品工业在日本的经济中占有重要地位，已成为仅次于运输机械和电气机械的第三大产业。经过50年的快速发展，目前已成为非常成熟的产业，出现了许多大型食品加工企业，产业集中度较高，有些行业中一个大型公司的产量就能占全国总产量的50%。

进入2011年，受大地震、海啸以及随后的核泄漏事故的影响，日本的食品工业遭受了沉重打击，许多农场和果园受到破坏。同时，其它部分国家考虑到食品安全因素，扩大禁止从日本进口食品、农产品的品种和产地范围，使日本食品产业雪上加霜，引起日本食品产业产量下降，出口减少和进口增加。

统计资料显示，2011年前11个月，日本乳制品产量234422吨，砂糖1732600吨，食用油1503400吨，人造黄油210700吨，比2010年同期分别下降4.52%、1.31%、1.06%和0.81%。2011年前11个月食品出口3203.19亿日元，与2010年同期分别下降11.17%。作为日本食品的重要出口市场，中国香港自日本的食品进口明显下降，与2010年同期相比下降10.2%。相反，食品进口却出现了较大幅度的增长。2011年前11个月食品总进口53344.39亿日元，同比增长12.39%。

三、主要国家医药工业发展情况

（一）美国医药工业

医药工业是美国仅次于软件和网络产业的第三大高科技产业，拥有包括辉瑞、强生、默克等在内的许多大型制药企业。多年来，美国医药产业增长速度是整个经济增长速度的2倍。在国际市场上，美国医药产品开发及生产处于优势地位，尤其在开发低成本药物和延长寿命药物方面，具有明显的竞争优势。

20世纪90年代以来，随着生物技术在医药领域的广泛应用，美国生物医药产业迅速发展，已经占据全球近60%的市场份额。目前，全世界生物制药企业前25名中有20家在美国，前50名有39家在美国。2009年，美国有2900种药物处于临床试验或等待FDA审评阶段。2010年，美国生物技术类产品市场销售额增长率达到6.5%，超出所有药物的销售增长率。

美国生物医药企业集中在波士顿、洛杉矶、旧金山、纽约、圣地亚哥等九大都市圈，这九大都市圈聚集了全美四分之三以上的现代生物产业资源，拥有十倍于其他都市圈的生物技术公司，风险投资水平接近于其他都市圈三十倍的水平，获得的国家卫生研究经费也是其他都市圈的八倍。

进入2011年，由于大量品牌药专利到期、新药研发困难且获批数少、药品安全性问题和经济危机导致的民众医疗开支显著减少等原因，美国整个医药工业全年总销售收入约为3400亿美元（如图1-1所示），较2010年仅增长2.5%左右。但是，生物医药产业依然呈现良好发展态势，2011年5月，《财富杂志》对美国五百强企业利润率的统计表明，生物制药业利润率已经高达31%。

图1-1　2007–2011年美国医药工业市场规模同比变化情况

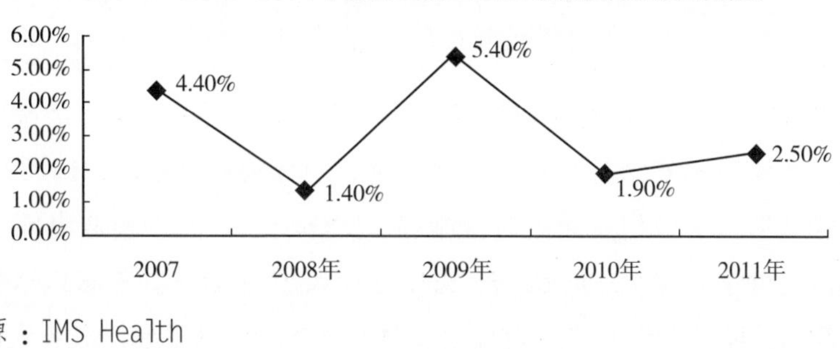

数据来源：IMS Health

（二）印度医药工业

二战期间，印度开始生产血浆、疫苗等部分传统制剂，并出现一批仿制生产治疗痢疾和麻风病药物的制药厂。1947 年独立之后，印度政府开始重视本土制药产业的发展，加大对国有和私有制药公司的投资力度，并限制了药品的进口数量和种类。自此，印度医药工业迅速发展，成为发展中国家中医药工业水平发展较快、规模较大的国家之一。目前，印度医药产品的产量已居世界第三，国际市场占有率位居全球第 14 位。印度医药产品约 60% 的原料药和 25% 的成药出口至美国、英国、俄罗斯和南非等地，出口产品包括医药中间体、活性药物成分、药物制剂、生物药品和临床试验服务等。

据不完全统计，截至 2011 年年底，印度共有医药企业 10563 家左右，包括 2389 家原料药制造企业和 8174 家制剂生产企业，其中 63.6% 的医药企业集中在马哈拉施特拉、古吉拉特、西孟加拉、安得拉以及泰米尔纳德等地，包括葛兰素史克、辉瑞、诺华、南新制药等知名制药企业（见图 1–2）。

图1–2　印度医药工业布局

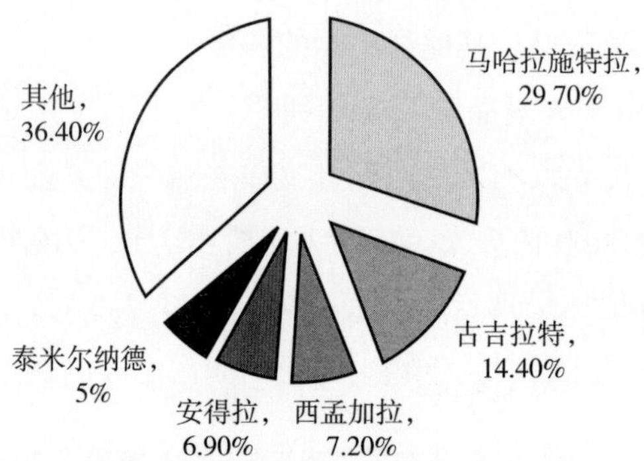

数据来源：印度化学品和化学肥料部（MCF）年度报告，2010–2011

进入 2011 年，印度医药工业的发展受到了一定的影响，生产增速出现了一定的回落，但出口仍然维持了较高的增长率。统计资料显示，2011 年印度医药工业实现销售收入 275 亿美元，与 2010 相比增长了 12.3%，增速出现了一定的回落。出口达到了 65.43 亿美元，较 2010 年增长了 26.05%。考虑到印度国内医疗设施、药品等需求会继续快速增长以及世界经济的缓慢复苏，未来几年印度医药工业仍会以超过 10% 左右的速度增长。

（三）欧盟医药工业

欧盟是仅次于北美的全球第二大医药市场，聚集了包括葛兰素史克、诺华、莫克、罗氏、阿斯利康、安万特等在内的许多国际知名制药企业。据欧盟制药工业协会统计，2010 年全球医药市场估计 5970 亿欧元，其中欧盟占 29.2%。欧盟医药主要生产大国包括德国、法国、爱尔兰、英国、意大利、西班牙，分别占欧盟医药工业产值 16.46%、12.18%、10.3%、6.63%、6.54% 和 4.98%。进入 2011 年，受主权债务危机的影响，欧盟医药工业增长放慢，预计产值为 1600 亿欧元。在欧盟，医药工业发展最具有代表性的三个国家是德国、法国和英国。

因成功发明“阿司匹林”，德国在很长一段时间内被誉为“世界制药中心”，制药业成为其工业组成的重要部分。九十年代以来，德国以其在植物药生产方面的独特优势，在全球医药市场特别是植物药市场中占据着举足轻重的地位。德国的植物药研发和生产已经明显居于世界前列，是全世界植物药上市品种最多的国家，仅我国“洋中药”的品种和数量来看，德国便占据 35% 以上。

法国药品生产能力居世界第三位，出口居世界第五位。1995 年以来，面对激烈的市场竞争，法国医药行业多次进行技术变革和兼并重组，企业数量大幅减少，并有一部分完全独立出来服务于生物技术，使医药工业得到长足发展。与欧盟其他成员国相比，法国医药产业集中度较高，药品营业总额的 43.8% 来源于前 100 家制药企业，77% 左右来自前 500 家制药企业。

英国医药工业在世界上同样居于领先地位，是主要的药品出口国和制药原材料生产基地，更是重要的药品研发中心，辉瑞、诺华、默克等大型制药企业都在英国设立了研发中心。据英国制药工业协会统计，全球五分之一以上的畅销药都在英国实验室开发完成。英国的生物医药技术同样居于世界领先水平，伦敦、牛津和剑桥依托大学科研实力，形成了生物技术研发的“金三角”。近年来，英国政府非常重视医药工业的发展，成立了专门机构对行业的竞争环境、技术要求以及出口收入等方面进行详细评估及提出相应对策，以使英国的制药工业继续保持世界领先地位。

第二章

2011年全球消费品工业热点事件回顾与解析

一、印度《国家制造业政策》

（一）出台背景

1、区域制造业竞争中处于不利地位

制造业是经济增长的引擎，其发展水平将直接关系到一国在全球竞争中的地位。但与周边的其它亚洲国家，特别是与我国相比，印度制造业发展缓慢。截止2011年3月31日，印度制造业的增幅仅为5.1%，不仅低于世界6.5%的平均水平，还与我国15%的发展增速相比差距更大。缓慢的发展速度使得印度制造业竞争力提升缓慢，制造业在整个GDP中所占的比例仅为15%，与包括我国在内的亚洲诸国的25%–34%的贡献率相比差距很大。在周边国家制造业快速发展和不断变革的背景下，印度目前的形势令人担忧，在区域制造业竞争中已经处于劣势地位。

2、就业压力凸显

作为世界第二大人口大国，印度是世界上年轻人口最多的国家，60%的劳动力介于15–59岁之间，这对印度的未来是一个很重要的挑战。如何通过就业促进机制来增加和扩大就业、实现城乡协调发展是印度政府面临的重要难题。据估计，到2025年印度政府需要创造2.2亿个工作机会。作为增加就业的一个重要途径，印度需要通过制造业的发展以及其发展的乘数效应来创造更多的就业岗位。

3、经济包容性增长的需要

根据经济的包容性增长计划，未来印度将按照可持续发展的要求，实现经济与社会的协调发展。但在现阶段，制造业发展水平低下。低下的发展水平一方面造成产品附加值低、高端资本设备依赖进口、环境压力增大，另一方面也使得农业部门的附加值难以提高和农村剩余劳动力难以实现向第二产业转移。为实现印度制造业的可持续发展，提升印度在全球制造业竞争中的地位，满足国家战略要求和提高人民的生活水平，必须深化经济改革，实现制造业的可持续发展，使之强大和快速发展，成为经济包容性增长的引擎。

（二）主要内容

印度“国家制造业政策”共分为十个部分，内容涉及了制造业管理、贸易政策、中小企业、技术创新、政府采购、工人技能培训、退出机制、基础设施与产业园区建设等诸多方面，是一个全面系统的政策体系。

1、六大战略目标

印度政府希望通过此政策的实施，达到六项目标：（1）中期内使制造业的年均增长率提高到12–14%。按照中期内整个经济2%–4%的增长目标，到2022年实现制造业的GDP贡献至少达到25%；（2）增加就业，2022年制造业实现增加1亿个就业岗位；（3）为转移的农村剩余劳动力和城镇贫困人群提供就业，实现经济包容性增长；（4）加速技术发展，提升制造业技术深度，提高国内产品附加值；（5）全面提升印度制造业的全球竞争力；（6）确保经济增长的可持续性，特别是环境的可持续性，推进能源节约、自然资源的充分利用以及破坏和退化生态系统的修复。

2、八类政策工具

围绕“国家制造业政策”目标，印度政府设计了八项政策工具：（1）以简化制造业管理的法律法规和以管理程序为中心的制造业管理政策；（2）以失业保险、偿债基金和资本增值税豁免为中心的退出政策；（3）以绿色技术引进与发展为中心的绿色制造技术激励政策;（4）以提升职业技能为中心的技能培训政策;（5）以拓宽融资渠道和税收优惠为中心的中小企业扶持政策；（6）以扩大内需为中心的基础设施赤字政策和政府采购政策；（8）以发展国家投资与制造区为中心的制造业集聚与集群政策；（9）以促进出口为中心的贸易政策。

3、五项具体措施

为了实现政策目标，印度政府将采取一系列的措施，集中体现在五个方面：

（1）鼓励国外投资和技术的引进，提升整个国家制造能力和技术水平的提升；（2）以国内企业竞争力提升作为政策设计与实施的基本原则；（3）通过合理化商业法律法规，减轻源自管理程序和管理手续上的企业负担；（4）通过鼓励创新，扩大产能，提高产品质量和企业增长率；（5）建立与所有股东之间的有效协商机制，确保中期调整。

4、六个重点领域

在“国家制造业政策”中，印度政府特别强调了六大重点领域：（1）劳动密集型产业：通过政策扶持，创造就业岗位；（2）资本品产业：通过政策支持，培育制造业的基础，创造一个强大和持续的资本品需求；（3）战略新兴产业：通过战略提升计划，提升印度的航天、电子、电信设备等部门；（4）印度具备竞争优势的产业：通过政策扶持，进一步发挥印度在汽车、医药及医药设备等领域的技能和成本优势；（5）中小企业：通过提高技能、简化管理流程及管理方式等措施，加速中小企业的健康成长，增加就业；（6）国有企业：通过一个适当的政策规划，提高国有企业在能源和国防领域的竞争力，保证其自主权。

（三）对我国的影响

作为一个发展中国家，印度在IT、生物医药、汽车、纺织服装等领域具有较强的竞争力。这些领域既是推动印度经济增长的重大推动力，也是印度世界制造业中心战略目标的基石。但近年来，印度政府也意识到如果缺乏制造业的协同发展，很难维持经济的高速增长，实现成为世界制造中心的战略目标。此次出台的“国家制造业政策”聚焦与制造业发展的各个方面，在为其制造业发展注入强大动力的同时，也会对我国的制造业发展产生一定的影响。

1、外资引进的鼓励政策将削弱我国的引资优势

改革开放以来，通过积极的引资战略，我国实现了外向型制造业的快速发展。在未来，区域制造业协调发展战略的实施仍然离不开外资。随着印度“国家制造业政策”的实施，更为优惠的引资政策将会对我国的引资形成较大的压力，削弱我国、尤其是广大中西部地区的引资优势。而且，与我国相比，印度自身也存在吸引外资的两大优势：一是其国内较高的投资回报率能有效吸引跨国公司投资；二是巨大的人口红利。与我国进入刘易斯拐点不同的是，目前印度60%的劳动力是在15-59岁之间，蕴涵了巨大人口红利，这为其通过承接国际劳动密集型产

业转移吸引外来资本提供了巨大的优势。

2、普惠式技能提升政策将降低我国劳动密集型制造业的成本优势

在我国的在纺织服装等劳动密集型产业中，农村剩余劳动力是产业工人的主导力量。但随着人口老龄化时代的到来和就业观念的转变，近年来这些劳动密集型产业开始出现“用工荒”，招工难问题已经成为制约这些产业发展的最关键的问题。与我国相比，印度具有庞大的农村剩余劳动力，这为其大力发展劳动密集型产业奠定了基础。在此次出台的“国家制造业政策”中，一个重要的内容就是实施“农田到工作”的普惠式技能提升政策。这一政策主要针对庞大的农村剩余劳动力，为劳动密集型产业培育产业工人。可以预计的是，随着政策的实施，印度庞大的人口红利将由竞争潜力转变为竞争实力，为纺织服装等劳动密集型产业的发展注入强大的动力，加剧与我国的同类产业或产品在国际市场上的竞争。

3、中小企业的支持政策将挤占我国中小企业的国际市场份额

中小企业是推动经济发展和增加就业的重要力量。而且，与其它类型的企业相比，中小企业具有更大的活力和更快的成长率。在我国，中小企业的 GDP 贡献和出口贡献均超过 60%，解决了 80% 的城镇就业，吸纳了 70% 以上的农村剩余劳动力。在印度，中小企业同样处于重要地位，它贡献了制造业 45% 的产出和国家总出口的 40%，创造的 5900 万就业仅次于农业部门，生产产品超过了 6000 多种，涉及了传统和高科技领域。在此次出台的“国家制造业政策”中，印度政府将对中小企业开放风险资本市场和私募基金市场，放宽风险投资基金用于中小企业投资的限制，建立中小企业证券交易所，以期解决中小企业的融资难问题。可以预计的是，这些政策将为印度中小企业的发展注入强大的活力，提升其产出能力和出口创汇能力，挤占我国中小企业的国际市场份额。

4、战略新兴产业提升政策将会对我国形成较大的压力

战略性新兴产业是未来世界经济增长的主要动力。目前，印度在生物医药、信息技术、新能源等领域已经形成了很好的产业基础，生物医药和信息技术更是达到了世界先进水平，具备了一批民族品牌。在“国家制造业政策”中，战略新兴产业是未来 10 年优先支持的六大领域之一，印度政府将通过基础设施赤字、政府采购、税收优惠、国家投资、技能培训、赋予国营部门更大自主权等更为有力的支持政策提升航空、造船、IT 硬件和电子、通讯设备、国防装备、太阳能等

领域的发展水平和国际竞争力。与印度相比，我国战略性新兴产业发展起步较晚，产业基础相对薄弱，整体竞争力不强。可以预计的是，在全面系统的政策支持之下，印度凭借其大量高素质的工程技术人员和熟练工人，战略性新兴产业将得到更快的发展，这将会对我国战略性新兴产业的发展形成较大的压力。

（四）我国的应对政策建议

虽然我国制造业的整体竞争力强于印度，但在生物医药及IT等领域我国已经落后于印度。我们必须在成为世界工厂的同时，警惕来自印度的挑战，加快培育和提升制造业的核心竞争力。

1、调整外资引进政策，创造引资新优势

为积极利用外资促进制造业的协调发展，国家要尽快修订外商投资产业指导目录，同时出台外资区域指导目录。在此基础上，出台差别化的外资政策，形成新的引资优势。在产业指导目录上，要根据制造业的结构调整和转型升级的目标，提高那些竞争程度高、效益低的行业的进入门槛。在区域指导目录上，要根据中西部地区制造业发展的实际水平和需要，以承接东部地区的产业转移为出发点，通过外资来提升中西部提升的产业配套能力，大力发展中西部地区的制造业园区。

2、实施人力资本提升战略，延缓人口红利衰减

随着刘易斯拐点的到来，支撑我国制造业快速发展的人口红利正在逐步消失，制造业发展面临的劳动力结构性短缺和成本上涨压力越来越大，与印度的成本竞争处于劣势。为保持制造业持续健康发展，需要尽快实施人力资本提升战略，加大对农村外出劳动力的培训和在岗职工的培训，提升制造业的人力资本积累水平，延缓人口红利的衰竭速度。实践中，应该改变现行的农村外出劳动力的培训模式，将培训的权利直接赋予企业，国家对之进行补贴。同时，要支持制造业企业进行在岗职工培训，落实好企业在职员工培训费用的税前列支政策，研究将企业在职培训纳入劳动保障系统职工培训现有的政策支持范围，从财政上予以补贴或给予税收减免。

3、减税与融资支持并举，扶持中小企业发展

为应对国际经济环境变化和来自印度中小企业扶持政策的挑战，我国需要采取积极的措施来解决中小企业面临的负担重和融资难问题。首先，进一步细化

结构性减税方案，对出口创汇能力大、吸纳就业能力强、成本敏感度高的劳动密集型行业可以考虑进一步加大减税的幅度，并从社会保障等方面予以财政支持。其次，完善中小企业的金融支撑体系，加快公共服务平台建设，降低中小企业的融资门槛，强化对中小企业的融资担保和信贷服务体系建设。

4、加快发展战略新兴产业，提升战略新兴产业的集群竞争力

自 2010 年国务院出台《关于加快培育和发展战略性新兴产业的决定》(下称决定)以来，我国的战略性新兴产业发展加速，但发展过程中也暴露出一些出题。为了实现《决定》中提出的 2015 年目标,首先需要根据国内外市场需求形势，加快制定和出台对战略新兴产业规划，科学设计和布局战略新兴产业的产能，正确处理转变经济发展方式、调整产业结构和培育发展战略性新兴产业的关系，警防产能过剩和重复建设；其次，加大对核心技术“短板”的研发投入，建立战略新兴产业的公共创新平台，提升自主创新能力；最后，按照集群模式，加快战略新兴产业园区建设，加大对园区基础设施建设和公共服务的支持力度，提升战略新兴产业的集群化水平和产业配套能力。

二、美国《纺织品执法和安全法法案》

(一)出台背景

1、纺织品服装转口贸易成为美国海关打击的目标

为了促进和保护本国纺织行业的发展，美国政府制定了完善的纺织服装贸易政策，但一些不法商人通过“转口贸易”的形式逃避关税图利。根据美国与中南美洲国家签定的《北美自由贸易协定》、《中美洲自由贸易协定》等贸易政策，中南美国家用美国的纺织产品生产服装返销美国，将不受进口配额限制和免关税优惠。但近年来，一些进口商与制造商在执行的相关法规上刻意利用政策，把非自由贸易协议国家和地区生产的纱线输往自由贸易协议国家生产服装之后，以零关税进入美国，并采用低估货品价值、伪报自由贸易协定优惠、非法转运货品诈骗手法，逃避关税，使美国国内纺织业受到威胁，也使得美国政府每年损失数亿美元的税收，这一状况引起了美国纺织业相关部门的关注，一些美国立法人士提出特定纺织品的海关执行法案，以打击非法走私纱线及逃税问题。

2、美国国内贸易保护主义有所抬头

纺织服装业一直以来都是国际贸易摩擦的高发行业，受金融危机影响，美国国内出现了就业困难和失业率上升等问题，尤其由于纺织服装产业工人失业问题与由此产生的社会问题骤增，使得美国国内贸易保护主义有所抬头。随着美国纺织品贸易配额等原有进口限制政策的的取消，设置新的技术性贸易措施和制定进口法规增加进口难度，成为美国政府保护本国纺织服装产业利益的重要政策手段。

（二）主要内容

《纺织品执行与安全法案》旨在扩大美国海关与国土保护部 (CBP) 权力，打击进口商的欺诈行为，包括低估货品价值、非法声称享有优惠关税待遇、非法转运货品及伪冒为美国生产商等行为，法案的主要内容为：

增加在美国 15 家最大的港口进口的纺织品和服装核查培训专家。责成政府发布公司故意违反贸易协定的规则的名称。允许国土安全部和财政部的部门使用金额从收集直接相关的调查和或培训费用支付的罚款和处罚。提议美国政府建立一个电子核查计划，跟踪与美国在自由贸易协定的国家的纱线和面料的投入。建立纺织品和服装进口程序和非居民进口商方案。建立纺织和服装制造商和供应商注册表。

（三）对我国的影响与对策

经过多年的发展，纺织服装工业已成为我国国民经济支柱产业和具有国际竞争优势的产业，2011 年我国纺织品服装行业的出口额达 2479.6 亿美元，占全球纺织品服装贸易额的 30%，其中美国已成为我国纺织品服装出口的主要市场，2011 年我国对美国纺织品服装的出口额达到 376.7 亿美元，占美国服装和纺织品进口总额的 46%。但是，近年来我国生产企业为避开美国设置的进口限制，采用转口贸易等出口策略，此法案提出将对我国纺织品服装产业的发展产生一定影响。

1、美国海关会加强我对美国出口纺织品服装申报的审查

根据《纺织品执法和安全法法案》，美国海关将会加强对进口纺织品服装产品在商品描述、货物数量和价值以及原产地几个方面加强检查，要求提供材料证明商品描述、原产地等信息的真实性。目前国内部分服装出口企业为节省成本降低费用，通过转口第三国出口和聘请第三方机构代理清关，不重视相关产品的申

报材料的准确性，将造成出口损失。

2、出口企业应增强法制观念

随着中美贸易的快速发展，为减少产品测试和认证带来的额外费用，部分厂家对输美产品作出不实认证和陈述，一些法制观念淡薄的进出口企业甚至提供虚假文件，如果《纺织品执法和安全法法案》通过，美国海关执法一定会有所加强，因此，我国国内出口企业应遵守美国相关法律规定。

3、增加高档纺织服装产品出口，提升市场竞争力

近年来，随着我国纺织行业的快速发展，产品的国际竞争力也逐渐增强，尤其是在美国市场上，我国纺织品具备了一定的竞争实力。面对美国日益严格的进口限制，我国纺织品服装出口产品应改变传统的价格竞争模式，通过技术创新，增加产品的技术含量和附加值，开发出高档纺织品的出口比重，拓展国际市场。

三、美国《食品与药物管理局食品安全现代化法案》

（一）出台背景

1、食品安全事故频发，给美国经济社会发展带来严重的影响

进入 21 世纪以来，美国平均每年发生的食品安全事件达 350 宗之多，比上世纪 90 年代初增加了 100 多宗。随着菠菜、花生酱、牛肉、鸡蛋、牛奶等日用品登上有毒食品黑名单后，食品安全事故的频发引起了美国乃至全世界民众的恐慌。根据美国疾病预防与疾病控制中心（CDPC）的调查数据，每年美国人要耗费数十亿在食品的召回、诉讼和赔付方面。不断发生的食品安全事故疾病医疗支出同时也成为美国公共卫生体系的沉重负担，在相关疾病治疗和医疗保障方面，美国政府每年的支出高达 1500 亿美元。食品不安全导致的疾病和死亡使美国消费者备受打击，也使美国民众和立法机构深感不安，防范大规模食品安全问题的发生，保障美国民众的健康迫在眉睫。

2、进口食品的快速增长使美国食品监管面临新的挑战

据统计，美国家庭消费的产品中，有 15% 的食品、67% 的水果、80% 的海产品和 50% 的医疗器械依赖进口，80% 的医药配剂也是在国外生产。美国的食品安全由食品与药物管理局（FDA）管理着国内 25% 的产品、10% 的进口产品的产品安全，以及 150 个以上国家的 30 万个生产商，未来由 FDA 管理产品的进

口增长率也将达到15%。美国国内生活用品的进口的急速增长，管理经过多个国家多个环节加工的进口产品来源和确保所有过程满足美国食品质量安全要求成为FDA面临新的挑战，同时，FDA还要与更加复杂的欺骗手段、产品掺假甚至恐怖行为进行博弈和斗争。这一日趋复杂多变的环境要求美国食品安全监管部门彻底改变工作方式，通过“全球产品安全和质量的路径控制”有效截取可能有危害的产品，阻断其带来的危害，保护美国国民的健康。

3、需要完善原有食品安全监管体系

美国食品安全监管一直沿用1938年通过的《联邦食品、药品和化妆品法案》，陈旧的法律造成了美国食品安全监管领域的漏洞。根据《联邦食品、药品和化妆品法案》，美国的食品安全由食品与药物管理局（FAD）和美国农业部管理，其中农业部负责肉类和禽肉类，食品药物管理局负责其他食品，蛋类则由两个机构共同管理。FDA主要负责食品生产、销售中的违法行为的查处，而食源污染的预防问题并不在职责范围之内。因此，多年来FDA一直缺乏相应的职权和资源来监测美国农场、工厂的食品生产。这样的管理体制也暴露了美国食品安全监管领域的漏洞：一方面，美国食品安全法律的滞后，不能满足食品发展的需要。另一方面，在保证食品安全、保护消费者权益方面，虽然政府发挥着不可替代的作用，但安全的食品不能仅依靠政府监管，还必须关注食品的生产领域。基于以上原因，在美国民众的推动下，美国国会参众两院开始了推动改革旧法的立法程序。

（二）主要内容

《食品与药物管理局食品安全现代化法案》的核心宗旨是强调食品安全应防患于未然，以预防为主，而不是事发后作出反应。法案的重大改变是食品与药物管理局将拥有更多保证食品安全的预防性举措，以及更加清晰的监管架构来改善以往食品安全领域监管之不足。同时，还给予食品和药品管理局新的工具，使进口食品和国产食品面对同样的监管标准，建立一体化的全国食品安全体系。《食品与药物管理局食品安全现代化法案》的主要内容如下：

1、强化了经营管理人的主体责任

法案规定了工厂所有者、经营者或代理人应进行危害分析，杜绝掺假或者标签不合格的情况。同时，应做好记录和保存工作。

2、提高应对食品安全问题的能力

一是，进口食品的口岸检查必须包括已知安全风险、食品原产国或者原产地以及食品运输途经国的已知安全风险等。二是，在联邦食品与药物管理局的网站上公布高风险食品并及时更新。三是，加强跟踪和追溯的方法研究，健全追溯系统。四是，允许 FDA 直接下令停止销售并召回“问题食品”的权利。

3、强化了食品进口商、供应商和生产企业保障食品安全的责任

一是，FDA 要求被批准出口或者拟出口到美国的食品要提供食品安全的保证；二是，通过双边和多边协议，共享食品安全电子数据，相互认可检验报告；三是，增加 FDA 对境外食品生产企业巡查设施的次数。

4、强化政府间的合作和信息通报。

FDA 要加强与国家层面的农业部、商务部、卫生与人类服务部等相关部门之间的磋商和协调，同时不重复发布相同的或矛盾的信息。

（三）对我国的影响

美国新法案一旦实施，如果我国政府部门和食品出口行业不及早采取有效的应对举措，对美食品的年出口量可能会减少 20~30%。因此，我国政府和企业应积极加强食品安全监管，最大限度减少法案实施后可能对我国食品出口造成的冲击和影响，应从以下几方面加强工作：

1、健全与食品安全相关的配套法规

我国《食品安全法》颁布时间不长，相关配套法规滞后，保健食品监管、食品生产许可证等方面的配套法规还未出台。食品标签等方面的规定也因配套规范不完备给实际操作带来很多不便。因此健全食品安全相关的配套法规刻不容缓。

2、建立食品安全标准数据库，完善监管网络

我国应尽快建立由政府部门、行业机构、研究机构、企业等组成的公共信息服务平台，建立食品安全标准数据库。一是收集我国食品卫生国家标准和相关数据，以及国际性组织和发达国家的食品卫生标准和相关数据。二是建立农药、兽药、化肥和有关化工原料等的备案制和数据共享体系。

3、加强进口食品的风险分析和信息化平台建设

一是加大对进口食品筛查系统研究与开发投资，积极推进进口食品管理信息化平台建设；二是实施进口食品风险分析制度，对存在动植物疫情传播风险的

进口动植物源性食品实施检疫审批制度。借鉴美国的经验，可以考虑尝试借鉴美国的进口食品预申报制度，加强进口食品的筛查工作，在风险食品未进入国内前，提前发现问题采取应对措施。

4、完善监管体制，提高监管透明度

在我国，食品安全监管体制始终没有得到根本性改善，多头执法、职责不清等问题大量存在。现阶段不仅大多城市监管职能调整没有完成，而且各地的监管队伍整合工作也进展缓慢，这给实践中的执法造成了一定困难。为此，需要尽快完善监管体制，加强多部门执法之间的协调与沟通。同时，应提高食品监管的透明度，实施信息公开，保证公众能及时获取监管和决策信息。

第三章

2012年全球消费品工业发展趋势展望

一、全球消费品工业发展面临的形势

受国际金融危机和主权债务危机影响，2012年世界各国将会更加注重结构调整。美国将会采取积极的措施振兴实体经济，消除金融危机爆发以来的经济不景气和促进就业。西欧各国将会采取积极的紧缩性措施，以降低债务危机的影响。日本将会根据2011年颁布的新增长战略，采取积极的措施恢复工业，消除大地震的影响；印度、巴西和我国等新兴市场国家将会进一步调整经济政策，加速转变消费品工业发展方式的转变和扩大国内需求，实现经济的可持续发展。面对这些形势，2012年全球消费品工业发展的形势充满了变数。

（一）全球消费需求减弱，出口竞争激烈

目前全球经济增长动力正在减弱，发达国家经济下行风险进一步增加，全球消费品工业整体需求增长将进一步萎缩。一方面，受欧洲主权债务危机冲击和在美、英、日等发达国家财政赤字压力下，发达国家政府公共需求萎缩，政府购买力下降；另一方面，这些国家失业率居高不下，消费信心下降，家庭储蓄率上升，导致私人需求不足。公共需求萎缩和私人需求不足，都会进一步减弱消费需求。与此同时，世界上一些发展中国家，如越南、孟加拉、印度、斯里兰卡、印度尼西亚、埃塞俄比亚等国家，正在利用比我国更加低廉的土地资源和劳动成本，生产与我国相同的劳动密集型产品，并向美欧等发达国家大量出口，在美欧劳动密集型产品市场上对我国形成了强大替代效应。可以预计的是，2012年全球消费品市场的竞争会更加激烈，新兴市场将成为各国争夺的一个焦点。

（二）全球通货膨胀压力加大，经济形势更加复杂

自 2011 年以来，为刺激低迷的经济和增加就业，欧美以及日本等国家都采取了宽松的货币政策，导致流动性过剩出现。预计，2012 年这些国家的宽松的货币政策仍将持续，2012 年初美联储（FED）宣布将超低利率维持至 2014 年底，美国实施第三轮宽松货币政策可能性非常大，欧洲央行也将继续通过量化宽松的政策来稀释债务，整个世界的通胀压力会不断加大。随着全球性通胀的加剧，进口原料价格将会不断走高，消费品工业面临的输入性成本上涨压力加大，进一步挤压企业的利润空间。

2012 年世界经济形势十分严峻复杂，全球经济复苏的不稳定性和不确定性上升。世界银行日前大幅下调全球经济预期，国际货币基金组织 (IMF) 也将 2012 年和 2013 年的全球经济增长预期分别下调了 0.7 和 0.6 个百分点。其中，IMF 将 2012 年和 2013 年我国经济增速下调至 8.2% 和 8.8%。预计 2012 年，美国和日本经济可能会有小幅反弹，但欧洲和亚洲经济增速会下降。除了经济上的不确定性，政治上的不确定性也在增加。美国和法国等主要发达经济体以及俄罗斯、墨西哥和韩国等主要新兴经济体 2012 年将举行大选。领导人的更换将会导致政策调整，从而直接或间接影响世界经济平稳运行，政治上的不确定性使得未来的经济政策走势难料，国际经济形势更加复杂。

（三）贸易保护主义加剧

在经济不景气的情况下，欧美等发达国家纷纷将国内问题国际化，试图通过贸易保护来转嫁国内危机，全球贸易保护主义重新抬头。反倾销、反补贴等贸易救济措施屡遭不断被滥用，贸易摩擦政治化的倾向日益突出，世界经济复苏蒙上了浓厚的阴影。在美国，自 2008 年金融危机爆发以来，与贸易保护相关的就业保护、产品标准等各种措施不断出台。仅 2010 年一年，美国国际贸易委员会就发起 58 起 337 调查，其中有 19 起调查被诉方涉及我国企业。在欧洲，主权债务危机的压力也将驱使这些国家限制进口。进口限制的加剧和贸易壁垒的不断翻新使得我国出口导向型消费品工业面临的障碍也越来越多，消费品企业面临的出口风险加大。

（四）大宗原料价格上行压力较大

2012 年，全球大宗商品价格走势仍将受到供求基本面、全球流动性状况、

国际金融市场稳定性、美元汇率走势以及突发事件等因素影响，其中供求基本面是根本性因素。可以预计的是,2012 年全球经济整体保持稳定增长的可能性较大，特别是新兴市场国家经济增长势头较为强劲，将为大宗商品需求增长提供稳定支撑，因而大宗商品价格整体仍将处于高位。但 2012 年全球经济面临的风险进一步上升，金融市场的短期波动较 2011 年将更为剧烈，2012 年大宗商品价格的震荡幅度可能会进一步加剧。若美国和欧元区银行体系的资产负债表再次恶化，导致全球经济增速大幅度下滑，大宗商品价格可能会重现 2008 年金融危机后的高速回落状态。

原油价格层面，2012 年国际原油价格取决于中东政治走向、欧债危机、美国经济走势以及新兴经济体发展前景。政治和经济的不确定性成为影响油价上下的驱动因素，但新兴经济体对原油的旺盛需求会构成需求面上的支撑力量，预计 2012 年，国际原油价格上涨的可能性依然很大。原油价格的走高将会进一步助推轻工纺织等行业成本的上升。粮价层面，受大面积的自然灾害和恶劣气候的影响，美国、泰国等国家的小麦、玉米和稻米出口下降，2012 年世界粮食供求形势会进一步趋紧，粮价居高和波动的趋势或将持续。粮价的走高将会对食品工业的原料供求产生较大的影响，食品工业原料成本上行压力较大。纺织原料层面，2011/2012 年度全球棉花产量增加至五年来最高水平，2012 年全球棉花供应量增加，但因全球经济增速放缓，消费量预计减少，2011/2012 年度全球棉花库存将超过 1300 万吨，价格的波动较 2010/2011 年度减小。这一变化对于纺织业而言是一个利好，将会推进纺织业的生产和消费的回升。

二、典型产品供求形势判断

1、乳制品

联合国粮农组织（FAO）近日公布了 2012 年 1 月份乳制品价格指数，平均为 206.8 点，比上个月的 201.7 点上升 5.1 个点，上涨 2.5%，全球乳制品价格在持续下跌 5 个月之后出现了回升。

2012 年，主要原料奶生产大国的奶产量都将会出现温和增长，乳制品进口需求会保持相对稳定，发展中国家尤其是亚洲国家，经济将会保持增长，不断增加的人口和可支配收入的增长将成为拉动消费的主要动力。尽管欧洲财政危机及美国乳品政策的不确定性，但 2012 年世界乳品市场将会比较乐观，价格将保持相对平稳，甚至会出现上涨。美国乳品协会的统计资料显示，2011 年牛奶价格在 20 美元 / 美担（约合每公斤 2.79 元），2012 年的牛奶价格将略低于这个价格。

2、纺织服装

2012 年国际纺织服装行业面临的总体环境依旧很复杂，但整体发展形势会好于其他工业行业。

就生产层面看，一方面随着全球棉花价格回落及进一步趋稳，纺织服装产业的原料成本将会出现一定的下降，这会在一定程度上刺激纺织服装产业生产的增长。另一方面，随着缅甸、越南、孟加拉等东南亚国家一系列优惠政策的实施，国际纺织服装产业向这些地方的转移会加快。在廉价劳动力和政策优惠的作用下，这些国家纺织服装产业会快速发展，世界纺织服装的供给会进一步回升。

就需求层面看，2012 年国际纺织服装需求也会进一步回升。首先，作为生活必需品，纺织服装产品的需求具有一定的刚性。其次，欧美的经济形势在 2012 年也会缓慢复苏。随着经济的复苏，消费信心指数会回升，将会刺激需求的小幅度增加。最后，我国、巴西、印度等新兴市场国家居民收入仍然会呈现增长之势，这是推进世界纺织服装市场需求回升的关键因素。

综合供给和需求两个方面，2012 年世界纺织服装的生产和需求都将会回升，但市场竞争也会加剧，尤其是东南亚的越南、孟加拉等国家与我国在世界纺织品市场上的竞争程度将会进一步加深。

3、家电产品

受全球通胀压力的影响，2011 年世界家电产品需求呈现相对萎缩状态。同时，受美元流动性过剩影响，大宗商品价格持续走高，原材料价格不断攀升，相对萎靡的市场需求与持续走高的成本使家电企业面临新的挑战。受此影响，多数家电企业出现业绩下滑甚至亏损的迹象。大型家电方面，欧洲和北美的大型家电市场在 2011 年增长缓慢，而亚洲和拉丁美洲等新兴市场保持稳定的增长，特别是中东和一些非洲国家，家用电器市场的增长更为强劲，其中以冰箱和洗衣机的需求尤为高涨。我国和印度是拉动亚洲家电市场增长的主要因素。在家电下乡补贴及以旧换新等扩大内需政策的影响下，我国成为全球最具市场活力的家电产业板块。印度家电的销售增长主要受益于中产阶级需求的驱动，这个阶层包含相当数量的喜欢创新技术的年轻消费者。

进入 2012 年，家电产品的供给与需求均会出现一定的下降，整体供求会保持基本平衡。就需求层面看，尽管印度、巴西等新兴经济体的需求可能会出现一定的增长，但欧美市场复苏的不确定性以及我国家电下乡补贴政策的逐步退出，将会使得世界家电产品的需求会出现一定程度的下降。就供给层面看，尽管通货膨胀压力有所减轻，但原材料价格的上涨趋缓以及人工成本的快速提升将会制约家电行业的发展，行业发展增速将会趋缓，家电产品的供给会出现一定的下降。特别是在我国，随着节能减排工作的深入推进，中小家电企业的生存压力加大，生存空间萎缩，这会在很大程度上影响世界家电产品的供给能力。

4、维生素

目前，全球营养类产品的市值大约在 2400 亿美元，未来几年全球营养成分市场将以年均 6.2% 的速度增长，维生素类补充剂是全球营养类产品中增长最快的领域。作为维生素的“全球工厂”，我国是世界维生素最大的生产和出口国家，出口到美国的维生素原料药占美国市场近 30% 的份额。2011 年，全球维生素市场总体表现为原料成本上涨、市场供应充足的特征。进入 2012 年，受全球经济增长乏力、国际贸易增速回落、环保压力严峻、产能过剩等多重因素制约，全球维生素发展将面临诸多不确定性。欧盟将于 2012 年 7 月实施新的药品安全法案，提高了药品进口门槛，对全球西药类产品出口将产生不利影响，尤其欧盟是我国第一大西药产品的出口市场。

可是，虽然面临诸多不利因素，但由于化妆品、药品、创新食品以及运动营养保健品的发展前景很好，这些终端产品市场的发展将推动维生素的市场需求，2012 年世界维生素产业将会在调整中实现稳步增长。其中，亚太地区有可能成为增长最快的维生素市场，复合年增长率（CAGR）可望超过 4%，以维生素 E 增长速度最快。

发 展 篇

第一章
2011年我国消费品工业产业整体发展状况

一、运行情况

（一）固定资产投资快速增长

2011年，我国国民经济总体保持平稳较快增长，投资总量继续快速攀升，投资结构更趋优化。全国城镇固定资产投资规模达到301933亿元，同比增长23.8%。消费品工业城镇固定资产投资规模达到33513亿元，同比增长39.6%，较同期全国城镇固定资产投资增速高出15.8个百分点。表明在扩大内需战略的指引下，消费品工业在工业体系中的地位得到加强，固定资产投资呈现强劲的增长态势。其中，轻工行业的投资规模为23621.3亿元，同比增长38.2%；纺织行业的投资规模为6669.5亿元，同比增长36.5%；医药行业的投资规模为2950.5亿元，同比增长46.2%；烟草行业的投资规模为271.7亿元，同比增长37.1%（见图2-1和图2-2）。对2011年消费品工业子行业按投资规模大小进行排序，依次为轻工行业、纺织行业、医药行业、烟草行业。按投资增速进行排序，依次为医药行业、轻工行业、烟草行业、纺织行业。值得关注的是，医药行业投资规模占消费品工业投资规模的百分比由8.4%增至8.8%，烟草行业投资规模占消费品工业投资规模的百分比由0.83%降至0.81%，这表明消费品工业内部在加大医药行业投资的同时，减少了烟草行业的投资，体现了一定程度的投资结构优化。

图2-1 2011年1-12月消费品工业累计城镇固定资产投资及其同比增速变化

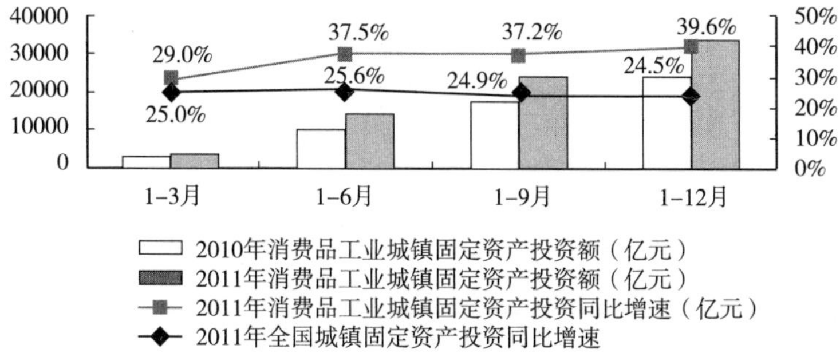

数据来源：国家统计局

图2-2 2010-2011年1-12月消费品工业累计城镇固定资产投资规模分布及增速

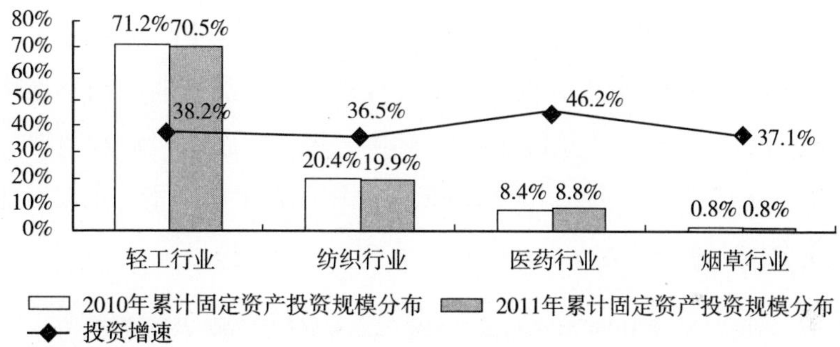

数据来源：国家统计局

（二）市场供求分析

1、生产增速放缓

2011 年我国工业增速持续回落，与之相对应，消费品工业生产增速放缓，产销率变化平和。就规模来看，至 2011 年 12 月底，消费品工业累计实现工业生产总值达 235814.65 亿元，同比增长 28.26%；累计工业销售产值达 230038.01 亿元，同比增长 28.21%，销售增速接近生产增速，全年工业销售产值增速呈放缓态势（见图 2-3）。

图2-3　2010-2011年消费品工业累计工业销售产值及其同比增速变化

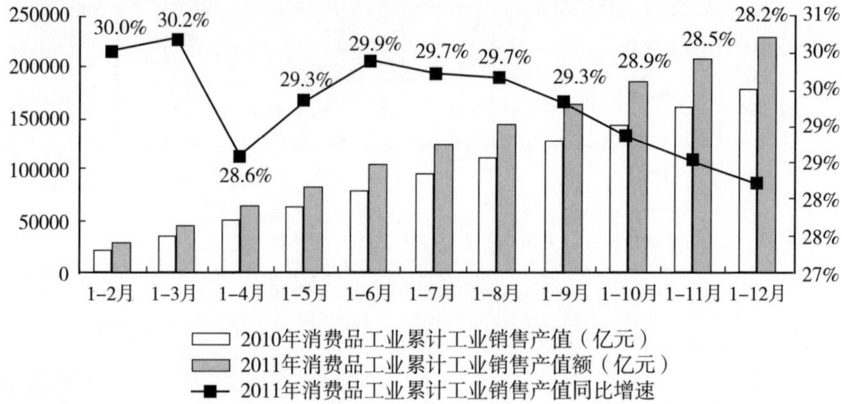

数据来源：国家统计局

就产销率来看，至2011年12月底，消费品工业累计产销率为97.55%，比全国工业产销率低0.42个百分点，除1–2月外，消费品工业产销率均略低于全国工业产销率的平均水平（见图2–4）。其中，轻工、纺织行业产销率与全国工业平均水平基本持平，医药行业产销率低于全国工业平均水平，烟草行业全年产销率均高于全国工业平均水平。

图2-4　2011年消费品工业和全部工业累计产销率及其变化

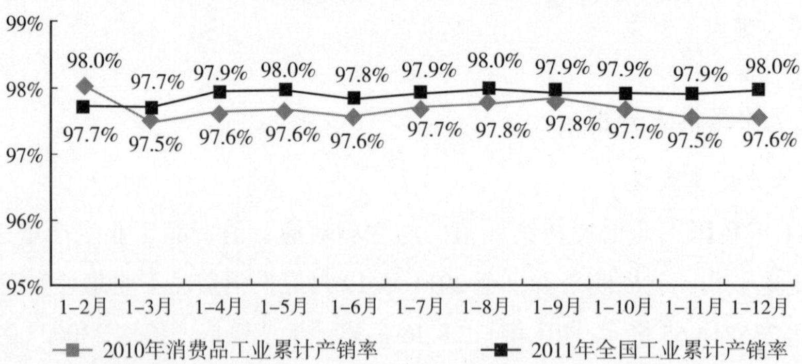

数据来源：国家统计局

就工业增加值来看，2011年消费品工业增加值同比增长14.10%，高于全国工业0.2个百分点，工业增加值规模占全国工业增加值的比重为27.88%，12月较2月增长1.62个百分点，工业增加值全年走势呈现稳中有升。就各子行业看，轻工行业工业增加值占全国工业增加值的比重为 18.35%，同比增长 14.10%，高于全国工业增加值平均增速的 12.80%；纺织行业工业增加值占全国工业增加值的比重为 5.70%，同比增速在经历上半年的增速下滑后有所复苏，年末达到 12.10%，但整体仍低于全国平均水平；医药行业工业增加值占全国工业增加值的比重为 2.54%，同比增长 18.10%，高于全国工业增加值平均增速；烟草行业工业增加值占全国工业增加值的比重为 1.29%，同比增速体现出一定的波动性，由 11 月份的 13% 骤降至 12 月份的 1.3%（见图 2–5）。

图2–5 2011年消费品工业及各子行业工业增加值地位及其增速变化

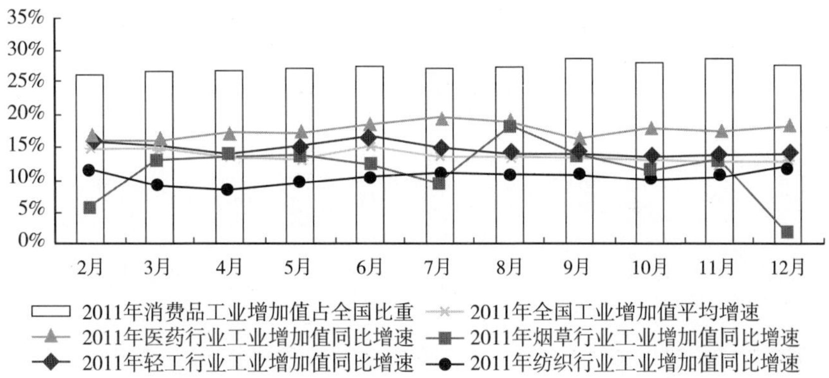

数据来源：国家统计局

2、出口交货值增速放缓

截至 2011 年 12 月底，消费品工业累计出口交货值规模达到 32597.94 亿元，比上年同期上升 15.72%，全年同比增长呈放缓趋势（见图 2–6）。就各子行业看，2011 年轻工行业累计出口交货值达 22019.26 亿元，同比增长 15.79%，因为受到贸易壁垒、综合成本提升等因素的影响，轻工行业出口交货值呈逐月放缓趋势。资料显示，2011 年海关统计的 241 类轻工出口产品中，有 79 类产品的出口量出现负增长，占到总数的 32.8%。纺织行业累计出口交货值为 9086.42 亿元，同比增长 15.32%，由于受原材料价格高位运行、国际市场需求不振等因素影响，出口情况同样不容乐观，出口增速趋缓。医药行业累计出口交货值规模为 1461.63 亿元，同比增长 17.08%，全年增速基本呈上升趋势，主要是因为医药行业受南美、非洲、中东等新兴市场需求增长拉动影响，医药产品尤其是医疗器械类产品出口实现持续高速增长。烟草行业累计出口交货值为 30.63 亿元，同比增长 15.37%，烟草企业拓展国际市场取得了一定进展，出口交货值总体保持增长态势，但体现出一定的波动性（见图 2-7）。

图2-6 2010-2011年消费品工业累计出口交货值及其同比增速变化

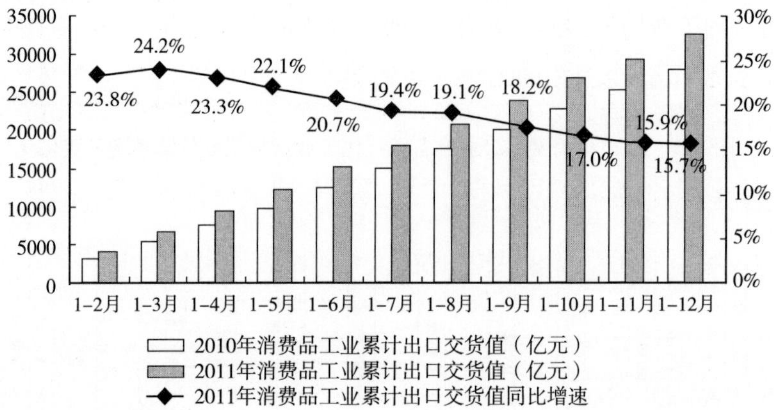

数据来源：国家统计局

图2-7 2010年-2011年1-12月消费品工业子行业累计出口交货值规模及增速

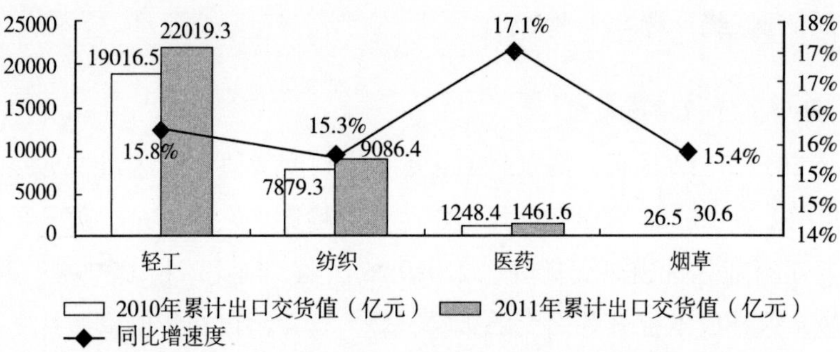

3、出厂价格指数下半年环比涨幅显著下降

2011 年 1-12 月份，与工业生产相关的各类价格指数总体上呈现出明显的高开低走之势。12 月份，全国工业生产者出厂价格指数（上年同期 =100）同比上涨 1.7%，工业生产者购进价格指数（上年同期 =100）同比上涨 3.5%，环比下降 0.4%（见表 2-1）。尽管从下半年开始，工业经济企稳回升，工业生产者购进价格也延续了上涨态势，但涨幅呈下滑趋势（见图 2-8）。重点关注与消费品工业密切相关的生活资料出厂价格同比涨跌幅变化趋势，可以发现，除耐用消费品价格存在不足 1% 的同比跌幅外，其它工业品价格均高于上年同期水平但涨幅呈下降趋势，其中生活资料类中食品类出厂价格较上年同期上涨相对明显（见图 2–9）。

表 2–1　2011 年全国工业生产者出厂价格和购进价格同比变化（%）

指标＼月份	2月	3月	4月	5月	6月	7月	8月	9月	10月	11月	12月
工业生产者出厂价格同比变化	7.2	7.3	6.8	6.8	7.1	7.5	7.3	6.5	5.0	2.7	1.70
生产资料出厂价格同比变化	8.2	8.2	7.5	7.5	7.9	8.4	8.0	7.1	5.2	2.6	1.40
采掘工业出厂价格同比变化	14.3	16.8	17.4	17.1	16.7	18.1	18.8	17.2	15.1	10.6	9.40
原料工业出厂价格同比变化	10.6	10.5	9.9	9.9	11.1	12.1	11.6	10.6	7.9	4.1	2.90
加工工业出厂价格同比变化	6.6	6.4	5.5	5.4	5.6	5.8	5.4	4.6	3.1	1.1	0
生活资料出厂价格同比变化	4.1	4.4	4.6	4.6	4.6	4.8	4.8	4.6	4.2	3.1	2.50
食品类出厂价格同比变化	7.3	8.0	8.4	8.3	8.5	8.6	8.3	8.2	7.4	5.2	4.30
衣着类出厂价格同比变化	3.9	4.1	4.5	4.4	4.4	4.5	4.6	4.5	4.5	3.8	3.60
一般日用品出厂价格同比变化	4.3	4.5	4.4	4.4	4.2	4.5	4.7	4.4	3.9	2.8	2.10
耐用消费品出厂价格同比变化	–0.8	–0.9	–0.6	–0.5	–0.5	–0.5	–0.3	–0.6	–0.3	–0.4	–0.50
工业生产者购进价格同比变化	10.4	10.5	10.4	10.2	10.5	11.0	10.6	10.0	8.0	5.1	3.50
有色金属材料类购进价格同比变化	14.8	13.9	13.2	14.5	17.2	18.9	16.8	14.7	7.0	3.6	0.60
燃料动力类购进价格同比变化	8.9	9.9	11.6	11.7	12.0	12.6	12.7	12.3	11.3	9.3	8.40
黑色金属材料类购进价格同比变化	15.8	14.2	10.9	9.4	8.9	10.2	9.9	8.8	7.2	3.7	1.40
化工原料类购进价格同比变化	11.9	11.8	11.7	11.6	12.5	13.3	13.4	12.7	9.9	4.1	1.40

数据来源：国家统计局

图2-8　2011年全国工业生产者出厂价格和购进价格同比变化

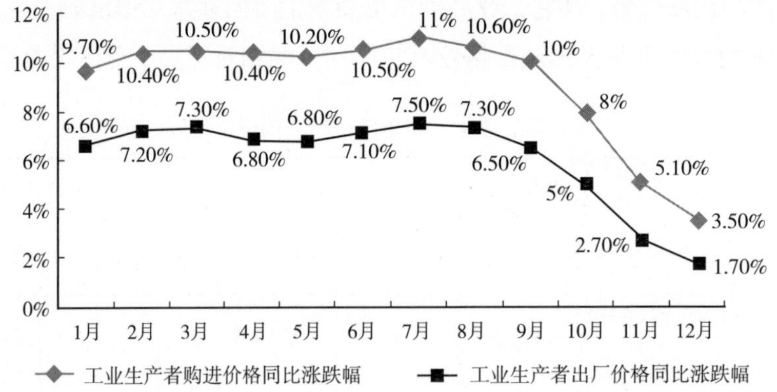

数据来源：国家统计局

图2-9　2011年生活资料出厂价格同比变化

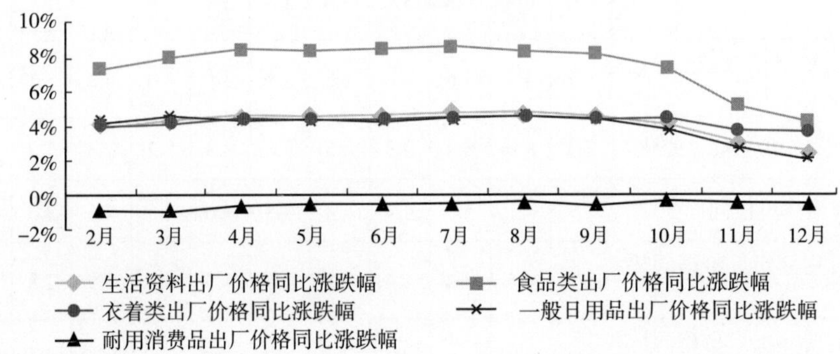

数据来源：国家统计局

二、经济效益情况

（一）盈利能力有所下降

2011 年消费品工业主营业务收入呈下滑趋势，利润增速在前三个季度下滑趋势较为明显，在年末有所回升。1–12 月份，消费品工业累计实现主营业务收入 231599.41 亿元，同比增长 28.29%，但较 1–2 月相比增速下滑了 3.36 个百分点。利润总额达到了 15165.20 亿元，同比增长 29.33%，增速较比 1–2 月下降了 6.56 个百分点（见图 2–10）。

就子行业来看，2011 年 1–12 月，轻工行业企业实现主营业务收入为 156814.50 亿元，同比增长 29.20%，利润总额为 9820.25 亿元，同比增长 32.01%；纺织行业企业实现主营业务收入为 52347.25 亿元，同比增长 26.60%，利润总额为 2885.00 亿元，同比增长 25.77%；医药行业企业实现主营业务收入为 15876.32 亿元，同比增长 29.13%，利润总额为 1640.50 亿元，同比增长 23.77%；烟草行业企业实现主营业务收入为 6561.34 亿元，同比增长 19.02%，利润总额为 819.45 亿元，同比增长 22.66%。其中，轻工行业企业在主营业务收入增速和利润总额增速方面的表现要优于其他行业企业，相比之下，烟草行业在增速方面则表现不够出色。

图2–10　2011年消费品工业主营业务收入和利润总额增长率及其变化

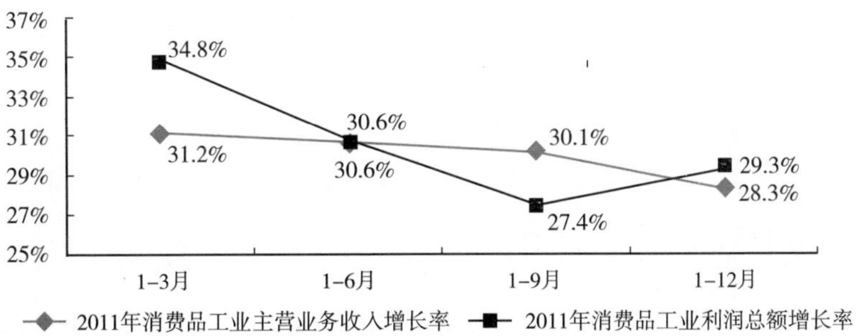

数据来源：国家统计局

反映到利润率上，2011 年 12 月消费品工业的主营业务利润率为 15.30%，比去年同期低了 0.12 个百分点，较 1–2 月降低了 0.4 个百分点；成本费用利润率为 7.08%，比去年同期高了 0.08 个百分点，较 1–2 月提高了 0.19 个百分点（见图 2–11）。

图2–11　2011年消费品工业主营业务利润率和成本费用利润率及其变化

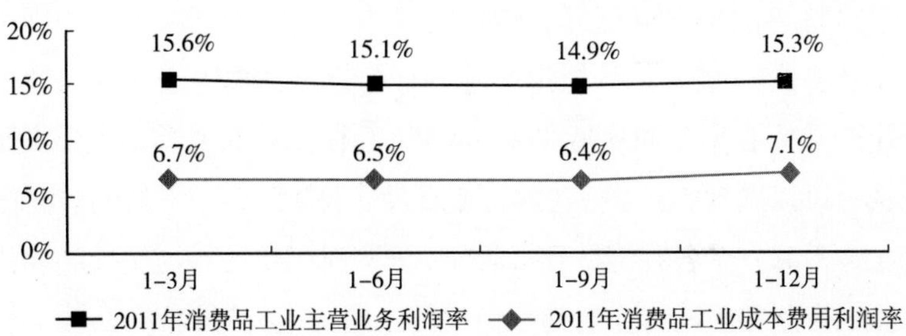

数据来源：国家统计局

此外，消费品工业的主营业务税金及附加为4928.71亿元，同比增长达28.29%，略低于同期主营业务收入增速，企业主营业务税负与上年同期相比也有所减轻。

（二）偿债能力有所增强

2011年12月，消费品工业资产和负债额分别达到145607.08亿元和75918.25亿元，资产负债率为52.14%，同比下降了0.56个百分点，较1–2月份相比降低了0.66个百分点。分别计算各个子行业的资产负债率，可得轻工行业资产负债率为54.18%，同比减少了0.73个百分点；纺织行业资产负债率为55.88%，同比减少了0.26个百分点；医药行业资产负债率为42.68%，同比减少了0.71个百分点；烟草行业资产负债率为23.50%，同比减少了0.62个百分点。这些变化表明，消费品工业行业内企业长期偿债能力有所提高，贷款风险略有减小。

就利息保障倍数来看，1–12月消费品工业利息支出1717.49亿元，经历年中的小幅走低后，12月消费品工业利息保障倍数达到年度最高值（9.83倍），比上年同期增加了2.0倍，较1–2月份相比增加了0.32倍，企业偿债的安全性与稳定性略有回升（见图2–12）。

就亏损状况来看，2011年12月，消费品工业内累计亏损企业个数达11627家，占行业总企业单位数的比重为9.01%，企业亏损面比年初下降5.19个百分点。亏损企业亏损总额达632.34亿元，比上年同期增长50.56%，较1–2月份相比同比增速高出36.13个百分点（见图2–13）。但因利润增速上升相对较快，企业亏损深度有所下降，亏损企业债务偿还能力有所好转。具体到各个子行业，至2011年12月，轻工行业亏损企业个数达7550家，同比增长17.90%，亏损总额达459.60亿元，同比增长42.30%；纺织行业亏损企业个数达3442家，同比增长37.85%，亏损总额达131.54亿元，同比增长96.24%；医药行业亏损企业个数达630家，同比增长17.98%，亏损总额达40.86亿元，同比增长39.45%；烟草行业亏损企业个数为5家，同比减少44.44%，亏损总额为0.34亿元，同比减少了51.53%。从中可以发现，由于独特的行业属性，烟草行业中亏损的情况比较少见，亏损的程度并不深，受各种经济环境影响，子行业中纺织行业的亏损情况相对严重，另外轻工行业和医药行业的的亏损额同比增速也相对较高。

图2-12　2011年消费品工业利息保障倍数及其变化

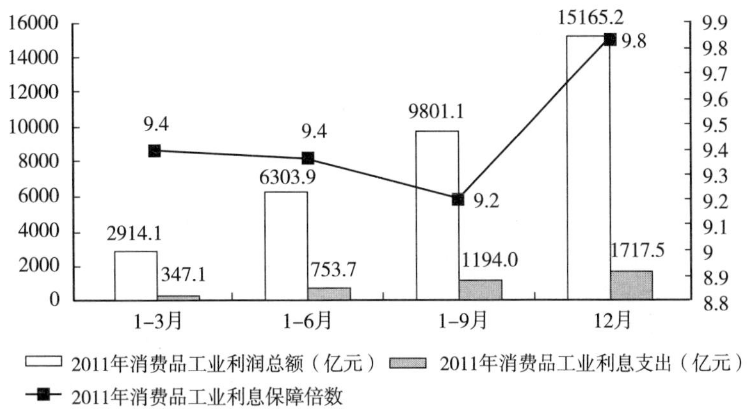

数据来源：国家统计局

图2-13　2011年消费品工业企业亏损面和亏损度及其变化

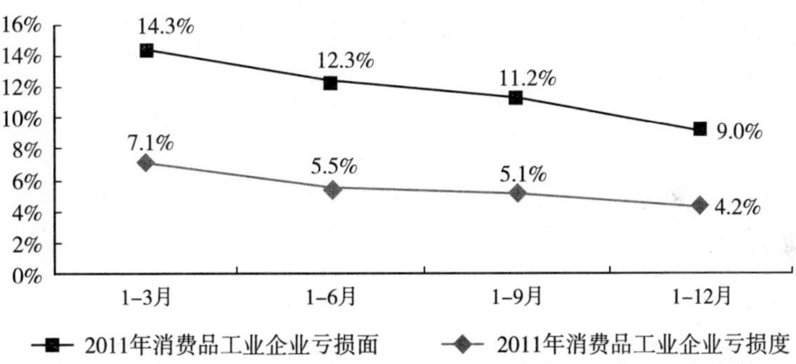

数据来源：国家统计局

（三）营运能力有所提升

2011 年 1-12 月，消费品工业应收账款净额累计达 16549.687 亿元，同比增长 21.19%，低于同期主营业务收入增速 7.10 个百分点。全年来看，应收账款占主营业务收入的比重呈下降趋势，从第一季度的 29.1% 降低至第四季度的 7.1%，下降幅度较大，表明应收账款回收情况良好。与上年同期相比，该指标基本持平，表明消费品工业应收账款管理整体效率保持相对稳定状态（见图 2-14）。细分到各个子行业，轻工行业应收账款净额为 11174.50 亿元，同比增长 20.48%；纺织行业应收账款净额为 3382.52 亿元，同比增长 22.12%；医药行业应收账款净额为

1685.65 亿元，同比增长 23.11%；烟草行业应收账款净额为 307.01 亿元，同比增长 26.88%。

图2–14 2011年消费品工业应收账款占主营业务收入比及其变化

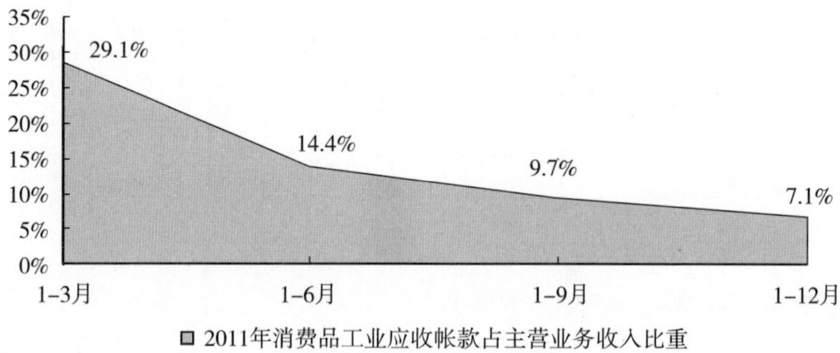

数据来源：国家统计局

就工业销售产值来看，截止 2011 年 12 月底，消费品工业销售产值累计达 230038.01 亿元，其中，轻工行业累计工业销售产值为 155039.71 亿元，同比增长 28.90%；纺织行业累计工业销售产值为 52556.41 亿元，同比增长 26.86%；医药行业累计工业销售产值为 15674.89 亿元，同比增长 29.81%；烟草行业累计工业销售产值为 6767 亿元，同比增长 19.85%。医药行业、轻工行业均保持强劲的销售产值势头。

就存货来看，2011 年 12 月底消费品工业存货总量同比增长 21.30%，全年存货同比增速总体呈下降趋势，库存压力有所下降。其中，轻工行业存货为 13765.89 亿元，同比增长 21.49%；纺织行业存货为 5107.06 亿元，同比增长 19.28%；医药行业存货为 1749.69 亿元，同比增长 24.02%；烟草行业存货为 2040.00 亿元，同比增长 22.95%，各子行业存货增速相对均衡。

（四）成长能力保持较好态势

2011 年全年，消费品工业累计所有者权益达到了 69688.83 亿元，同比增速为 22.25%。这表明，消费品工业的增长态势较好，企业持续发展的能力较强（见图 2–15）。同时，主营业务收入保持了 30% 的增速，说明消费品工业企业具有良好的业务扩张能力，这一能力对整个行业吸纳就业的能力产生了积极影响（见图 2–16）。就业方面，2011 年全年消费品工业全部从业人员平均人数 3434.1 万人，同比增长了 8.25%（见图 2-17），表明消费品工业的就业贡献能力较强。其中，轻工行业从业人员平均人数为 2205.74 万人，同比增长 9.41%；纺织行业从业人员平均人数为 1012.97 万人，同比增长 5.56%；医药行业从业人员平均人数为 195.36 万人，同比增长 10.27%；烟草行业从业人员平均人数为 20.03 万人，同比增长 3.05%。由于纺织行业和烟草行业分别属于传统劳动密集型行业和管制型行业，吸纳就业人员的能力相对饱和有限，而轻工行业和医药行业中的新兴领域则能提供相对更多的就业岗位。

图2-15　2010-2011年消费品工业所有者权益及其同比变化

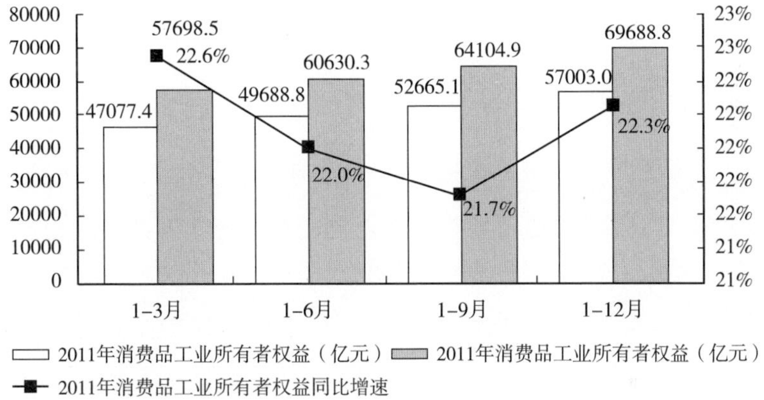

数据来源：国家统计局

图2-16　2011年消费品工业资产总计和主营业务收入同比变化

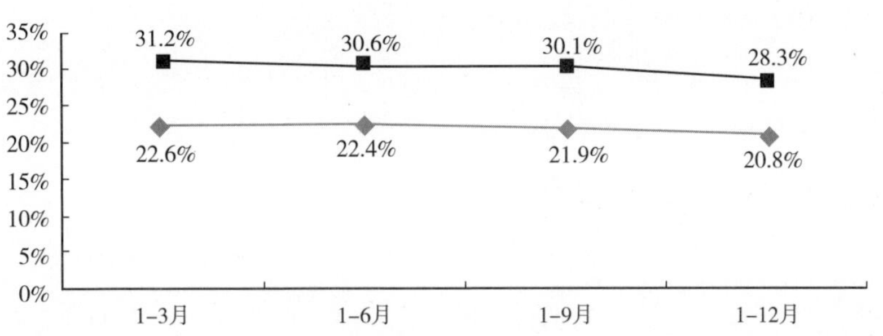

数据来源：国家统计局

图2-17　2010-2011年消费品工业平均从业人数及其变化

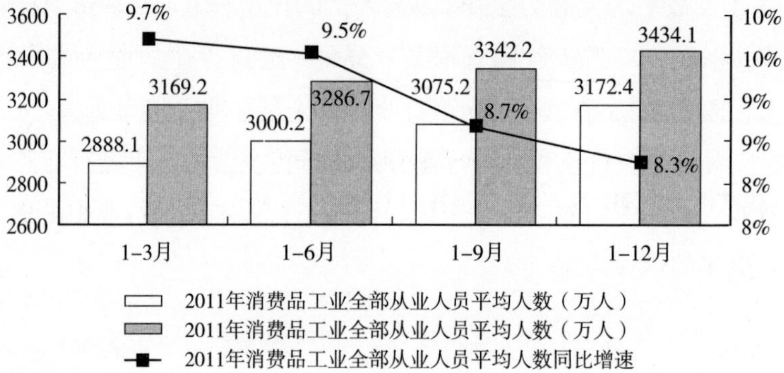

数据来源：国家统计局

第二章

2011年我国消费品工业热点事件回顾与解析

一、我国纺织业竞争力加速流失

（一）事件背景

2008年国内外经济环境的重大变化使我国纺织业这一传统优势产业受到了巨大的冲击。国际环境方面，受美国金融危机和欧洲债务危机的影响，欧美等传统市场的需求持续疲软，纺织品出口明显受到影响。国内环境方面，2011年以来不断趋紧的货币调控政策使得众多纺织企业陷入融资困境，劳动力成本的上涨推动了生产成本的攀升，人民币升值从原料进口和产品出口两个环节降低了出口纺织品的价格优势，不断加剧的棉花价格波动更使得企业对未来充满了不确定性。在这一背景下，随着越南、孟加拉、柬埔寨等东南亚国家纺织品对美国出口的快速增长，国内外部分媒体纷纷指出、“纺织业前景堪虞，大陆竞争力加速流失”，“大陆纺织业竞争优势最多还能维持3–5年”。

（二）我国纺织业竞争力评价

这些评论客观与否？我国纺织业竞争力是否真的在加速流失？为了解决这些问题，需要我们对我国与周边国家纺织业竞争力变化进行检验。为此，接下来运用国际市场占有率、贸易竞争力指数等评价指标对我国与周边国家纺织业的竞争力进行比较分析。

1、我国纺织品的整体竞争优势明显，周边国家难以撼动

目前国际纺织品的出口依然集中于中国、中国香港、意大利、德国、土耳其等国家和地区。其中，我国是世界第一大出口国。进入后配额时代后我国纺织

品的国际市场份额显著增加，由2005年的22.50%增加至2010年的40.94%。如果考虑我国有很大一部分纺织品是通过香港转口的，那么我国纺织品的竞争优势将会更加明显。周边的印度、越南、巴基斯坦、柬埔寨和孟加拉五国合计的国际市场份额仅为我国的35%左右。2005-2010年期间，只有越南国际市场份额的增长幅度超过了我国。

将进口因素考虑进来的贸易竞争力指数表明，6年中我国纺织品整体的贸易竞争力指数均值达到了0.78，且同样呈现出上升趋势，显示出很强的国际竞争力；周边五国中，印度、巴基斯坦纺织品整体贸易竞争力指数的均值虽与我国接近，但呈现出下降趋势。越南、柬埔寨和孟加拉三国纺织品整体的贸易竞争力指数虽然显示出一定的上升趋势，但与我国相比均存在明显的差距。

2、我国纺织品在重点市场的竞争优势显著，但提升幅度不及少数周边国家

我国纺织品的国际竞争力主要表现为在典型高端市场赢得的市场份额太小。进入后配额时代以来，我国纺织品在美国市场的市场份额不断增加，由2005年的24.57%提高至2010年的39.06%，市场份额年均环比增速达9.80%。随着2009年纺织品贸易配额的全部取消，我国对美纺织品的出口预计还会不断增长。周边的越南、印度、印尼、巴基斯坦、孟加拉、柬埔寨和北美的墨西哥的纺织品在美国市场也具有一定的竞争力。需要注意的是，虽然周边国家纺织品在美国的整体市场份额不大，合计的市场份额不及我国，但越南和孟加拉纺织品在美市场份额的增速远远超过了我国，未来这两国将是我国纺织品在美市场的主要竞争对手。

与美国市场相比，在第二大出口市场的日本，我国纺织品的竞争优势更加明显。按照平均水平计算，2005-2010年期间我国纺织品在日本的市场份额达到了77.43%。周边的越南、韩国等国和欧洲的意大利等国的纺织品对日本也有一定的出口，但整体所占市场份额很小。但是需要注意的是2005-2010年期间，越南纺织品在日本市场份额的年均环比增速达到了10.29%，远高于我国的0.58%。

3、我国不同纺织品竞争力强弱不同，周边国家仅仅在少数产品上形成了竞争优势

在纺织品中，服装、面料、棉纱和化纤长丝是四大代表性品种。他们不仅体现了纺织业的整体技术水平，还反映了纺织业产业链的整体配套能力。

（1）服装国际竞争优势明显，周边国家与我国的竞争关系正在形成

服装是我国最具优势的纺织品。2010年，我国服装的国际市场占有率达到

43.92%，位居世界第一位，世界其他重要出口国家和地区的国际市场占有率均在10% 以下。但从变化来看越南的国际市场份额增长超过了我国，孟加拉与我国基本接近。综合考虑国际市场占有率和贸易竞争力指数可以发现，虽然周边单个国家的绝对份额与我国相比存在巨大的差距，缺乏竞争上的规模优势，对我国服装出口的替代能力很低，但这些国家的整体竞争能力在不断提升，竞争优势提升幅度不断加快，与我国的竞争关系正在形成。

（2）面料具有较强国际竞争力，周边服装出口国对我国面料依赖程度日趋加深

在目前国际面料贸易格局中，中国、中国香港、意大利以及巴基斯坦是前四大出口市场。2005–2010 年期间的 6 年中，我国面料的国际市场占有率在这四大出口国和地区中居最高。相比于我国和巴基斯坦，周边主要服装出口国的越南、孟加拉、印尼和柬埔寨面料高度依赖进口。2010 年，越南、印尼、孟加拉、孟加拉四国自我国进口的面料占其面料总进口的比分别高达 80.65%、75.06% 、73.78% 和 26.43%。结合服装竞争力的结果不难发现，这四个国家服装出口的高速增长和竞争力提升建立在我国面料配套的基础之上。如果我国提高面料的出口价格，这些国家服装产业的发展和竞争力提升将会受到极大的制约。

（3）化纤长丝国际竞争力迅速提升，周边主要国家缺乏竞争能力

化纤长丝是反映一国纺织业竞争力的重要产品。2010 年，我国化纤长丝的国际生产份额达 35.44%，领先于其他主要生产与出口国。贸易竞争力指数上，2010 年我国达到了 0.45，仅次于日本和韩国。就变化看，2005–2010 年期间，我国化纤长丝的国际市场占有率增长 118.34%，贸易竞争力指数提升 107.70%。周边的东南亚国家中，只有印度的化纤长丝具有一定的竞争力，但国际市场份额还不及我国的 10%。孟加拉、越南、柬埔寨以及巴基斯坦四国在化纤长丝上则完全处于竞争劣势，国际市场份额很小，贸易竞争力指数均为负值。

（4）棉纱竞争力不强，高度依赖进口，周边国家竞争优势各不相同

对棉花进口的高度依赖使得我国棉纱缺乏国际竞争优势。尽管国际市场占有率显示我国仍然是世界第一大棉纱出口大国，但同时，也是世界第一大棉纱进口国。进出口的双双走高使得我国棉纱贸易竞争力指数很低。在后配额时代以来的 6 年中，只有 2006 年棉纱的贸易竞争力指数为正数，其他五年均为负数。与我国不同的是，周边的巴基斯坦、印度、越南和印尼均显示出较强的国际竞争力。

2010 年，巴基斯坦、印度、越南、印尼四国棉纱的贸易竞争力指数分别为 0.97、0.96、0.74、0.71，而我国则为 -0.18，完全处于竞争劣势。

以上分析表明，我国纺织业竞争力流失仅在重点产品的服装和重点市场的美国和日本有所体现，并没有出现整体性滑坡和流失的问题。而且，相对于我国纺织产品整体的国际市场份额和在重点市场的绝对优势地位，周边国家尚难达到真正威胁和替代我国服装产业的能力。

（三）客观看待竞争力的流失问题

1、竞争力的少量流失是我国纺织业价值链攀升的表现

随着我国纺织业发展方式的战略性调整以及原料和劳动力成本的结构性上涨，让出部分微笑曲线底端的低附加值环节是科学和理性的选择，也符合纺织业国际转移的规律。在这一过程中，周边国家在附加值更为低下的纱线环节上为我国的面料生产提供配套，我国则在附加值相对较高的面料设计及生产上为这些国家的服装加工生产提供面料配套，这一关系是一种新型的协作关系，是我国纺织业价值链跃迁的表现。尽管这一跃迁可能会在短期内损失一部分国际市场份额，但长期内会强化周边国家纺织业对我国的依赖。

2、竞争力的少量流失有助于我国纺织业的升级转型

近年来，随着越南、孟加拉等周边国家市场化改革的推进，这些国家凭借廉价的劳动力成本承接我国服装业价值链的低端环节，成为世界服装加工贸易的一个新兴来源地和我国服装面料的主要市场。与低附加值的服装国际市场份额的少量流失相比，面料国际市场份额的扩大和竞争力的提升显然更值得肯定。所以，越南、孟加拉等国服装出口的快速增长对于我国而言不是“洪水猛兽”，反而有利于促进我国纺织业价值链向微笑曲线两端的攀升，将纺织业的发展重点转向高性能纤维的设计与生产、高端面料设计与生产、服装的设计与品牌营销等环节，对我国纺织业的升级转型意义重大。

3、服装竞争力向周边国家的少量流失有利于我国面料行业的可持续发展

周边国家服装产业的发展还集中在来料与来样加工等低附加值环节，短期内通过提高面料出口价格进而提高周边国家服装生产的配套成本确实有助于遏制这些国家服装产业的发展，巩固我国在国际服装市场的地位。但是长期来看，遏制的负面效应很明显：一是不利于我国服装面料行业的生产扩张和扩大出口。在

我国面料的出口市场中，孟加拉、越南两国居于重要地位，未来这两国将会成为我国面料的最大市场；二是导致我国面料市场的损失。由于越南和印尼等国家是我国面纱的重要进口来源，提高对周边国家服装面料的出口价格可能会招致这些国家面纱出口价格的报复性提高，以及诱发越南、孟加拉转向从亚洲的巴基斯坦和印度等国进口，进而让出我国部分面料市场；三是诱发周边国家面料行业的发展，培植国际面料市场新的竞争对手。因此，服装竞争力向周边国家的少量流失有利于我国面料行业的可持续发展。

二、棉花价格“过山车”

（一）背景

2010/2011 年度棉花价格出现了 10 年没有的疯狂上涨和大跌，棉花价格的“过山车”给整个棉花产业都带来了许多不利的影响。棉花价格从 2010 年 3 月的 1.5 万元 / 吨上涨到 9 月份 1.8 万元 / 吨，再从 9 月份的 1.8 万元 / 吨上涨到年底 3 万元 / 吨，上涨幅度 66.7%。12 月棉价有所回落后，2011 年 1–3 月又经历了二次上涨，价格一路飙升到 3.3 万元 / 吨（见图 2–18）。

图2–1　82010年1月–2011年4月国内棉花价格走势

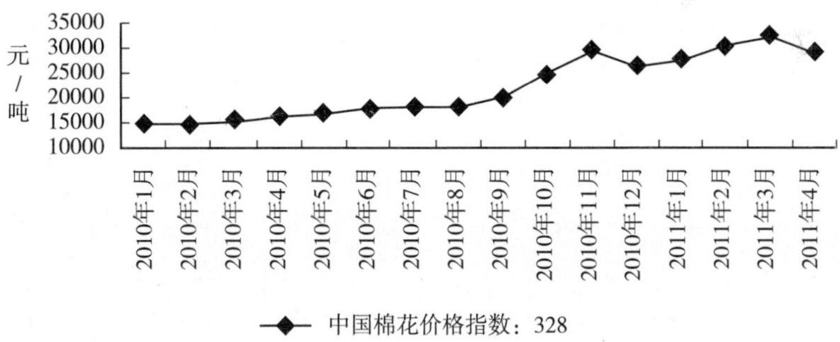

（二）评价

回顾此次棉花价格的剧烈波动，不难发现其原因：

（1）从棉花的供给看，种植棉花比较效益下降以及国家相关补贴政策不到位，严重挫伤了棉农种棉积极性，使得棉花供给减少。国家对种粮食和棉花的补贴差异很大，种植粮食有良种补贴、种粮补贴、农资综合补贴，有些经济发达地区还有其他的扶持措施，每亩共计补贴近百元，而种棉仅有每亩 15 元的良种补贴。据了解，美国棉农享受政府提供的补贴高达 89%，即每卖出 100 美元的棉花政府补贴 89 美元，有效地保护了美国棉花稳定生产。

（2）从棉花的需求看，我国棉纺织工业一直处于严重产能过剩，2008 年金融危机后纺织行业开始回暖，订单增加使得棉花需求增加，棉花供需矛盾突出。我国是一个纺织大国，棉纺行业连续 10 年快速发展，每年用棉量占全球市场 80%，由于棉花价格前几年低迷不振，纺织企业盈利丰厚，造成企业盲目扩张，棉量需求量大增，供求缺口越来越大。

（3）从投资方面看，我国棉花价格已基本与国际接轨，国际炒家看准中国是棉花消费大国，利用全球棉花减产的契机，操纵国际棉花价格，使国际棉价一直处于高位运行，为我国棉花价格疯狂上涨埋下伏笔。

（4）从宏观政策方面看，国家宏观调控能力有限，也是棉价上涨的原因之一。在此轮棉花疯涨之前，国家曾先后出库数百万吨国库棉，但由于国库棉有限，未能有效地抑制棉价上涨。

（三）影响

棉花价格的大起大落对棉农以及纺织产业链都造成了很大影响。就棉农看，棉花价格的暴涨暴跌会让棉农无所适从，严重挫伤棉农种棉的积极性。如果棉农的种棉积极性继续下降将加剧我国棉花的供需矛盾，影响我国棉花产业的发展。就棉纺企业而言，棉花价格上涨带动了棉纱、坯布市场价格的上扬，棉纺企业利润空间不断被压缩，由于纺织产品销售价格的变动具有明显滞后性，棉纺企业很难向下游转嫁成本压力。就纺织企业而言，棉花价格的高涨导致企业生产成本的急剧上涨，利润空间大幅压缩，出口企业不敢接大单、长单，一些中小棉纺织企业因无法消化原料涨价而增加的成本，而被迫停产。据棉纺企业测算，当棉价上涨引起产品生产成本增加 35% 左右时，企业销售利润将下降 30%。受 2010/2011 年度棉花价格的大起大落的影响，棉纺织业发展缓慢。统计数据显示，2011 年 1–2 月，纺织纱线、织物及制品累计出口 122.7 亿美元，增速较上年同期下降了 18.7%。纺织行业规模以上纺织企业纱产量 393.9 万吨，增速较上年同期下降 11.3%；规模以上纺织企业布产量 82.6 亿米，增速较上年同期下降 37.3%。

三、双汇“瘦肉精”

（一）事件背景

3 月 15 日，央视新闻频道播出《每周质量报告》3.15 特别行动——《“健美猪”

真相》，曝光了“养猪户添加违禁药‘瘦肉精’，在河南孟州市、沁阳市、温县和获嘉县等地，用“瘦肉精”喂出来的“健美猪”，只要每头猪花两元钱左右就能买到号称“通行证”的检疫合格等三大证明，再花一百元给检查站就能达到定点屠宰场。有了该证明用“瘦肉精”喂出来的所谓“健美猪”就能进入以“十八道检验、十八个放心”著称的河南双汇济源公司。按照该公司规定，十八道检验并不包括“瘦肉精”检测。事发后双汇两次发表声明，对“瘦肉精”事件表示道歉，并对济源双汇作出停产，对相关责任人作出免职处理，同时，对济源双汇销售的肉制品实行召回。

（二）事件评价

1、暴露我国食品监管系统的漏洞

2002年，农业部明确禁止养殖业使用“瘦肉精”。按职责分工，其监管的环节依次为：养殖、屠宰、流通、药品销售以及相关案件侦破等。对于“瘦肉精”，畜牧部门一般实行产地检验，济源市畜产品检验检疫中心按省里制定的2%抽查比例，每月一次抽查。外地流入本地的生猪，只要提供合格的检验检疫证明，一般不再检验。企业每天加工生猪在2000头–6000头，抽检必然会有漏洞，而“瘦肉精”事件的发生，正是暴露出了整个监管链条上的漏洞。

2、相关食品法律法规的滞后

“瘦肉精”是近几年出现的新问题，在国家已有法律中涉及较少。在《饲料和饲料添加剂管理条例》中明确在饲料和动物饮用水中禁止添加激素类药物，屠宰加工企业只对肉猪的病情和疫情进行检疫，对是否含有“瘦肉精”则不在检查的范围之内，因此我国相关法律法规亟待完善。

3、反映政府监管体制的缺陷

我国现行的监管体制下，兽药的使用为农业部门监管；饲料生产、交易由质检机构、工商部门监管；饲料安全由农业部门监管，生猪养殖由农业部门下属的畜牧厅、局或乡畜牧站管理；生猪的市场流通和生猪屠宰由国家质检局监管。众多的监管机构造成监管责任不清，主体不明，导致对监管效果的影响。

4、检测成本高导致产品抽检率低

此次事件暴露的产品抽检率低的一个很重要的因素是检测费用高的问题。国内对盐酸克伦特罗残留检测的研究比较晚，检测技术比较落后，检测方法主要有

高效液相色谱法 (HPLC)、气质联用法 (GC–MS)、免疫分析法 (IA) 等方法，这些方法所需的检测试剂盒基本为价格昂贵的国外进口产品，企业为节约成本对“瘦肉精”残留的检测只进行抽检。

（三）事件影响

1、对养殖行业的影响

双汇“瘦肉精”事件发生后，各级政府和畜牧兽医主管部门开始重视生猪的养殖工作，积极推进生猪养殖标准化示范基地的建设，从源头上控制生猪有害物质残留问题。目前，我国龙头企业屠宰集中度不足 10%，远低于发达国家水平。为此，商务部宣布在未来两三年中将现有的 2.2 万家生猪企业减少一半以上。此次事件必将加快生猪养殖行业的整合步伐，将进一步推进大中型生猪养殖场的推广，降低散养及小规模猪场比例，淘汰落后屠宰产能的，行业份额加速向龙头企业集中。

2、对肉制品企业的影响

双汇“瘦肉精”事件爆发后，许多地方超市的双汇火腿肠被迅速下架，仅事发当月就影响双汇的销售额达 15 亿元多。据双汇发言人称，“瘦肉精”事件致使双汇集团损失超 121 亿元。更为严重的是，双汇集团 20 多年时间筑就的放心品牌受到了质疑和重创，损失难以估量。

3、对消费市场的影响

“瘦肉精”事件发生后，引发了消费者对猪肉产品的信任危机，消费者的信心遭受打击之后，会通过中断或减少消费和替代消费的方式来减少问题食品所在行业的市场交易量，从而引致市场需求萎缩、流通环节货物滞销、商业经营出现危机，对消费市场产生重大影响。

4、对监管部门的影响

双汇“瘦肉精”事件后，各级监管部门应加大对生产经营、制假售假者的打击，对所有规模养殖场和屠宰企业全面实行官方兽医派驻监管制度，实行专人监管，严惩违法销售“瘦肉精”、在饲料中添加“瘦肉精”、销售“瘦肉精”猪肉等违法行为，降低畜产品质量安全事件的发生率。

四、海尔收购三洋电机冰箱洗衣机业务

（一）事件背景

加入 WTO 后的十多年来，我国的家电行业实现了从小到大的重大变化，已经成为世界第一大家电生产大国，在满足城乡居民生活、出口创汇和促进就业等方面发挥了重要的作用。近年来，随着国内外竞争的加剧，国内的海尔、TCL 等企业开始实施走出去战略。

2011 年，我国家电行业走出去又迈向了一个新的高峰。10 月 18 日，海尔集团和日本三洋电机株式会社 (三洋电机) 就海尔收购三洋电机在日本的洗衣机和家用冰箱业务及其在印度尼西亚、马来西亚、菲律宾和越南的洗衣机、家用冰箱和其它家用电器销售业务正式签署收购协议。根据协议，海尔正式收购三洋电机冰洗等家电业务，主要业务包括 :（1）将三洋电机所持有的研发、生产及销售家用和商用洗衣机的三洋 AQUA 株式会社以及生产洗衣机的 Konan Denki 株式会社的股份转让给海尔 ;（2）将三洋电机所持有的设计与开发家用电冰箱的海尔三洋电器株式会社，以及生产家用电冰箱的海尔电器 (泰国) 有限公司的股份转让给海尔 ;（3）将在东南亚生产及 / 或销售家用电冰箱和洗衣机等家电业务的三洋 HAAsean 有限公司 (越南)、三洋印度尼西亚有限公司、三洋印度尼西亚销售有限公司、三洋菲律宾公司以及三洋销售及售后服务有限公司 (马来西亚) 转让给海尔 ;（4）海尔可以在一定期限内在越南、印度尼西亚、菲律宾、马来西亚销售 SANYO 品牌的冰箱、洗衣机、电视、空调等家用电器产品;（5）将上述家用电冰箱、家用和商用洗衣机的相关专利、设计和注册商标转让给海尔。

（二）事件评价

1、是我国家电行业积极应对国际贸易保护的重要举措

经过多年的发展，我国家电行业的生产制造能力大幅度增强，对欧美等发达国家的出口快速增长。但与此同时，欧美等发达国家对我国家电产品的限制也越来越严，与之相关的贸易壁垒不断出台。在此背景下，通过海外并购国际家电巨头，不仅有利于绕过欧美的贸易壁垒限制，而且还可以利用其渠道扩大我国家电产品的出口。

2、是我国家电行业提升研发能力的重要路径

经过多年的发展，虽然我国的家电行业实现了从无到有并一举成为世界家电生产大国，但距离家电强国还有很长的路要走，特别是研发能力急需提升。此

次海尔并购三洋电机除了市场目标外，更重要的是并购了其部分研发、设计的股份。通过并购，有助于实现我国家电行业从集中于制造业环节向价值链两端的研发和营销环节的攀升，提升我国家电企业在家电国际分工中的地位。

3、是我国家电企业国际化水平提高的重要体现

从国际经验出发，企业的国际化成长是有阶段性的，一般要经历市场的国际化、生产的国际化、技术的国际化和资本的国际化四个阶段。从我国的实际情况看，海尔、TCL等企业的国际化多数还是停留在市场和生产的国际化阶段，很少涉足技术和资本的国际化。此次并购突破了市场和生产的国际化阶段，迈向了技术的国际化。可以说，这是一个历史性的转变，是我国家电企业国家化水平和国际化能力提高的重要体现。

（三）事件影响

1、有助于缓解家电行业的劳动力成本上涨压力

伴随着我国家电行业规模的不断壮大，家电行业集聚的东南沿海地区面临着劳动力成本快速上涨的压力，“招工难”已经成为家电企业、尤其是中小家电企业面临的一大难题。此次，海尔的海外并购获得了在越南等东南亚国家家电产品的销售权。以此为契机，海尔可以利用越南、菲律宾等东南亚国家的廉价的劳动力成本实现就地产销，缓解国内劳动力成本上涨的压力，为企业的转型提供缓冲。

2、有助于消化国内的过剩产能

自2007年实施家电下乡补贴以来，我国家电行业经历了一次产能的扩张。随着家电下乡补贴政策的逐步退出，国内的产能过剩显现出来，国内市场再次显现出价格战的倾向。通过海外并购，不仅可以带动产品的出口，缓解国内市场的竞争压力，而且还可以为国内闲置的产能向外转移。

3、有助于加速家电行业的转型升级

“十二五”期间，家电行业面临着转方式、调结构的任务。转方式、调结构的根本就在于实现由“中国制造”向“中国智造”的转变，提升在国际价值链中的地位。此次海尔的海外并购不仅在市场和生产国际化上取得了成效，更重要的是实现了向研发国际化的迈进。通过并购，海尔取得了三洋电机的研发、设计与开发的股权控制。由于海尔是我国家电行业的引领者，因此这一控制对于整个家电行业的转型升级将会产生重要的推动作用。

第三章

2012年我国消费品工业发展趋势展望

一、面临形势

（一）国际政治经济形势日趋复杂，进口需求下降

在美国，2008年以来经济一直处于风口浪尖。进入2010年12月后，虽然经济形势开始呈现复苏之势，失业率也出现过连续4个月的下降，但从今年4月开始这一势头终止，失业率开始出现反弹。到今年9月，非农业部门失业率已经突破了9.1%。失业率的居高不下必然带来收入水平的下降和对未来的悲观预期，负债消费的模式将会逐步改变，消费需求下降。在欧洲，除了同样存在的高失业率外，主权债务危机及其走势影响很大。虽然欧元区成员国领导人在10月27日就解决债务危机达协议，但解决方案针对的仅仅是希腊问题，意大利、西班牙、葡萄牙等国的主权债务问题同样不可忽视。尽管这些国家都提出了积极的解决方案，但削减支出和减薪是最主要的措施。在亚洲新兴工业化国家，受欧元区金融动荡升级和美国经济下滑的影响，今年9月金融市场已经出现了抛售风潮，经济增长面临下行风险，过热压力持续存在，紧缩货币将是2012年政策的重要取向。预计2012年,美国和日本经济可能会有小幅反弹,但欧洲和亚洲经济增速会下降。由于这些国家是我国消费品的重要出口市场，经济的不景气必然带来消费和进口需求的下降，我国消费品的出口必然受到严重的制约（见表2–2）。

除了经济上的不景气外，政治上的不确定性也在增加。美国和法国在2012年年初即将开始总统大选，意大利、希腊等国因主权债务问题，政局更替已经出现。政治上的不确定性使得未来的经济政策走势难料，国际经济形势更加复杂。

表 2-2　2011 年与 2012 年世界主要国家（地区）经济增长和消费需求预测

国家或地区	实际GDP增速		消费需求增速	
	2011	2012	2011	2012
全部发达国家	1.6	1.9	1.4	1.5
美国	1.5	1.8	1.3	1.0
欧洲	1.6	1.1	1.0	0.6
日本	–0.5	2.3	0.4	2.1
亚洲新兴工业化国家	4.5	4.3	4.5	4.4

数据来源：国际货币基金组织（IMF）

（二）保护主义复燃，贸易壁垒翻新

在经济不景气的情况下，欧美等发达国家纷纷将国内问题国际化，试图通过贸易保护来转嫁国内危机，全球贸易保护主义重新抬头。反倾销、反补贴等贸易救济措施不断被滥用，贸易摩擦政治化的倾向日益突出，给世界经济复苏蒙上了浓厚的阴影。在美国，自 2008 年进入危机以来，与贸易保护相关的就业保护、产品标准等各种措施不断出台。仅 2010 年一年，美国国际贸易委员会就发起 58 起 337 调查，其中有 19 起调查被诉方涉及我国企业。在欧洲，主权债务危机的压力也将驱使这些国家限制进口。进口限制的加剧和贸易壁垒的不断翻新使得我国出口导向型消费品工业面临的障碍也越来越多，消费品企业面临的出口风险加大。

（三）成本压力加大，挤压企业利润空间

首先，大宗商品价格趋于上涨，生产成本压力加大。尽管利比亚战争已经结束，美国也将在年底从伊拉克撤军，但美国的伊朗政策走向充满了变数，围绕着世界三大产油国的国际政治斗争还会在长期内存在。受此影响，2011 年 11 月以来国际原油价格不断攀升，布伦特国际原油报价已经突破了 112.34 美元 / 桶。预计，2012 年国际原油价格上涨的可能性依然较大。除了原油价格外，受大面积的自然灾害和恶劣气候的影响，美国、泰国等国家的小麦、玉米和稻米出口下降，明年世界粮食供求形势会进一步趋紧，粮价居高和波动的趋势或将持续。受大宗商品价格上行压力的影响，日化、纺织、化纤、食品、塑料等行业的原料及燃料与动力成本会进一步攀升。

其次，输入性成本上涨压力加大。自 2011 年以来，为刺激低迷的经济和增加就业，欧美国家都采取了宽松的货币政策，导致流动性过剩出现。目前，美国

和欧洲各国将会进一步实施宽松的货币政策，澳大利亚、巴西、俄罗斯、印尼等国家也在不断降低基准利率。预计,2012年这些国家的宽松的货币政策仍将持续，整个世界的通胀压力会不断加大。全球性通胀的加剧将会不断提高进口原料价格，消费品工业面临的输入性成本上涨压力加大，进一步挤压企业的利润空间。

（四）人民币汇率争端加剧，出口价格优势下降

自2003年以来，围绕人民币汇率的贸易争端一直就没有停止过，也是欧美国家贸易打压的重点。进入2011年10月末，人民币汇率已经突破6.35，创下了2005年汇率改革以来的新高。同时，美国参议院通过了违背WTO宗旨的《2011年货币汇率监督改革法案》，为今后人民币汇率的政治化和贸易战埋下了祸根。虽然人民币的不断升值对原料进口型企业而言具有一定的好处，但对于大量的出口导向型的消费品企业而言却是一个不利的因素。人民币的快速升值将大大降低我国消费品的价格优势和国际竞争力。从走势看，随着欧美国家内部经济压力的进一步加大，为转嫁债务风险会继续实施更为宽松的货币政策，人民币的升值压力会更大。

（五）国内宏观调控或将持续，消费品工业信贷困境难解

自2011年6月以来，CPI连续4个月超过了6%的水平。进入10月，虽然CPI回落到5.5%，通胀压力虽有所减缓，但进入四季度后食品价格的上涨是必然的趋势，将直接拉动CPI的上涨，明年上半年通胀压力难言趋缓。另外，随着欧美及其它国家宽松货币政策的实施，输入性通胀的压力也不可忽视。国内的通胀压力和输入性通胀一起决定了未来宏观调控的走势。

预计，2012年我国货币政策的主基调仍然是维持现行的稳健货币政策。尽管可能会适时进行结构性的微调和预调，但消费品工业面临的信贷难问题不会得到根本性解决，广大中小消费品企业的资金压力仍将持续。

总结起来，2012年消费品工业发展面临的突出问题是欧美政治经济的不确定性和需求疲软、成本上涨压力、贸易保护主义加剧、人民币升值和信贷困境。

二、发展趋势

（一）生产增速回升，但幅度不大

受国际需求下滑、原料价格波动和国家货币政策收紧等因素的影响，2011

年前三季度消费品工业的生产受到了明显的影响，服装、皮革、家具等传统的出口优势行业的工业增加值增速出现了明显的回落（见表2-3）。进入2012年，虽然国际需求形势尚不明朗，但因国家的宏观调控可能会出现微调和预调，棉花等主要消费品工业原料价格进一步趋稳，消费品工业的整体生产增速将出现一定的回升，但增速不会太明显。

表2-3 2011年1-9月份主要消费品行业工业增加值增长速度（%）

行业	1-2月	1-3月	1-4月	1-5月	1-6月	1-7月	1-8月	1-9月
农副食品加工业	13.0	12.9	12.9	12.6	13.1	13.4	13.4	13.4
食品制造业	15.4	15.3	15.3	16.7	17.4	17.4	16.9	17.1
饮料制造业	16.7	16.8	17.0	18.0	18.8	18.7	18.6	18.4
纺织业	7.7	7.4	7.1	7.0	7.1	7.4	7.4	7.5
服装鞋帽制造业	17.0	16.3	15.7	15.7	15.7	16.0	16.1	16.1
皮革与羽毛(绒)制品业	17.6	16.2	15.3	15.0	14.6	14.3	14.0	13.7
家具制造业	19.0	18.4	17.2	15.7	15.7	15.6	15.5	15.2
造纸及纸制品业	13.7	14.1	14.1	14.6	15.0	15.6	15.9	15.6
文教体育用品制造业	12.9	10.2	10.8	10.4	10.5	9.9	10.1	10.6
医药制造业	14.4	15.3	16.1	16.3	16.8	17.4	17.6	17.6
化学纤维制造业	10.7	11.6	10.2	10.2	10.3	10.7	11.3	11.1

资料来源：国家统计局。

预计，2012年消费品工业增加值增速可望达到14.5%，其中，轻工行业因家电下乡政策的逐步退出增速会出现一定的回落，预计在14%左右徘徊；纺织行业因棉花价格趋稳增速回升，预计在10.5%-11%之间；受益于新医改等政策的落实，医药工业发展会保持较好态势，增速可达18%。

（二）出口平稳增长，但增速趋缓

因国际经济环境恶化，2011年前三季度，消费品工业的出口受到了明显的影响。多数消费品行业的出口增速呈现快速回落之势（见表2-4）。考虑到欧美市场的持续疲软和出口退税政策上调可能性不大，2012年我国消费品工业的出口虽有所增长，但增幅会出现小幅的回落。其中，纺织工业受益于棉价稳定增速反弹，出口交货值增速可望达到20%；因食品消费刚性和泰国洪灾等影响，轻工行业的出口增速会明显回升，出口交货值增速可望达到25%左右；文教、塑料、家具、纸制品等行业出口增速会出现进一步的回落，预计增速10%-15%之间；

医药工业的出口会持续增长，预计出口交货值增速会达到20%。

表2-4　2011年1-9月主要消费品行业出口交货值增速

行业	1-2月	1-3月	1-4月	1-5月	1-6月	1-7月	1-8月	1-9月
农副食品加工业	32.1	33.2	32.1	27.2	27.1	27.6	25.6	24.7
食品制造业	23.8	24.9	25.2	24.2	21.9	23.0	21.6	22.0
饮料制造业	36.4	31.1	30.6	25.4	27.1	25.7	27.8	27.0
纺织业	22.8	23.0	21.7	21.0	20.0	17.1	16.7	16.4
服装鞋帽制造业	16.0	17.0	17.3	17.3	17.6	17.7	18.0	17.0
家具制造业	11.5	13.1	11.1	9.6	8.8	7.7	8.2	8.3
造纸及纸制品业	15.6	15.6	13.8	15.2	13.5	12.0	12.4	11.2
文教体育用品制造业	17.1	14.7	13.4	13.9	12.6	10.3	10.1	10.0
医药制造业	8.4	12.3	13.8	13.8	15.1	16.4	17.0	16.5
化学纤维制造业	45.7	60.4	53.2	42.8	31.3	26.3	28.3	30.3
塑料制品业	19.9	18.7	14.7	14.4	12.6	11.9	11.2	10.6

数据来源：国家统计局。

（三）内需进一步扩大，但结构性反差显现

2011年，随着国家对住房政策调控力度的加大、房价的大幅度回落和个人所得税起征点的上调，经历了2011年3月以来连续6个月下降之后消费者信心指数将会逐步回升，预计2012年可以达到105以上的水平。同时，随着国家扩大内需战略的进一步实施，消费者的信心会进一步增强（见图2-19）。消费信心回升会带来消费品工业内需的增长。从2011年10月，社会消费品零售总额同比增长率已经达到17.2%，出现了反弹迹象。

图2-19　2011年消费者信心指数变化趋势

数据来源：国家统计局

预计，2012 年社会消费品零售总额会出现 18%–19% 左右的增速，但对不同行业或产品而言，内需增长会出现结构性反差。轻工行业中的家电内需会因政策红利的消失和房价调控政策的不断推进出现明显的下降，预计 2012 年增速会由今年 1–9 月的 19.9% 降至 16%–17%。食品类需求会进一步增长，其中肉类需求会因生猪饲养周期性波动和价格下跌而出现显著的增长，预计明年全年的消费增速可达到 25%；纺织服装产品的内需会有所增加，增速也会超出今年的水平，预计达到 25%–27%；中西药品需求会出现持续的增长，预计明年增速在 23%–25% 之间。

总结起来，2012 年我国消费品工业的生产增速将会回升，但幅度不大。出口平稳增长，但增速趋缓。内需进一步扩大，但会出现结构性反差。

三、对策建议

（一）认真研究劳动密集型行业的减负问题

一是认真研究纺织、服装等劳动密集型行业的负担过重问题，切实减轻广大中小消费品企业的负担。二是理顺原料税收体制，改变税收环节的高征低扣和原料进口与下游产品进口的关税倒挂问题，降低企业成本。三是积极推进结构性减税，进一步提高增值税、营业税的起征点，延长税收减免年限。四是加强劳动力市场建设和农村外出务工人员的培训，加大对企业员工培训的财政支持，落实好企业员工培训费用税前列支政策，降低企业的用工成本。

（二）优化出口环境

一是要根据国际市场整体需求疲软和需求波动大的特点，建立灵活的出口退税调节机制，适度上调出口退税税率。二是根据广大中小消费品企业流动资金严重短缺的实际，建议恢复出口预退税制度。三是加强对出口企业的分类指导，加大对出口信贷和出口保险的财政支持，鼓励企业建立海外出口基地，完善海外工业园区、企业海外注册服务等措施。四是加强区域贸易合作，积极开拓中东、东欧等新兴市场，降低对欧美国家的出口依赖和出口风险。

（三）支持中小企业公共服务体系建设

一是围绕质量检测和认证、教育培训、信息化服务、区域品牌建设等主要内容，进一步推进消费品工业集聚区公共服务平台建设，提升服务的专业化与市场化水平。二是发挥中小企业发展专项资金的引导功能，增加投入规模，对消费品工业公共服务平台示范、中小企业科技成果转化等给予优先支持。三是支持产业集聚区公共服务平台扩展融资服务功能，加强与信贷公司、中小银行与企业的联系，多渠道缓解广大消费品企业的“信贷难”问题。

（四）力促兼并重组、节能减排与产业转移

一是积极鼓励大企业实施跨地区、跨行业的兼并重组，从税收上予以减免，从财政上予以支持,从政策上予以引导。二是按照“十二五”规划规定的减排要求，积极鼓励企业研发、引进和采用清洁生产技术，加强节能减排技术的示范；三是建立国内区域产业转移的对接机制，积极鼓励轻工、纺织、食品等劳动密集型和原料密集型企业向中西部地区的梯度转移，加快中西部地区的产业转移示范园建设，提升中西部地区的产业配套能力。

（五）强化国内外经济形势预警

一是要对出口市场进行分类，密切关注重点产品出口市场的形势政策走势，建立出口预警体系，及时发布信息，为消费品企业的出口提供信息服务，降低出口风险。二是加强对重点原料进口市场的政治经济形势监测，密切关注棉花、大豆等进口依赖程度高的原料价格波动，加强对形势的预判和信息指导。三是加强对国内市场供求的监测，及时发布市场信息，引导企业生产决策与市场行销。

政 策 篇

第一章
2011年我国消费品工业政策环境分析

一、国际政策环境

2011年，国际金融危机对世界经济的影响进一步显现，各国经济复苏的不同步、不均衡特征突出，全球复苏进程缓慢。美、欧、日等主要发达经济体复苏乏力，为刺激低迷的经济和增加就业，以美国为首的发达国家均采用了宽松的货币政策。新兴市场国家和我国面对通胀压力，采取了加息、提高准备金率等收紧流动性的措施。工业领域政策方面，无论是美欧发达国家还是新兴市场国家都相继推出科技创新战略和绿色经济增长战略，推动工业转型升级。伴随着全球经济增速下滑和失业率居高不下，贸易保护主义政策层出不穷。

（一）发达国家量化宽松的货币政策加大新兴国家的通胀压力

美国于2010年11月启动的第二轮量化宽松货币政策一直持续到2011年6月，日本于2010年11月至2011年4月也实施了新一轮量化宽松货币政策，英国也几乎同时采取了量化宽松的货币政策。在美国利率走低、国内需求不足的情况下，美元投放的持续增加，造成大量国际游资流向经济增长较快的新兴经济体，新兴经济体面临通货膨胀压力显著增大。同时，伴随国际能源、大宗商品价格的大幅上涨，以及美元贬值所产生的输入性通货膨胀加大了新兴经济体价格压力，许多新兴市场国家采取了加息、提高准备金率等紧缩性的货币政策。

（二）工业领域政策向创新、绿色方向发展

发达国家大力推动发展新能源和节能环保等新兴绿色产业，抢占未来技术进步和产业发展的战略制高点，新兴市场和我国在继续发展传统制造业的同时，

也在加快产业结构调整升级步伐。2011 年 2 月美国发布了《美国创新战略：确保经济增长与繁荣》，鼓励以创新为基础的创业以及推动创新、开放和竞争的市场等政策来优化创新环境，促进创新的市场化。德国启动了医学技术创新国家战略，对现行的《可再生能源法》进行调整，重点对生物质能源发展进行规范和引导。巴西也出台了鼓励投资计划，计划将信息和通讯技术设备、混合动力汽车等列为重点科技项目。韩国延续绿色经济增长战略，制定了云计算发展战略。南非政府正式公布了《南非应对气候变化政策》白皮书，确定“先高峰、再平顶、后下降”的排放控制战略。

（三）贸易保护主义政策频出

世界经济在经历 2009–2010 年的缓慢复苏后，2011 年仍在谷底徘徊。各国为了促进本国经济发展，贸易保护主义条款层出不穷。除欧美等发达国家，巴西、印度等发展中国家发起的贸易救济数量也在上升。2010 年 10 月至 2011 年 4 月，20 国集团共实施 122 项新的贸易保护措施，纺织品、服装及棉花项目均是贸易设限的目标，这些措施包括提高进口关税、反倾销调查、许可证和出口限制。此外，俄罗斯也将梭织布产品进口关税从 5% 提高到 10%。印度政府解除棉纱出口限制，同时规定自 3 月 31 日起出口棉纱必须在运送前向印度商务部对外贸易总局登记。作为世界上的一个主要的纺织服装产品出口国，土耳其在 2011 年 1 月就进口特定梭织布与服装产品展开保障措施调查，并开始实施临时保障措施关税。这些日趋严格的贸易保护主义措施使我国出口导向型消费品工业面临很大障碍，消费品企业面临的出口风险加大。

二、国内政策环境

2011 年，我国宏观经济实施积极的财政政策和稳健的货币政策，并将稳定物价、扩大消费、保障和改善民生放在更突出位置，促进和抑制消费增长的政策因素并存。

（一）有利因素分析

1、收入分配制度和社会保障制度的改革有利于提高居民消费能力

深化社会领域改革，保障和改善民生是 2011 年改革的重点工作。2011 年中，央财政增加安排了 123 亿元用于扩大新农保试点范围，同时推进城镇居民养老保险试点和事业单位养老保险制度改革试点，增加安排 180 亿元用于公租房和廉租

房建设、城市棚户区改造及相关基础设施建设，加快推进住房保障体系建设。此外，自2011年9月1日起，国家实施的新个人所得税法，将个税起征点由2000元提高到3500元，并扩大了低档税率的适用范围。这一系列政策措施的出台和实施将会使居民可支配收入提高，社会保障覆盖率和保障水平得到较大改善，居民消费能力和消费意愿随之增强，从而有利于消费增长。

2、结构性减税政策有利于中小企业减轻税负

2011年，财税部门推出了一系列结构性减税的政策措施，密度和力度都是前所未有的。除提高个税起征点外，2011年10月12日，国务院常务会议研究确定对中小企业实施财税扶持，包括提高增值税和营业税起征点，将小型微利企业减半征收企业所得税政策延长至2015年底并扩大范围，对金融机构与小型微型企业签订的借款合同三年内免征印花税，将贷款损失准备金税前扣除政策延长至2013年底等。这些措施的出台对于广大中小消费品企业的发展具有积极的影响。一方面，措施的出台有利于缓解广大中小消费品企业的资金短缺困境，有助于减轻企业负担。另一方面，措施的出台有利于增强广大中小消费品企业的预期，促进其增加投资。

3、整顿消费品市场环境力度加大，将提升居民消费意愿

针对当前我国消费安全特别是食品安全基础薄弱状况尚未根本好转，食品安全领域的违法行为时有发生的情况，2011年3月5日国务院办公厅发布了《2011年食品安全重点工作安排》，从食用农产品生产环节、食品加工环节、流通环节以及餐饮服务环节入手，强化对乳制品、食用油、保健食品、鲜肉及其制品、食品添加剂、酒类等重点品种进行综合治理，明确责任，强化集中治理和日常监管。消费环境的改善有利于提升居民消费意愿和消费信心，促进消费增长。

（二）不利因素分析

1、稳健的货币政策加大了企业资金压力

2011年，面对不断加大的通货膨胀压力，国家从2010年的适度宽松的货币政策回归稳健的货币政策，金融调控的重点表现为"四防"：一是防通胀，控制物价过快上涨；二是防资产价格泡沫，尤其是房价泡沫进一步膨胀；三是防"热钱"异动；四是防金融风险。为了实现"四防"目标，中国人民银行先后6次上调金融机构存款准备金率，3次上调存贷款基准利率（见表3–1）。银根的紧缩加

剧了企业特别是中小企业一直以来面临的融资难、贷款难的问题，许多中小消费品企业受贷款难、资金压力等多因素影响被迫停产或倒闭。

表 3-1　2011 年我国货币政策回顾

时间	政策
11月30日	下调存款类金融机构人民币存款准备金率0.5个百分点
7月7日	上调金融机构人民币存贷款基准利率：一年期存贷款基准利率分别上调0.25个百分点
6月20日	上调存款类金融机构人民币存款准备金率0.5个百分点
5月18日	上调存款类金融机构人民币存款准备金率0.5个百分点
4月21日	上调存款类金融机构人民币存款准备金率0.5个百分点
4月6日	上调金融机构人民币存贷款基准利率：一年期存贷款基准利率分别上调0.25个百分点
3月18日	上调存款类金融机构人民币存款准备金率0.5个百分点
2月18日	上调存款类金融机构人民币存款准备金率0.5个百分点
2月9日	上调金融机构人民币存贷款基准利率：一年期存贷款基准利率分别上调0.25个百分点
1月14日	上调存款类金融机构人民币存款准备金率0.5个百分点

2、楼市调控政策削弱消费增长动力

2011 年，政府连续出台房地产调控政策。此项政策的实施对于消费品工业而言是一把双刃剑。一方面，房地产调控政策有利于稳定房价预期，增强消费信心。但同时，该政策会对房地产市场产生一定的抑制。受此影响，家电、家具等相关消费品行业的消费增长减弱。

3、多项扩大消费政策到期结束不利于消费增长

2010 年，中央各项鼓励消费的一揽子政策措施，有效刺激和促进了我国消费品市场特别是农村市场的较快增长。但进入 2011 年，家电下乡、家电以旧换新、节能产品惠民工程等多项鼓励消费政策到期结束。这些政策的退出将会削弱轻工产品的消费需求，不利于消费增长。

第二章

2011年我国消费品工业重点政策解析

一、新《中华人民共和国个人所得税法》颁布

（一）政策背景

近年来，随着社会经济形势发展变化，原来的个人所得税制逐渐暴露出一些问题，如分类税制模式、税率结构较为复杂、工薪所得税率级次过多、低档税率的级距较短、难以充分体现公平负担的原则等。其中，工资、薪金所得项目减除费用标准偏低，工资、薪金所得税率结构不尽合理等问题尤为突出。为调整居民收入分配格局，国家启动了个人所得税改革，修订了《中华人民共和国个人所得税法》。新的《中华人民共和国个人所得税法》在2011年6月30日的十一届全国人民代表大会常务委员会第二十一次会议上获得通过，自2011年9月1日起施行。

（二）政策要点

《中华人民共和国个人所得税法》修改的主要内容集中于四个方面：一是提高工资薪金所得减除费用标准，将减除费用标准由现行的2000元/月提高到3500元/月；二是调整工资薪金所得税率结构，将现行9级超额累进税率减少为7级，并对级距进行了相应调整；三是相应调整个体工商户生产经营所得和承包承租经营所得税率级距；四是延长申报缴纳税款的时间，将扣缴义务人、纳税人申报缴纳税款的时限由现行的次月7日内延长至15日内。

（三）政策评析

新的《中华人民共和国个人所得税法》对居民生活和社会发展将会产生重

要的影响。就消费品工业而言，直接的影响集中体现在以下两个方面：

第一，有助于扩大居民消费，促进消费品工业的发展。起征点的提高将在很大程度上减少应税人的规模，增加城乡居民的可支配收入。在外需不畅、内需增长乏力的背景下，此次的修改无疑会对城乡消费需求的增长起到积极的推动作用，进而直接促进消费品工业的发展。

第二，个人所得税改革有助于缓解消费品工业不断上涨的成本压力。从供给角度来看，起征点的提高和税后收入增加可以推动劳动力供给，降低劳动力成本，控制当前工资上涨，进而直接降低企业的成本。

二、棉花临时收储政策

（一）背景

2010/2011 年度，国内棉花价格经历了“过山车”，最大涨幅高达 78.9%。受棉花价格的大起大落、劳动力成本上涨、人民币升值等诸多因素的影响，我国棉纺织企业步履维艰，企业生产成本急剧上涨，利润空间大幅压缩，出口企业不敢接大单、长单，一些中小棉纺织企业因库存少、资金不足，无法消化因原料涨价而增加的成本，被迫停产。同时，棉花价格的大起大落和种棉利润的偏低，严重影响了棉农种棉的积极性。如果棉农种棉积极性继续下降将加剧我国棉花的供需矛盾，影响我国纺织服装产业的发展。维持棉农收益增长和纺织企业平稳发展，成为政府及行业亟须解决的难题。为了抑制棉价的大幅波动，保障纺织业发展对棉花的需求，增强棉农种棉的积极性，2011 年 3 月份国家发展改革委、财政部、农业部等 8 部门首次联合出台了《2011 年度棉花临时收储预案》（下称预案）。

（二）政策要点

《2011 年度棉花临时收储预案》包括了七大要点：一是覆盖所有产区。包括津、冀、晋、苏、皖、赣、鲁、豫、鄂、湘、陕、甘和新等 13 个产棉省市区，具有公平和均衡特征；二是价格。根据《预案》，国家将按照标准级皮棉到库价格为 19800 元 / 吨收购新棉；三是级差。根据《预案》，等级按 3% 的品级差率、1% 的长度差率计算；四是收储时间。根据规定，《预案》将覆盖新棉销售的全过程，从 2011 年 9 月 1 日启动到 2012 年 3 月 31 日结束；五是收储公检商品棉。根据《预案》，收储棉需经仪器化公证检验的锯齿细绒棉，由具有 400 型棉花加工资格的棉花企业直接交储；六是启动。根据规定，通过有关机构监测市场获得适时数据决定收储棉的启动，连续 5 个工作日低于临时收储价时，由中储棉总公司及时发布公告，启动收储预案；七是监管。《预案》规定，临时收储政策的实施需要多个政府部门进行监管。其中，农业部要负责了解各地执行临时收储政策，监测收购价格，反映农民意见和要求等。

（三）政策评析

1、积极作用

在棉价大幅波动和纺织企业经营困难加剧的背景下，棉花临时收储政策的实施具有重要作用。首先，提前公布收储预案和价格，稳定了市场预期，给棉农安排生产吃了“定心丸”。其次，不限数量敞开收储，可以使交储企业放心收购籽棉，确保棉农收益。《预案》的出台提高了棉农种植的热情，棉花种植面积进一步提高。2011 年，我国的棉花产量超过 700 万吨，缓解了棉花供需紧张的状况。第三，在国际棉价持续下跌的情况下，国内棉价受临储政策等宏观调控的影响，价格比较稳定，对国内棉价有一定托底效应。最后，棉花价格的回稳对化纤产品价格起到了很大的支撑作用，有利于化纤市场的供需平衡和稳定发展，对促进下游产业发展和缓解纺织服装产业成本压力等也将起到了积极的作用。

2、问题与不足

作为一项临时政策，棉花临时收储制度还是存在一些问题，突出表现在以下三个方面：

其一，收储价格的局限性。根据《预案》，临储制度的收储价格仅涉及皮棉现货价格，没有涉及籽棉收购价格。这相当于只考虑了棉企的利益，没有考虑到棉农的利益。所以，这一政策对棉农增收的作用很有限，因而难以真正激励棉农种棉积极性。

其二，收储执行主体的双重特性可能会影响该制度的实施效果。在现行的体制下，棉花收储主要由具有双重属性的中储棉公司负责。一方面，它要执行国家的政策性的职能。另一方面，作为一个经济实体，它也有着自己的利润最大化目标。这一双重属性使得中储棉公司更多是把储备棉当作一种商品、尤其是当作一种投机性商品来经营，这将会使国家储备棉的公共产品的属性丧失，进而影响该政策的实施效果。

其三，没有形成长效机制。作为一项稳定棉花市场供求、促进棉花生产的临时政策，虽然它在稳定市场预期、保障棉花市场供应等方面起到了一定作用。但总的来说，长效的调控机制没有形成，而且政策出台表现出临时性和滞后性，调控效果必将受到影响。

三、家电下乡政策逐步退出

（一）政策背景

为应对国际需求疲软，扩大家电产品内需，自 2007 年年末开始国家开始实施家电下乡政策。几年来，这一政策的实施极大的拉动了三四级市场家电内需，加速了家电行业的整合。统计资料显示，截至 2011 年 11 月底，全国家电下乡产品累计销售 2.1 亿台，实现销售额 4874 亿元，发放补贴 556 亿元。从销售地区看，山东、河南、四川 3 省销售额继续占据前三位，均超 30 亿元；从产品品类看，彩电、冰箱、热水器、空调增长 40% 以上，合计占家电下乡销售总额的 81.5%；从企业看，长虹、格力、联想等企业销售额大幅增长，同比均超过 100%。家电下乡政策让国内大、中小企业打开了农村家电市场的渠道，也让家电企业在全球经济低靡的时期得以平稳发展。

但自 2011 年 11 月 30 日起，这一政策将逐步退出。在国际需求持续低迷的背景下，这一政策的逐步退出将会对家电行业产生重要的影响。

（二）政策要点

按照财政部、工业和信息化部和商务部的规定，家电下乡补贴政策将分三个阶段逐步退出：（1）第一阶段：自 2011 年 11 月 30 日开始，山东、四川、河南、青岛三省一市家电下乡政策如期结束。自 2011 年 12 月 1 日起，户口所在地为三省一市的原补贴对象购买家电下乡产品（含地方自主增加品种），不再享受财政补贴政策；（2）第二阶段：自 2012 年 11 月 30 日，内蒙古、辽宁、黑龙江、安徽、湖北、湖南、广西、重庆、陕西等省（市、区）将取消家电下乡补贴政策；（3）第三阶段：自 2013 年 1 月 31 日开始，除了上述地区以外的 19 个省（区、市）及新疆生产建设兵团将取消家电下乡补贴政策。

（三）政策评析

1、家电下乡政策的逐步退出将加剧三四级市场的竞争

家电下乡政策实施以来，三四级的农村家电市场成为家电企业竞争的主战

场，农村家电产品的潜在需求得到了极大的释放，未来农村家电需求的增长空间将会越来越小。随着政策的退出，家电企业的农村市场需求开拓难度将会加大。不仅如此，在政策逐步退出后，洋品牌对农村市场的开拓力度会加大。可以预计，未来三四级的农村家电市场的竞争程度会进一步加剧。

2、家电下乡政策的逐步退出将加剧家电行业的整合

政策实施四年来，家电下乡政策给小企业、区域性品牌提供了成长的沃土。在补贴政策助力下，这些小品牌借助低廉的价格吸引了不少消费者，一些老品牌和区域性品牌甚至得以起死回生。但随着家电下乡政策的逐步退出，市场需求增幅将放缓，产能过剩将会再次出现。对于中小家电企业来说，失去了政策拐杖后将面临巨大的挑战。国内家电巨头和洋品牌将会进一步推进行业整合战略，中小家电企业将面临被兼并和重组，家电的行业集中度也将会提高。

3、家电下乡政策的逐步退出将倒逼企业实施“走出去”战略

随着潜在家电需求的提前释放，未来家电产品的内需增长空间将越来越小，家电产品竞争的主战场也将会转移至国外。在此背景下，国内的家电巨头的国际化进程将会进一步加快。“走出去”也将成为家电巨头实现持续发展的重要战略选择。

四、《药品生产质量管理规范（2010年修订）》实施

（一）政策背景

1998 年修订的 GMP 在我国已推行多年，作为药品生产的直接监管法规，它的推行使制药生产环境得到很大改善，大多数生产企业达标并通过 GMP 认证。但与国外的标准相比，我国的差距还很大。例如，我国出口的药品绝大多数是低价的原料药，高附加值的制剂出口仅为一些口服剂，而无菌制剂的出口量几乎为零。同时，随着药品安全要求越来越严格，旧版 GMP 已不能适应药品安全发展的趋势，不符合国际上对药品生产质量管理的先进理念，很大程度上也影响了我国医药产品进入国际市场。

综合起来看，旧版 GMP 存在诸多不足，集中体现在四个方面：第一，内容上过于原则化、条款化，指导性和可操作性不足；第二，与世界卫生组织和其他先进国家相比，我国的要求比较低；第三，内容中对软件管理要求不够全面和具体；第四，关于药品 GMP 与药品注册管理、药品不良反应监测、药品稽查等相

关监管工作关联不够，难以在日常监管工作中形成合力等。

因此，修订我国药品 GMP，提高我国 GMP 实施水平，不仅可以提高我国药品生产企业的生产和质量管理水平，更好地保证人民用药安全有效，还有利于与国际先进水平接轨，促进我国药品进入国际市场。

（二）政策要点

新版药品 GMP 自 2011 年 3 月 1 日起开始施行，对现有药品企业则将给予不超过5年的过渡期，并将依据产品风险程度，按类别、分阶段达到新版GMP的要求。主要内容如下：

加强软件方面的要求：一是加强了药品生产质量管理体系建设，提高了质量管理软件方面的要求；二是强化了从业人员的素质要求；三是细化了操作规程、生产记录等文件管理规定，包括增加了文件管理的范围、对文件系统的建立与运行要求进行了细化、强化了对记录类文件的管理、明确了质量部门对 GMP 文件管理的责任、增加了电子记录管理的内容等；四是完善了药品安全保障措施。引入了质量风险管理的概念，和对上市后药品质量的监控。

除了软件方面的要求提高外，在硬件方面也提高了部分生产条件的标准：一是调整了无菌制剂的洁净度要求，增加了生产环境在线监测的要求，提高无菌药品的质量保证水平；二是增加了对设备设施的要求。对厂房生产区、仓储区、质量控制区和辅助区分别提出设计和布局的要求；对设备的设计和安装、清洁及状态标识、校准等也做出了规定。

（三）政策评析

新版 GMP 在技术要求与 WHO 药品 GMP 基本一致，规范实施后有利于出口药品企业提高生产标准，加快进入国际市场的步伐，促进医药行业资源的整合，淘汰落后生产力，加速医药行业结构调整行业促进产业升级。

1、提高了行业门槛，提升行业集中度

新版 GMP 实施后，许多管理质量差、生产落后的中小企业将被淘汰，有利于行业的兼并重组，提高医药行业的产业集中度，增强整个行业的竞争力。新版 GMP 实施后，制药企业“多、小、散、乱”的现况将会得到改善。

2、加快医药产品进入国际市场

新版 GMP 基本框架与内容采用欧盟 GMP 文本，附录中原料药标准等同采用

ICHGMP（ICH Q7A）版本。由于欧盟 GMP 与 ICH Q7A 等标准被国际上公认为通行的标准，因此新版 GMP 的实施有助于推进我国 GMP 和国际通行的标准接轨，使我国医药企业的质量管理体系与产品质量为国际所认可。

3、提高了医药产品质量

新版 GMP 在硬件、软件和现场管理等方面对企业提出了更高的要求，迫使企业提高产品质量，同时由于新版 GMP 要求药品在各项质量标准和管理标准上和药品注册申报的标准保持一致，有利于药品注册和药品质量管理体系运转水平的提高。

4、增加了企业的成本压力

新版 GMP 的实施虽然有很多有利因素，但也增大了企业的投入成本：一是提高了技术改造成本，按保守测算，本轮 GMP 的技改投入约在 300–500 亿元，平均每个企业花费约为 1500 万元以上，这对于中小型企业影响很大。二是提高了质量管理成本，如质量保证体系建立或完善成本的增加，质量信息数据库的建立与管理成本，检验检测用设备、设施等日常管理成本增加，实验室控制流程的建立与管理成本增加等。三是提高了人力成本，GMP 要求企业在人员学历、资历与经验、人员数量等方面有所提高，同时要求企业在 GMP 等各个专业培训方面投入的增加，这些必然导致人力资源开发方面成本的增加。

五、《国家纺织产品基本安全技术规范》实施

（一）政策背景

《国家纺织品基本安全技术规范》是我国根据《技术性贸易壁垒协议》（TBT 协议）制定的首部涉及纺织品基本安全性能的国家强制性标准。自 2005 年实施以来，它在促进纺织服装行业与国际接轨，提高产品安全性能方面，发挥了积极作用。但随着国际生态纺织品产业发展的新要求以及行业技术进步所面临的问题，旧标准本身需要加以完善和提高。由于我国绿色纺织品服装发展起步较晚，竞争比较激烈，众多出口企业靠“价格战”争得国外采购商的订单，有些企业为了能降低成本，不得不采取极端的行为来加工生产。这样不仅不能保证产品的质量，也增加了我国产品遭遇反倾销的危险。

为提高我国纺织产品的安全性和产品质量，保护消费者的健康，同时提升我国纺织产品的国际竞争力，国家质量监督检验检疫总局和国家标准化管理委员

会发布了《国家纺织品基本安全技术规范》(2010年版)(以下简称《技术规范》),于2011年8月1日正式实施。新标准适用于在我国境内生产、销售的各类纺织产品。

(二)政策要点

相对于2005年旧标准,《技术规范》除继续对纺织品服装中的甲醛含量、pH值、染色牢度等指标提出限量、定级要求外,还规定禁止在生产过程中使用可分解芳香胺的偶氮染料,不允许产生有危害人体健康异常气味等。此外,还在标准适用范围、技术内容及指标、附加说明、检测方法规定等方面,做出一些调整和完善。与旧标准相比,新标准具有以下三个鲜明的特点:

一是新标准适用范围更广。此次修订明确指出新标准不仅适用于服用,也适用于家用纺织产品。二是规定更严格、更环保。新标准对纺织品生产和销售的要求更加严格,突出强调绿色与健康。特别值得指出的是,该标准实施起来对婴幼儿用纺织产品具有重要的影响。三是规定更清楚,可操作性更强。如规定直接接触皮肤纺织产品的pH值范围是4.0–8.5,较旧标准的4.0–7.5有了明显的提高;同时对染色牢度、甲醛、pH值、可分解致癌芳香胺染料试验的取样方面也增加了一些要求。四是对纺织品试验范围也提出了新规定。新旧标准的对照如表3–2所示。

表3–2 新旧标准的对照表

项目	新标准	旧标准	更新内容
适用范围	在我国境内生产、销售的服用、装饰用和家用纺织产品。出口产品可依据合同的约定执行	在我国境内生产、销售和使用的服用和装饰用纺织产品。出口产品可依据合同的约定执行	增加了家用纺织产品
产品分类	婴幼儿纺织产品、直接接触皮肤的纺织产品和非直接接触皮肤的纺织产品	A、B和C类	直接以文字描述进行分类
婴幼儿纺织产品的定义	年龄在36个月和身高在100 cm及以下的婴幼儿穿着或使用的纺织产品	年龄在24个月以内的婴幼儿使用的纺织产品	适用身高从“80 cm及以下”改为“100 cm及以下”,年龄由“24个月”调整为“36个月”

（续表）

项目	新标准	旧标准	更新内容
还原条件下染料中不允许分解出的芳香胺	24种	23种	增加了4-氨基偶氮苯
致癌芳香胺的限量值	规定为≤20 mg/kg	/	/
B类产品的pH值	4.0～8.5	4.0～7.5	将B类产品的pH值范围的上限调至8.5
染色牢度	需经洗涤褪色工艺的非最终产品、本色及漂白产品不要求考核。扎染、蜡染等传统的手工着色产品不考核。耐唾液色牢度仅考核婴幼儿纺织产品。窗帘等悬挂类装饰产品不考核耐汗渍色牢度	洗涤褪色型产品不要求考核	/
不属该标准范围的纺织产品目录	13类	10类	增加一次性使用卫生用品；箱包、背提包、运动鞋、伞；地毯三类含有纺织面料的产品
取样说明	有	无	增加了染色牢度、甲醛、pH、可分解致癌芳香胺染料试样的取样说明
小型组件	明确指出：对直接接触皮肤和非直接接触皮肤的产品中重量不超过整件制品 1%的小型组件不考核	备注中说明	/

（三）政策评析

1、有利于提高婴幼儿纺织品的质量和安全性。

新标准对婴幼儿纺织产品影响最大。旧标准中两岁以下的婴幼儿服装执行的是A类产品标准，两岁以上的执行的是B类产品标准。新标准要求2～3岁的婴幼儿服装也得按A类产品标准生产，这是借鉴欧盟及其他许多国家的“36个月及以下”的规定。这一变化意味着有一大批原本只需满足B类要求的婴幼儿产品生产企业要尽早、严格按照新规执行，加强质量控制。其次，新标准增加了婴幼儿纺织产品耐唾液色牢度的要求。这些调整为保护婴幼儿的健康与安全，规范婴幼儿纺织产品市场，具有积极的促进意义。

2、提升我国纺织品与国际接轨的水平。

发达国家一致都非常重视纺织产品的安全，很早就通过各种法令对纺织品中的芳香胺染料的最大限定值进行了规定，1997 年，法国以官方公报的形式规定致癌芳香胺的最大限定值为 30mg/kg；1999 年，德国在《食品及日用消费品法》中对可分解 22 种芳香胺染料的最大限定值为 30mg/kg；2002 年，欧盟官方发布指令对 22 种可分解芳香胺染料的最大限定值为 30mg/kg。为进一步与国际标准和法令接轨，新标准中将致癌芳香胺的限量值规定为≤ 20 mg/kg。同时，在有害物质限量方面也提高了标准，增加了对“4– 氨基偶氮苯”的要求。新标准的制定和实施，为我国纺织产品的生产、销售、使用和监督提供了统一的技术依据，它有利于规范纺织产品市场，提升我国纺织行业与国际纺织行业接轨的水平。

3、有利于推动我国纺织检测行业的发展。

据相关资料显示，目前我国纺织相关检测机构中，国外检测机构占 50%，国内商检、质检、纤检系统检测机构占 45%，国内民间商业和第三方公正检测仅占 5% 左右。目前国内纺织产品检测率不足 50%，因此未来检测市场的发展空间还十分巨大。随着我国纺织品贸易的发展，现有的检测体系已经无法满足国际贸易的需求，难以与国际知名检测机构抗衡。新标准的实施，加强了对相关质量和安全指标的检测，促进了企业与第三方检测机构的合作，有助于扩大商业检测份额，推动我国纺织检测行业的发展

第三章
2012年我国消费品工业政策趋势展望

一、国家宏观调控政策

2011年12月，中央召开了经济工作会，明确了2012年国家经济工作的基本思路。在稳中求进的总基调下，国家的宏观调控政策将会作出调整，这些调整将会对消费品工业的发展产生重要影响。

（一）扩大消费需求的政策有利于消费品工业的持续增长

中央经济工作会议明确指出，要着力扩大内需特别是消费需求，完善促进消费的政策，努力提高居民消费能力，建立消费主导的经济。同时，强调“保障和改善民生、促进服务业的发展、提高中低收入者的收入”。在这一政策思路导向下，促进消费需求扩大的各项政策措施将会陆续出台，城乡居民的消费潜力将会不断释放，这将会促进消费品工业的稳定持续发展，加速其转型升级。

（二）结构性减税政策有助于中小消费品企业的健康发展

按照中央经济工作会议的精神，2012年国家将实施积极的财政政策。2012年2月1日，国务院常务会议研究部署进一步支持小微企业的发展措施。会议除了要求认真落实国务院2011年10月12日常务会议确定的各项财税和金融支持政策外，还提出了完善小微企业财税支持的具体政策，主要包括：扩大中小企业专项资金规模，中央财政安排150亿元设立中小企业发展基金；政府采购安排一定比例专门面向小型微型企业；对小型微型企业三年内免征部分管理类、登记类和证照类行政事业性收费；加快推进营业税改征增值税试点，完善结构性减税政策。结构性减税政策的出台将会缓解广大中小消费品企业、尤其是小微企业的信贷难、融资难等问题，切实减轻企业负担，促进中小消费品企业的健康发展，推进消费品工业发展方式转变。

（三）稳健的货币政策和资本市场的完善将有利于改善融资环境

尽管2012年国家将继续实施稳健的货币政策，但与2011年稳健货币政策的“稳中偏紧”相比，货币政策政策要根据经济运行情况，适时适度进行预调微调，将综合运用多种货币政策工具，保持货币信贷总量合理增长，优化信贷结构。此外，2012年国家还将完善多层次资本市场，以发挥资本市场的积极作用，有效防范和及时化解潜在金融风险。货币政策的调整和资本市场的完善将会改善广大消费品企业、尤其是中小消费品企业的融资环境，为消费品工业的持续健康发展和结构调整提供保障。

二、工业领域政策

2012年1月，国务院发布了《工业转型升级规划（2011–2015年）》（下称《规划》）。该《规划》是改革开放以来第一次由国务院发布实施的工业领域中长期规划。《规划》明确了未来五年工业转型的主要任务。就消费品工业看，《规划》明确指出，要“以品牌建设、品种质量、优化布局、诚信发展为重点，增加有效供给，保障质量安全，引导消费升级，促进产业有序转移，塑造消费品工业竞争新优势。”此外，2012年1月工业和信息化部也陆续发布了食品、纺织、轻工、医药等行业“十二五”发展规划，明确了未来行业发展的重点任务和政策保障措施。这些规划的出台从国家层面上明确了消费品工业的发展方向，将会为消费品工业的发展方式转变和结构调整提供保障。

（一）发展战略性新兴产业，为医药、纺织工业的发展创造了有利条件

战略性新兴产业中与消费工业相关的产业是生物医药和纺织新材料。国家促进战略性新兴产业的发展，有利于企业运用先进技术和高新技术实现产业转型升级。医药产业将抓住战略性新兴产业加快发展的机遇，大力发展生物技术药物、化学药新品种、现代中药、先进医疗器械、新型药用辅料包装材料和制药设备，加快推进各领域新技术的开发和应用，促进医药工业转型升级和快速发展。纺织工业利用此机遇大力发展高新技术纤维及其复合材料、高端纺织装备制造、高性能产业用纺织品，形成工艺、技术及装备等产业化配套技术和规模化生产能力，提高纺织工业中战略性新兴产业的比重。同时，通过产业链协同创新，加强纺织

产品在战略性新兴产业领域的应用性开发，扩大纺织产品在新材料、新能源、节能环保等战略性新兴产业领域的应用，促进纺织工业与战略性新兴产业的紧密结合、互动发展。

（二）提高工业信息化水平，有利于进一步推进消费品工业“两化融合”

提高工业信息化水平，加快发展支撑信息化的技术及产品，提高企业信息化水平，创新信息化推进机制是未来五年工业转型升级的主要任务之一。这对消费品工业深入推进“两化融合”提出了新的要求，医药工业将建立基于信息技术的新药研发平台；提升医疗器械的数字化、智能化、高精准化水平，开发基于网络和信息技术的医疗器械品种；建设医药行业运行监测和医药行业统计信息系统。家电、家具、玩具、皮革等轻工行业建立和普及用户广泛参与的协同设计模式，建立持续改进、及时响应、全流程创新的产品研发体系，提高产品信息技术含量和附加值，促进轻工产品向价值链高端提升。造纸行业推广应用节能控制、清洁生产和污染治理信息技术和设备，加快大型制造装备的数字化步伐。食品行业建立健全生产过程状态监视、质量控制、快速检测系统，逐步完善产品质量和安全的全生命周期管理体系。纺织、化纤和印染等企业重点推进生产制造系统的信息化应用，并与生产经营系统进行集成。服装、家纺等终端产品企业重点提升设计研发和供应链管理的信息化水平。纺织装备企业重点提升产品的自动化、数字化、网络化和智能化水平。

（三）实施质量和品牌战略，推进消费品工业质量安全和品牌建设

《规划》提出工业领域实施质量和品牌战略，重点是提升工业产品质量，培育自主品牌，加强工业产品质量安全保障，提高产品附加值和竞争力。消费品工业将利用这个契机，结合家电、照明电器等行业的产品安全强制性认证及食品安全相关市场准入制度的实施，加强质量管理基础能力建设，完善重点行业产品质量检测体系，建立起与轻工业发展相适应，以国家检测机构为龙头、区域性检测机构为基础、企业及社会检测资源为补充的检测体系。同时引导企业通过掌握核心技术、申请注册商标、改进产品外观、包装和服务等途径，不断提升品牌形象和价值。鼓励有实力的企业收购境外具有技术、市场、品牌等资源优势的企业。轻工“十二五”规划提出在家电行业培育3–5个拥有较强技术创新能力、在国际

市场具有较高影响力和竞争力的优势品牌。

（四）实施区域产业协调发展总体策略，助推纺织、医药等产业转移和产业集群

随着西部大开发、中部崛起和东北振兴等国家区域发展战略的实施，促使中西部地区承接产业转移的条件日益完善。《规划》强调未来五年将促进区域产业协调发展，推动产业有序转移，促进产业集聚发展，调整优化工业空间布局，提高国家新型工业化产业示范基地创建水平。这些政策的实施有利于推进纺织、医药等工业产业转移，形成东中西部产业优势互补、协调发展的新格局。纺织工业“十二五”规划提出东部地区在加速产业升级的同时，促进形成以总部经济为主导的国际化创新型纺织产业集群，中部地区完善现代制造业，承接产业转移，西部地区发展特色产业，东部地区发展优势产业。医药产业“十二五”规划提出东部地区发挥引领产业升级的主导作用，重点发展附加值高、资源消耗低、具有国际先进水平的医药产品，建设与国际接轨的研发和生产基地，引导受资源约束、不再具有比较优势的产业合理有序转移。鼓励中西部地区发展特色医药产业，同时积极承接东部地区产业转移。

（五）提高工业领域利用外资水平，推动轻工、纺织加工贸易转型升级和国际化水平

《规划》中工业转型升级的一项主要内容是提升对外开放层次和水平。着力提高工业领域利用外资水平，加快实施“走出去”战略，推动加工贸易转型升级。消费品工业应当积极利用这个机遇改变传统的加工贸易形式，开发适合新兴市场国家和地区的产品，开辟新的营销渠道，积极探索与发展我国的多样化双边和多边贸易模式。“十二五”发展规划中也提出推动家电、皮革、纺织等有条件的企业“集群式”走出去，在国外基础较好的地区投资设厂，采取收购、租赁、合资合作等投资方式设立制造中心、物流中心、分销中心和专卖店。企业可以充分利用普惠制、自贸区等优惠原产地政策，享受国外关税免征优惠待遇，提高出口产品国际竞争力。

行 业 篇

第一章

纺织业

一、2011年纺织业发展回顾

（一）运行情况

1、投资分析

2011 年，虽然国内外经济形势复杂多变，但我国纺织行业固定资产投资保持较快增长。1–12 月，我国纺织工业 500 万元以上固定资产投资项目累计实际完成投资总额 6799.1 亿元，纺织工业固定资产投资占整个制造业固定资产投资的比重为 6.6%。与 2010 年同期相比，纺织工业固定资产投资同比增长 36.3%。尽管这一增速较 2011 年上半年下降 1.3 个百分点，但高出同期全国制造业平均增长水平 4.5 个百分点（见图 4–1）。

图4–1　2010年12月–2011年12月纺织工业固定资产投资增速

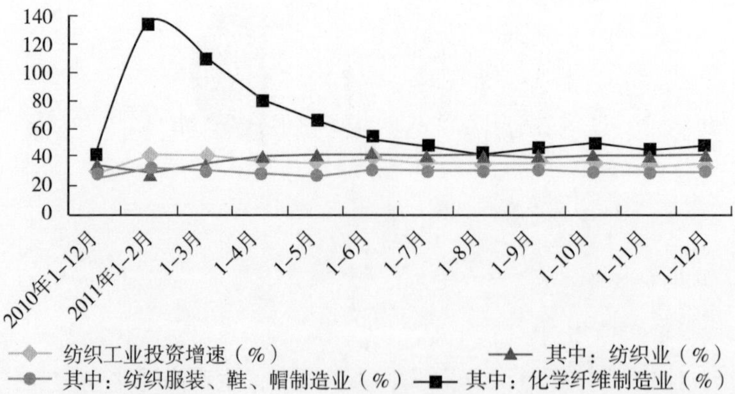

资料来源：国家统计局

从各省区完成投资情况来看。2011 年 1–12 月，中部 6 省和西部 12 省（区市）纺织全行业 500 万元以上项目实际完成固定资产投资总额分别为 2155.7 亿元和 538.7 亿元，同比增长为 56.55% 和 49.31%（见图 4–2）。

图4–2　2011年1–12月我国纺织工业固定资产投资完成情况（按地区分）

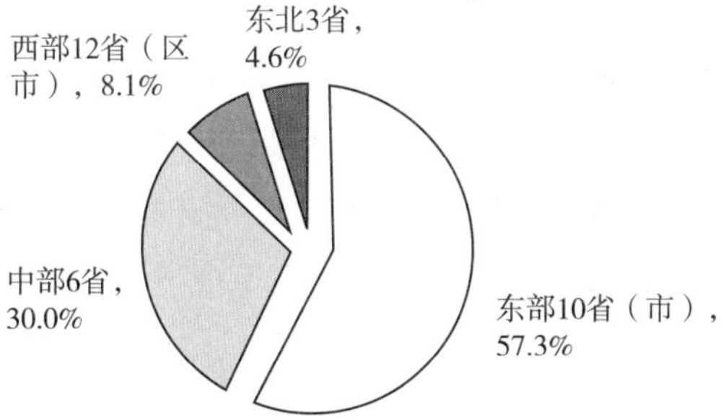

资料来源：中国纺织工业协会

就各子行业看，纺织业在 1–12 月的投资继续正增长，500 万元及以上纺织业企业固定资产投资项目累计实现投资 3668.8 亿元，同比增长 30.91%，增速比 2010 年同期全国纺织行业增长水平加快 4.34 个百分点；纺织服装、鞋、帽制造业实际完成投资 2266.5 亿元，同比增长 42.96%，增幅比去年同期上升 10 个百分点；化学纤维制造业实际完成投资 734.07 亿元，同比增长 47.87%；纺织专用设备制造业实际完成投资 112.6 亿元，比上年同期同比增长 31.94%（见图 4–3）。

图4–3　2011年1–12月我国纺织业固定资产投资完成情况（按行业分）

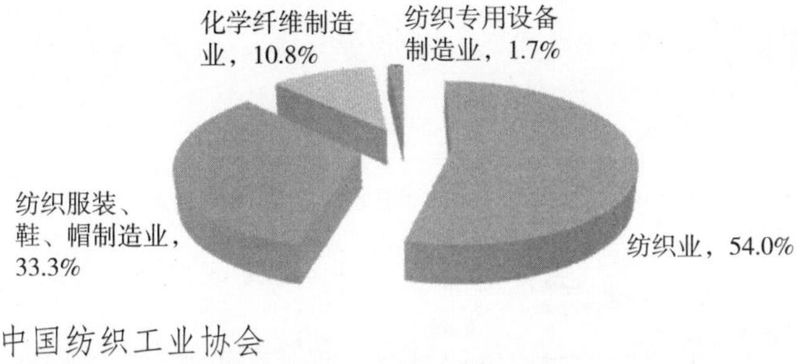

资料来源：中国纺织工业协会

2、市场供求分析

（1）产销量平稳增长

2011 年 1–12 月，纺织行业开工率继续高涨，生产高速平稳增长，产销衔接良好。1–12 月，我国 3.59 万户规模以上（主营业务收入 2000 万元以上）纺织企业实现工业总产值 54786.5 亿元，同比增长 26.8%，增速较 2011 年上半年下降 3.6 个百分点；纱、布和服装产量分别为 2894.5 万吨、619.8 亿米和 254.2 亿件，同比增长分别为 12.4%、11.6% 和 8.1%，增速较 2011 年上半年相比分别为 11.1、15.4 和 12.5 个百分点。

纺织业。2011 年 1–12 月我国纺织业工业销售总产值 32859.7 亿元，同比增长 25.96%（见图 4–4）。其中，棉、化纤纺织及印染精加工业实现工业销售产值 18791.45 亿元，同比增长 27.48%；毛纺织和染整精加工 1921.38 亿元，同比增长 22.30%；麻纺织实现工业销售产值 339.8 亿元，同比增长 38.58%；丝绢纺织及精加工实现工业销售产值 1524.50 亿，同比增长 24.86%；纺织制成品制造实现工业销售产值 4445.58 亿元，同比增长 26.52%（见图 4–5）。

图4–4　2010–2011年12月我国纺织行业销售产值情况

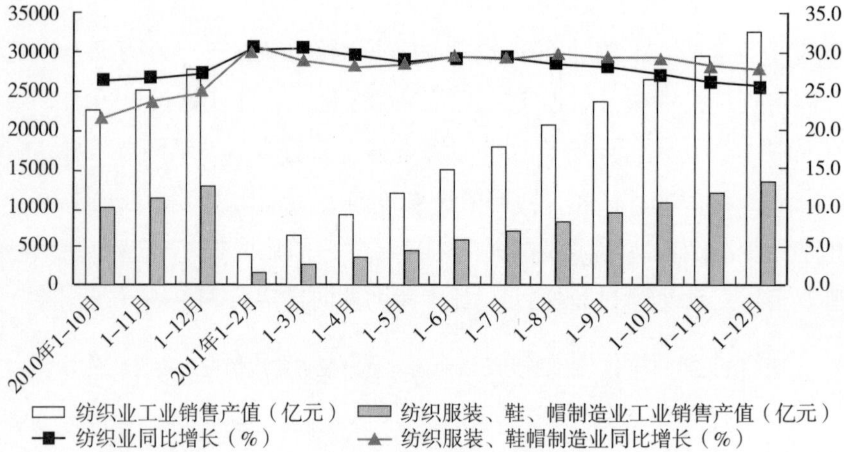

数据来源：国研网数据库

图4–5　2011年1–12月纺织业销售产值占比

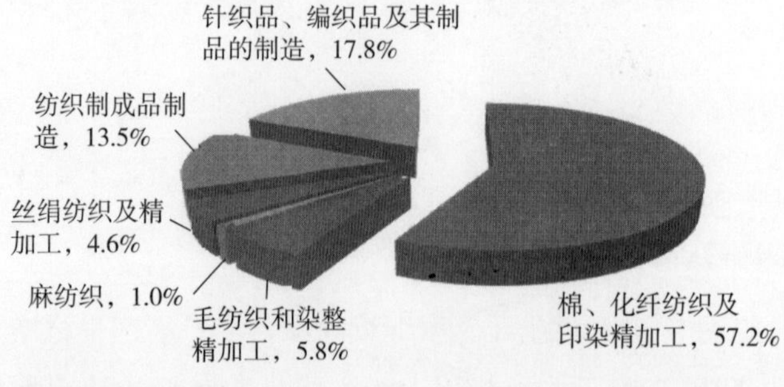

数据来源：中国纺织工业协会

纺织服装、鞋帽制造业。2011 年 1–12 月我国纺织服装、鞋帽制造业工业销售总产值 13457.3 亿元，同比增长 27.6%（见图 4–6）。其中，纺织服装制造产值为 12674.1 亿元，同比增长 27.28%；纺织面料鞋的制造产值为 559 亿元，同比增长 35.69%；制帽业工业销售产值为 224 亿元，同比增长 27.09%。

图4–6　2011年1–12月纺织服装、鞋帽制造业销售产值占比

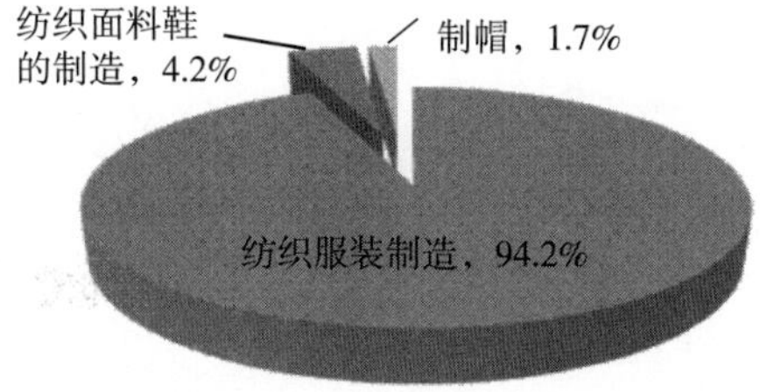

数据来源：中国纺织工业协会

（2）出口交货值不断下滑

2011 年，受国际需求下滑的影响，纺织工业的出口受到了一定的影响。1–12 月，纺织业出口交货值为 5184.42 亿元，同比增长 13.7%，比上半年回落 6.3 个百分点；纺织服装、鞋帽出口交货值为 3480.03 亿元，同比增长 16.6%，较上半年回落了 0.96 个百分点（见图 4–7）。

图4–7　2011年1–12月纺织行业出口交货值增速

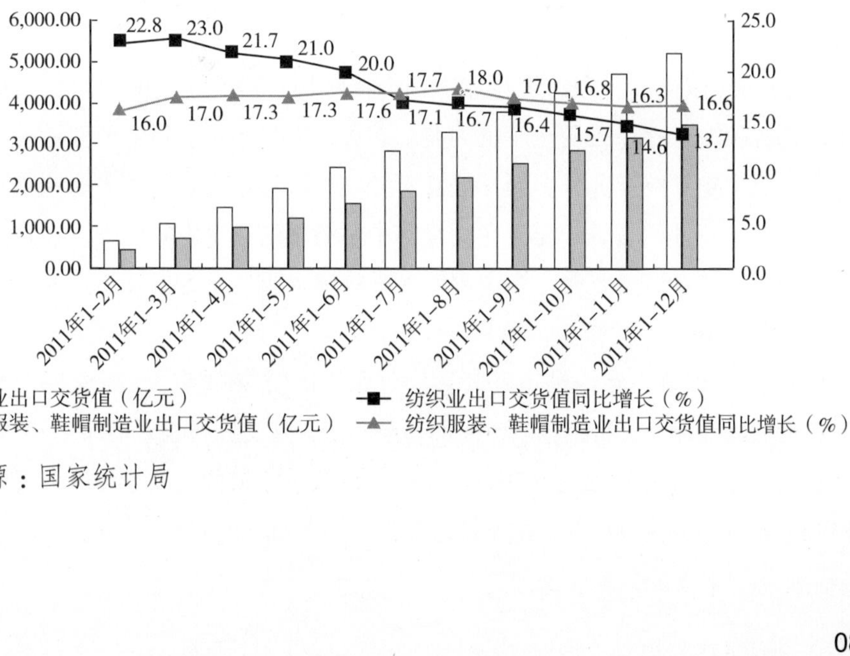

数据来源：国家统计局

（3）出厂价格指数变化

2011 年 12 月，全国工业品出厂价格指数为 101.7。纺织全行业中，纺织业工业品出厂价格指数为 99.2，纺织服装、鞋、帽制造业工业品出厂价格指数为 103.3，化学纤维制造业出厂价格指数最低，为 95.3（见图 4–8）。

图4–8　2010–2011年12月纺织全行业工业品出厂价格指数（上年同月=100）

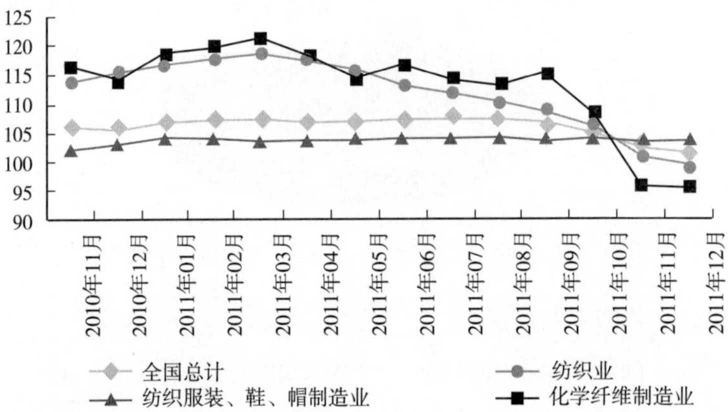

数据来源：国家统计局，国研数据。

（二）经济效益情况

1、盈利能力分析

（1）产销衔接顺畅，行业盈利能力持续改善

2011 年以来，我国纺织行业产销衔接顺畅，行业盈利能力增长明显。但由于国内外棉花价格呈现历史罕见的波动态势，使我国纺织行业产业链各个环节的衔接受到一定影响。此外，全球经济不景气，银行在信贷方面采取收紧政策，提高了对纺织行业的贷款门槛，尤其是对中小纺企的融资影响巨大，导致纺织企业贷款困难，流动资金紧张，一定程度上影响到企业的设备提升和技术改造。

（2）亏损面持续减少，盈利持续增长

2011 年以来，在内销市场旺盛、行业加快结构调整、运行质量不断提升等因素的共同作用下，纺织企业亏损面持续减少，行业盈利能力增加。2011 年 1–12 月，纺织全行业亏损面为 9.76%。其中，纺织业亏损面为 9.58%，纺织服装、鞋帽制造业亏损面为 9.67%，化学纤维制造业亏损面为 13.36%。

（3）利润增速呈下滑态势

2011 年 1–12 月份，纺织行业累计实现利润总额 2956.42 亿元，同比增长 25.94%，盈利能力较上年同期有所提高，处于历史较好水平。但受原料成本和人工成本上涨、资金趋紧、国际经济恢复缓慢等因素影响，利润增长速度今年以来呈持续下滑态势。2011 年全年利润总额增速较上半年 (41.45%) 回落 15.5 个百分点，较一季度 (53.57%) 回落了 27.6 个百分点，回落幅度有所收窄。从各行业情况看。2011 年 1–12 月，棉纺行业实现利润位居第一，达 1753.64 亿元，其次为服装行业，实现利润 810.73 亿元，化纤行业利润 320.62 亿元位列第三。

（4）主营业务收入增速较快

2011 年以来，纺织全行业完成主营业务收入 53397.39 亿元，同比增长 26.61%。各子行业中麻纺行业主营业务收入同比增速提高最快。2011 年 1–12 月份，麻制品主营业务收入增速达到 52.71%，在各子行业中发展比较突出（见表 4–1）。

表 4–1　2011 年 1–12 月纺织工业盈利能力

	主营业务收入(亿元)	主营业务收入同比增长	利润总额(亿元)	利润总额同比增长
纺织业	32772.7	25.7%	1753.6	28.1%
–棉、化纤纺织及印染精加工	18749.0	27.3%	1011.4	27.7%
–毛纺织和染整精加工	1914.6	19.3%	107.3	36.4%
–麻纺织	340.0	37.3%	18.1	58.2%
–丝绢纺织及精加工	1517.4	22.2%	71.4	30.4%
–纺织制成品制造	4486.7	26.7%	257.4	38.0%
纺织服装、鞋、帽制造业	13243.7	27.6%	810.7	33.2%
–纺织服装制造	12476.5	27.3%	769.3	32.9%
–纺织面料鞋的制造	553.9	36.2%	30.2	43.4%
–制帽	213.4	23.6%	11.3	25.9%

数据来源：国家统计局

2、偿债能力分析

（1）资产负债率大致稳定

2011 年 1–12 月，纺织业资产合计 19935.7 亿元，同比增长 15.5%，增速较 2011 年上半年慢 2.81 个百分点；负债合计 18476.8 亿元，同比增长 14.75%，增速较 2011 年上半年慢 4.33 个百分点。同期，纺织、服装鞋帽制造业资产合计为 7369.7 亿元，同比增长 23.26%，增速较 2011 年上半年回落 0.8 个百分点；负债合计 3810.9 亿元，同比增长 21.68%，增速较 2011 年上半年加快 0.42 个百分点。由于总资产与总负债同比增速大致相同，且 7–9 月份资产负债率分别为 57.3%、57.7% 和 57.1%，故纺织业资产负债率比较稳定，说明我国纺织业长期偿债能力保持稳定；纺织服装、鞋帽制造业总资产增长速度高于总负债增长速度 3.06 个百分点，且 3–9 月份资产负债率大致稳定（见表 4–2）。

表 4–2　2010 年 11 月 –2011 年 12 月纺织行业资产负债率情况

		2010年1–11月	2011年1–3月	1–6月	1–9月	1–12月
纺织业	资产合计同比增长(%)	17.08	18.30	18.31	17.53	15.5%
	负债合计同比增长(%)	16.83	18.62	19.08	17.54	14.75%
	资产负债率(%)	57.50	57.30	57.70	57.10	55.99
纺织服装、鞋帽制造业	资产合计同比增长(%)	20.28	24.22	24.06	24.49	23.26
	负债合计同比增长(%)	19.15	22.59	21.26	21.43	21.68
	资产负债率(%)	53.80	51.20	51.90	52.00	52.00

数据来源：国家统计局

（2）亏损程度有所加重

2011 年 1–12 月份，纺织业共有 2154 个企业发生亏损，亏损企业占企业总数（22484 个）的比重（亏损面）为 9.76%，较 2011 年上半年缩小 2.3 个百分点；亏损企业累计亏损额为 72.19 亿元，同比增长（亏损度）82.16%。

2011 年 1–12 月份，纺织服装、鞋帽制造业共有 1080 个企业发生亏损，亏损面为 9.67%；同期，亏损企业亏损总额为 23.36 亿元，同比增长 31.35%，较 2011 年上半年上升 21.42%。

3、营运能力分析

2011 年 1–12 月，纺织全行业资金利用效率稳定。其中，纺织业累计应收账款 2087.8 亿元，同比增长 19.90%，增速较 2011 年上半年回落 1.05 个百分点，应收账款增速低于同期主营业务收入增速 5.78 个百分点；纺织服装、鞋帽制造业累计应收账款 1026.8 亿元，同比增长 28.07%，增速较 2011 年上半年上升 10.3 个百分点，应收账款增速高于同期主营业务收入增速 0.45 个百分点。整体来看，纺织全行业资金利用效率稳定（见表 4–3）。

表 4-3　2010 年 8 月 -2011 年 12 月纺织行业营运能力情况

	2010年1–11月	2011年1–3月	1–6月	1–9月	1–12月
纺织业应收账款同比增长(%)	12.52	14.58	18.85	16.7	19.90
纺织业主营业务收入同比增长(%)	28.24	32.15	29.49	28.08	25.68
纺织服装、鞋帽制造业应收账款同比增长(%)	18.12	19.32	17.34	21.6	28.07
纺织服装、鞋帽制造业主营业务收入同比增长(%)	25.15	30.06	30.55	30.25	27.62

数据来源：国家统计局

4、成长能力分析

（1）所有者权益持续增长

2011 年，纺织业和纺织服装、鞋帽制造业所有者权益均实现持续增长。整体来看，纺织工业主营业务收入、总资产以及所有者权益均实现较快增长，行业成长能力向好（见图 4–9）。

图4–9　2010年11月–2011年12月纺织行业所有者权益情况

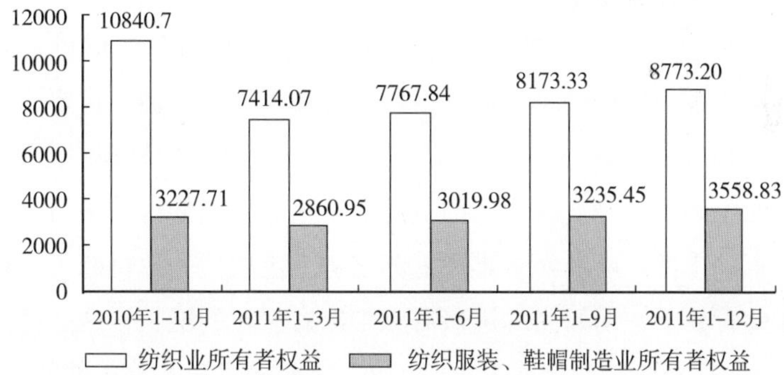

数据来源：国家统计局

（2）从业人员增速放缓

2011 年 1–12 月，纺织业全部从业人员平均人数 590 万人，同比增长 5.54%，增速较 2011 年上半年慢 0.7 个百分点；纺织服装、鞋帽制造业全部从业人员平均人数 373.5 万人，同比增长 5.38%，增速较 2011 年上半年慢 2.95 个百分点（见图 4–10）。

图4-10　2010年8月-2011年12月纺织工业从业人员增速走势

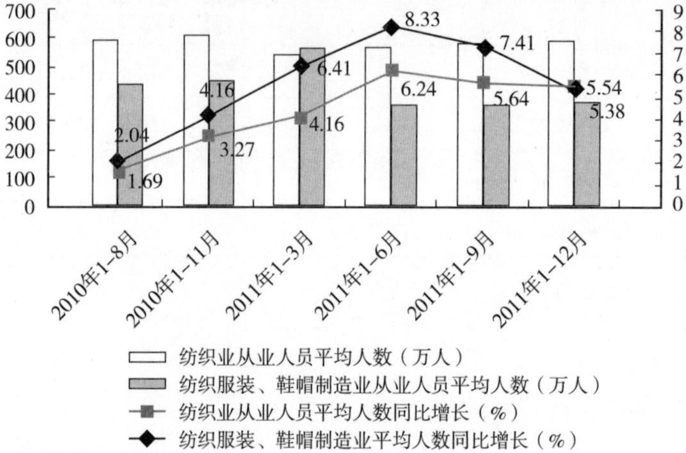

数据来源：国家统计局

二、2012年纺织业发展趋势展望

（一）行业增长放缓

首先，国际需求的疲软将制约纺织业的增长。从目前的形势看，虽然纺织品的出口有望实现一定的增长，但这一增长充满了不确定性。主要原因在于我国纺织品主要出口国的经济形势仍然很复杂。美国经济虽然呈现一定的复苏态势，但未来经济的不确定性和美国国内的贸易保护主义倾向使得我国纺织品对其出口增长充满了不确定性。欧洲经济难现复苏之势，主权债务危机的负面影响仍将持续存在。在此背景下，纺织品的进口需求难以有明显的增长，这必将制约我国纺织品的出口，进而影响纺织业的发展。另外，在经济危机和高失业的巨大压力下，这些国家也将振兴纺织业提上了议事日程。例如，美国农业部就拟振兴纺织业经济补助计划，以促进纺织业的发展和增加就业。

其次，行业运行压力继续加大。一是国内外棉价差对行业的影响较大，国家保护国产棉的政策取向仍将使得棉价维持在较高的价位。棉价的继续走高和不断上涨的劳动力成本、环境资源成本将大大挤压纺织业的增长空间；三是2012年的货币政策尽管会出现微调和预调，但信贷政策依然难言宽松，纺织企业面临的资金短缺压力依然较大；四是节能减排要求继续提高，企业在节能减排方面将付出更大成本。

最后，原油价高上行风险加大，挤压纺织业的利润空间。受到欧美等国对中东的政治打击和经济打压，伊朗、利比亚等主要原油出口国的形势充满了变数。可以预计的是，2012 年全年原油价格的上行风险很大，这将提高化纤行业的生产成本。

（二）周边国家对我国纺织业的替代能力将不断增强

近年来，随着国际纺织业格局的调整，周边的东南亚国家凭借出口的优惠待遇、廉价的劳动力成本大举发展纺织业，纺织品出口快速增长，与我国在国际市场上的竞争关系正在逐步形成。2011 年 11 月，越南制定了 2012 年 150 亿美元的纺织品的出口目标，力争使得纺织品成为越南的第一大出口品。印度政府也在 2011 年出台了出口倍增计划，其中的一个重点就是将采取更为有力的措施促进纺织服装的出口。印尼工业部也于 2011 年 3 月表示，计划 2012 年将拨出总金额为 1,770 亿印尼盾 (约 2,036 万美元) 的预算，用以振兴印尼纺织品、鞋类及皮革工业之发展。除此以外，孟加拉、缅甸等国也在不断抢占我国纺织品的出口市场。尽管这些国家与我国相比尚未形成完整的产业链，但在劳动密集型的服装加工上确实已经对我国形成了一定的压力。可以预计的是，2012 年我国服装出口面临的挑战将会更大，上半年出口甚至可能会出现负增长。

（三）纺织业的国内梯度转移和“走出去”将进一步加快

近年来，国际纺织业格局正在进行新一轮的调整。从我国的情况看，随着我国东部沿海地区土地租金和劳动力成本的不断上涨，纺织业开始向中西部地区转移，国家也在采取措施积极推进这一转移。例如，2010 年工信部就出台了关于推进纺织产业转移的指导意见，组织了新疆承接纺织业产业转移对接会。除了国内的梯度转移外，受周边国家优惠政策、廉价劳动力成本和我国国内高棉价的驱动，东部地区的纺织企业也开始向东南亚国家转移。2012 年，随着“十二五”规划的稳步推进，工信部将继续组织新疆、河南、江西等重点地区纺织工业产业转移的对接交流，纺织业的国内梯度转移将会进一步加快。此外，受棉花价格、国家宏观调控和劳动力成本的持续上涨，纺织业的“走出去”也将会提速。

第二章

食品制造业

一、2011年食品制造业发展回顾

（一）运行情况

1、投资分析

2011年以来，在一系列紧缩政策的影响下，食品制造业城镇固定资产投资增速与去年同期相比明显回落，并低于同期全国城镇固定资产投资平均增速。1–12月，食品制造业累计固定资产投资完成额达到2386亿元，同比增长23.1%，与

图4–11　2010年1月–2011年12月食品制造业固定资产投资完成额及同比增长率变动趋势

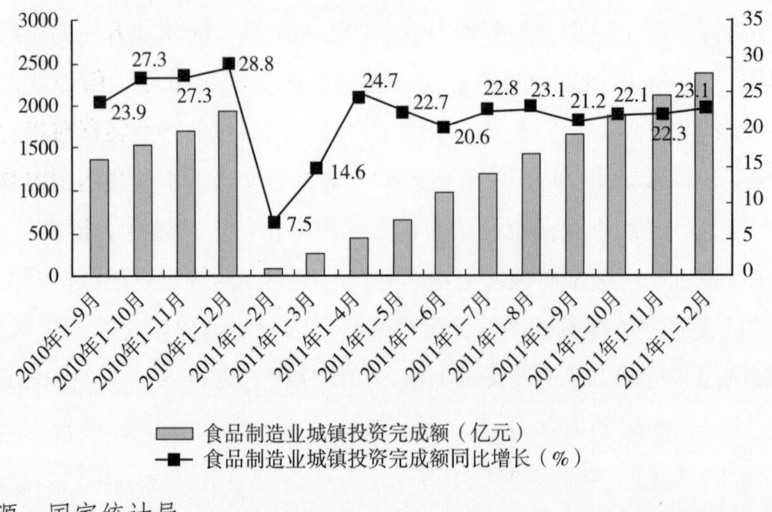

数据来源：国家统计局

各子行业看，2011 年 1–12 月，各子行业累计销售产值均保持在 20% 以长。其中，焙烤食品制造、糖果巧克力及蜜饯制造业、方便食品制造和造业同比增速高于食品制造业总体水平。尤其需要关注的是，随着乳制危机逐渐淡化，国内乳制品市场需求企稳回升，拉动了行业销售产值的长。数据显示，2011 年 1–12 月份，液体乳及乳制品制造业累计销售产值7 亿元，同比增长 21.74%，增速较 2011 年上半年回落 1.26 个百分点，但) 年相比回升了 1.85 个百分点。

图4–12　2010年6月–2011年12月食品制造业工业销售产值情况

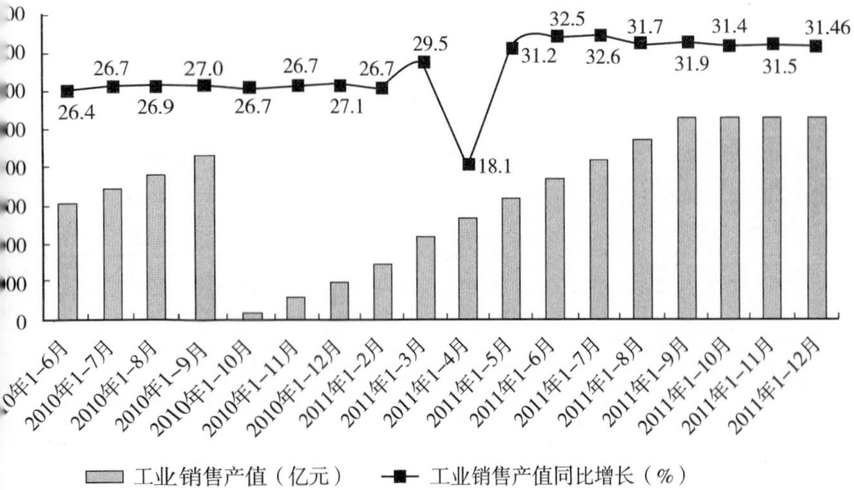

来源：国家统计局、国研网数据库

产销衔接较好。2011 年 1–12 月，食品制造业累计产销率为 97.6%，与上年基本持平，但较上半年相比回落了 0.7 个百分点。从趋势来看，虽然食品制产销率逐月下降，但产销率依然超过 97%，行业生产和销售继续保持较好的，这有力促进了行业的发展。

（2）出口交货值增速小幅上升

2011 年 12 月，食品制造业出口交货值为 92.8 亿元，同比增长 15.4%，较上期回落了 4.1 个百分点。1–12 月累计，食品制造业累计出口交货值 927.8 亿元，增长 20.88%，这一增速较 2011 年上半年回落了 0.98 个百分点，与 2010 年相比上升了 0.44 个百分点（见图 4–13 和图 4–14）。

去年同期相比回落了 5.7 个百分点，比全国固定资产投
在全国城镇固定资产投资中，食品制造业所占比重为
本持平（见图 4–11）。

2、市场供求分析

（1）产销量增速平稳

在食品刚性需求的作用下，食品制造业生产保持稳
工业增加值增速平稳，行业整体继续保持良好的发展态

工业总产值增速较快。2011 年 1–12 月，食品制造
14295.12 亿元，同比增长 31.8%，继续保持较快增长态势

表 4–4　2011 年 1–12 月食品制造业产值完成情

行业名称	总产值（现		
	本月（亿元）	累计（亿元）	同
食品制造业	1512.73	14295.12	
（1）焙烤食品制造	178.38	1659.37	
（2）糖果、巧克力及蜜饯制造	133	1088.14	
（3）方便食品制造	273.54	2575.46	
（4）液体乳及乳制品制造	239.34	2361.34	
（5）罐头制造	132.18	1202.63	
（6）调味品、发酵制品制造	215.5	2025.29	

数据来源：国家统计局

主要产品产量保持稳定增长。以食品工业中糖果、
头为例，2011 年 1–12 月，糖果、方便面、乳制品和罐头
吨、827.59 万吨、2387.49 万吨和 927.53 万吨，累计同比增
13.99% 和 18.82%。虽然与 2011 年上半年相比，只有糖果和
之外（糖果 8.47%、乳制品 0.06%），

但与去年同期相比，罐头的产量仍实现了 2.74% 的增长

工业销售产值增速加快。得益于市场需求持续上升和消
年 1–12 月份，食品制造业累计工业销售产值达到了 13945.
31.5%，虽然增速比 2011 年上半年降低了 1 个百分点，但比
个百分点（见图 4–12）。

图4-13　2010年11月-2011年12月食品制造业当月出口交货值及增速变化趋势

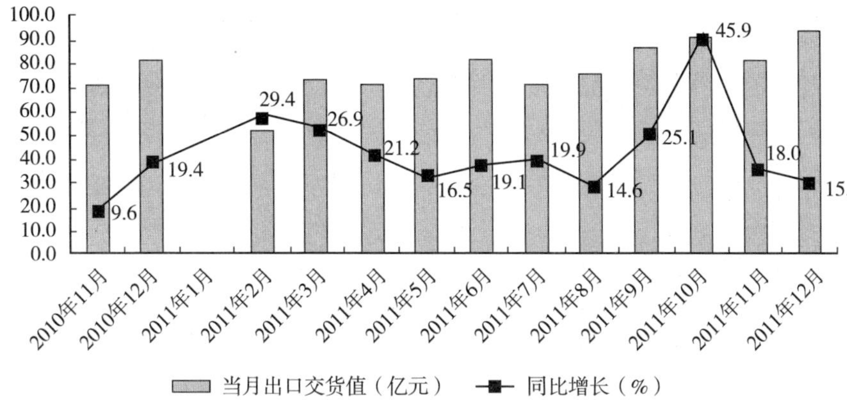

数据来源：国家统计局

图4-14　2010年11月-2011年12月食品制造业累计出口交货值及增速变化趋势

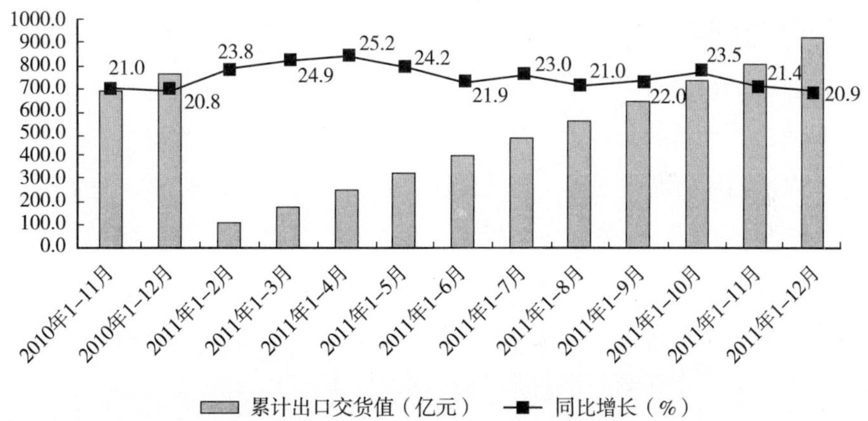

数据来源：国家统计局

（3）出厂价格指数平稳上升

自2010年10月以来受农产品价格不断上涨的驱动，食品制造业出厂价格指数呈平稳上升态势。但进入2011年8月后，随着物价调控和农产品集中上市，农产品价格止涨回落，食品制造业工业生产者出厂价格指数出现回落（见图4-15）。2011年12月，食品制造业工业品出厂价格指数为105.4，较2011年上半年回落了0.86个百分点，较去年同期上涨了0.64个百分点。

图4-15　食品制造业工业品出厂价格指数

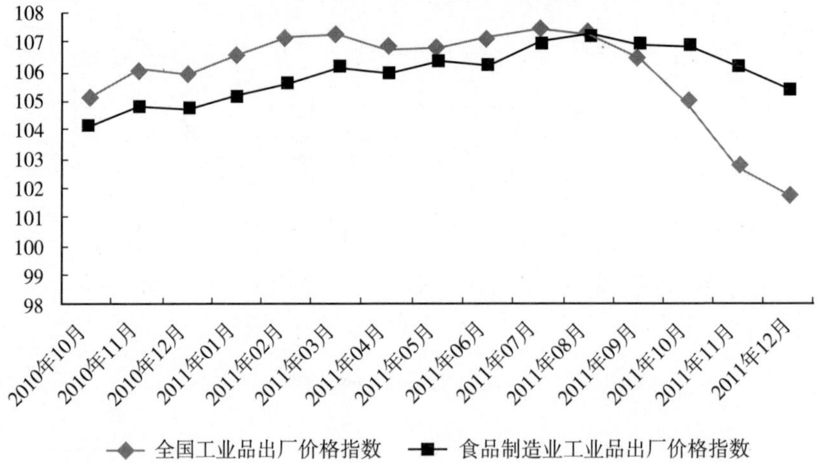

数据来源：国家统计局

（二）经济效益情况

1、盈利能力分析

自国家出台平抑物价政策以来，农产品价格持续上涨的势头得以控制。2011年9月，农产品价格高位回落。与此同时，食品制造企业积极应对，通过提高产品质量和技术创新等手段降低生产成本，扩大销售收入，提高了企业利润增长的空间。统计数据显示，2011年1–12月，食品制造业利润总额增速明显，高于主营业务收入增速，但利润率小幅回升，行业盈利水平有待进一步提升。

（1）利润总额增速高于主营业务收入增速

2011年1–12月，食品制造业实现主营业务收入为13975.27亿元，同比增长32.9%，与2011年上半年相比回落1.36个百分点；同期，行业利润总额为1100.86亿元，同比增长49.25%，较2011年上半年上升10.64个百分点，高于主营业务收入增速16.35个百分点。

就各子行业看，2011年糕点、面包制造、饼干及焙烤食品制造业、方便食品制造和罐头制造利润总额增速均高于行业总体水平（见表4–5）。其中，罐头制造利润总额增速最快。1–12月，糕点、面包制造业累计利润总额46.9亿元，同比增长50.21%，增速不仅高出食品制造业49.25%的总体水平，也高于该行业主营业务收入32.9%的增速。同期，饼干及其他烘焙食品制造、方便食品制造、液体乳及乳制品制造业、罐头制造业和调味品制造业利润增速也高于主营业务收入增速，说明上述行业企业盈利能力有所提升，而其它子行业盈利前景不容乐观。

表 4-5　2011 年 1-12 月食品制造业主要子行业主营业务收入和利润总额增长情况

	利润总额(亿元)	利润总额增长率(%)	主营业务收入(亿元)	主营业务收入增长率(%)
食品制造业	1100.9	49.25	13975.3	32.9
-糕点、面包制造	46.9	50.21	526.2	41.2
-饼干及其它焙烤食品制造	91.4	49.82	1134.6	39.16
-糖果、巧克力及蜜饯制造	113.0	22.58	1117.1	33.33
-方便食品制造	182.9	49.88	2548.0	44.04
-液体乳及乳制品制造	148.9	34.7	2315.6	21.55
-罐头制造	51.8	51.06	1156.7	33.27
-调味品、发酵制品制造	153.1	33.75	1917.9	27.33
-其他食品制造	312.8	82.07	3259.1	33.49

数据来源：国家统计局

（2）利润率略有回落

2011 年 1-12 月，食品制造业主营业务利润率、销售毛利率、销售净利率分别为 19.9%、12.39% 和 13.1%，比 2011 年前三季度分别提高了 0.6 个百分点、0.6 个百分点和 0.7 个百分点（见表 4-6）。但与上年同期相比，各项指标均出现小幅下降。其中，主营业务利润率下降幅度最大，增速回落了 1.14 个百分点。

表 4-6　2011 年 1-12 月食品制造业及主要子行业利润率比较情况

行业	主营业务利润率	成本费用利润率	销售毛利率	销售净利率
食品制造业	19.90%	8.74%	12.39%	13.12%
-糕点、面包制造	21.64%	9.94%	14.04%	14.48%
-饼干及其它焙烤食品制造	19.25%	8.99%	12.46%	13.44%
-糖果、巧克力及蜜饯制造	24.98%	11.59%	15.35%	16.42%
-方便食品制造	17.42%	7.86%	10.68%	11.01%
-液体乳及乳制品制造	21.19%	6.89%	9.35%	9.85%
-罐头制造	13.28%	4.81%	9.48%	10.20%
-调味品、发酵制品制造	17.33%	8.83%	12.55%	13.24%

数据来源：国家统计局

2、偿债能力分析

（1）资产负债率稳定

2011 年 1–12 月，食品制造业资产总额为 8311.65 亿元，同比增长 26.58%；负债总额 4096.46.4 亿元，同比增长 20.61%，资产负债率为 49.29%，与 2011 年上半年的 50.66% 基本相当。资产增速快于负债增速，说明食品制造企业的生产经营状况有所改善，企业长期偿债能力得到提升。

就各子行业，液体乳及乳制品制造业、罐头制造业和调味品制造业资产负债率高于食品制造业整体行业水平。其中罐头制造业资产负债率最高，2011 年 12 月，该行业资产负债率达到 58.33%，比 6 月提高 0.28 个百分点，企业的债务风险明显高于其它子行业。总体来看，食品制造各子行业企业资产负债率均保持在可控范围之内，说明企业具备一定的防御债务风险能力。

（2）亏损情况有所改善

2011 年 1–12 月，食品制造业累计企业总数为 6639 个，其中累计亏损企业达到了 555 家，亏损面为 8.36%。与 2011 年上半年相比，亏损面下降了 3.5 个百分点；同期，企业亏损总额为 32.28 亿元，同比下降 7.9%（见表 4–7）。

表 4–7　2011 年 1–12 月食品制造业及主要子行业亏损企业亏损情况比较

行业	亏损企业数量(个)	企业亏损面(%)	亏损企业亏损额同比增长(%)
食品制造业	555	8.4%	–5.12
–糕点、面包制造	42	9.8%	22.3
–饼干及其它焙烤食品制造	23	3.8%	3.15
–糖果、巧克力及蜜饯制造	28	4.4%	–35.02
–方便食品制造	76	7.6%	–19.45
–液体乳及乳制品制造	104	16.1%	–22.37
–罐头制造	69	9.3%	18.99
–调味品、发酵制品制造	67	7.3%	57.66

数据来源：国家统计局

就各子行业看，2011 年 1–12 月，液体及乳制品制造业亏损面最高，达到 16.1%。亏损的主要原因在于两个方面：一是原料成本与物流成本上涨；二是输入性因素的影响。由于婴幼儿配方乳粉的配料大部分进口，因此国际乳品价格的上涨将会驱动我国乳品企业生产成本的上涨，进而加剧企业的亏损。

3、营运能力分析

（1）资金利用效率有所下降

2011 年 1–12 月，食品制造业主营业务收入得到较快增长，累计实现

13975.3 亿元，同比增长 32.9%。虽较上半年相比回落了 1.4 个百分点，但与 2010 年同期相比还是上升了 6.46 个百分点。在主营业务收入较快增长的同时，食品制造业的应收账款增速也明显加快。1–12 月份，食品制造业应收账款 890.5 亿元，同比增长 33.31%，较 2011 年上半年增长 5.21 个百分点（见表 4–8）。不过需要注意的是，虽然主营业务收入增速高于应收账款增速，但应收账款占年化后主营业务收入比重高于上年同期水平，说明食品制造业资金利用效率有所下降（见图 4–16）。

表 4–8　2011 年 1–12 月食品制造业及子行业应收账款、主营业务收入情况

行业	应收账款同比增长(%)		主营业务收入同比增长(%)	
	2011年1–6月	2011年1–12月	2011年1–6月	2011年1–12月
食品制造业	28.1	33.31	34.26	32.9
–糕点、面包制造	24.17	16.67	43.71	41.2
–饼干及其它焙烤食品制造	24.4	45.72	43.06	39.16
–糖果、巧克力及蜜饯制造	20.9	16.82	33.86	33.33
–方便食品制造	49.64	80.98	43.08	44.04
–液体乳及乳制品制造	24.1	31.68	22.57	21.55
–罐头制造	14.31	14.75	31.88	33.27
–调味品、发酵制品制造	28.87	19.75	29.8	27.33

数据来源：国家统计局

就各子行业看，2011 年 1–12 月，液体乳制品制造业应收账款占年化后主营业务收入比重最高，为 7.35%，居各子行业之首；饼干及其它焙烤食品制造业占比最小，仅为 5.01%（见表 4–8）。

图4–16　2010年11月–2011年12月食品制造业应收账款与主营业务收入增速比较

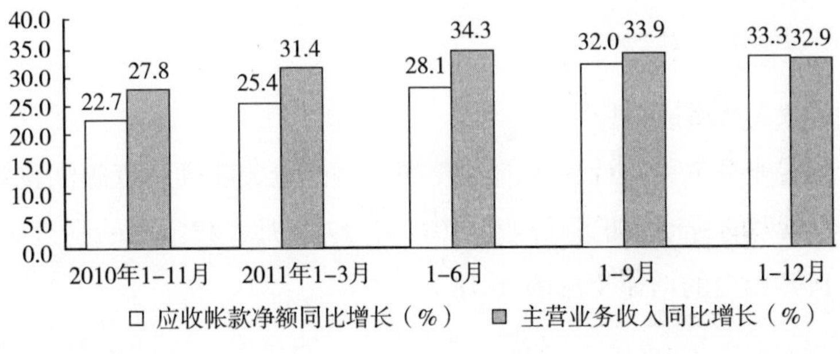

数据来源：国家统计局

（2）流动资产周转率微降

2011 年 1–12 月，食品制造业对流动资产的利用效率略有下降，流动资产周转次数为 3.28 次，较 2011 年前三季度降低 0.04 个百分点，低于上年同期水平。

就各子行业看。2011 年 1–12 月，食品制造业子行业流动资产周转率较上年同期均有所下降，说明企业成本的上涨对企业流动资产使用效率产生了一定的影响。其中，饼干及其它焙烤食品制造业流动资产周转次数为 4.63 次，位居各子行业之首，比 2011 年上半年下降 0.31 次；降幅最大的是糕点面包制造业，比 2011 年上半年下降 0.7 次。

4、成长能力分析

（1）所有者权益持续增长

2011 年 1–12 月份，所有者权益为 4215.2 亿元，同比增长 24.9%。这一比例略低于食品制造业总资产同比增速的 25.1%，低于同期主营业务收入 33.89% 的增速（见图 4–17）。食品制造行业的业务扩张能力和资本积累能力都有不同程度的提高。

图4–17　食品制造业2010年11月–2011年12月所有者权益情况

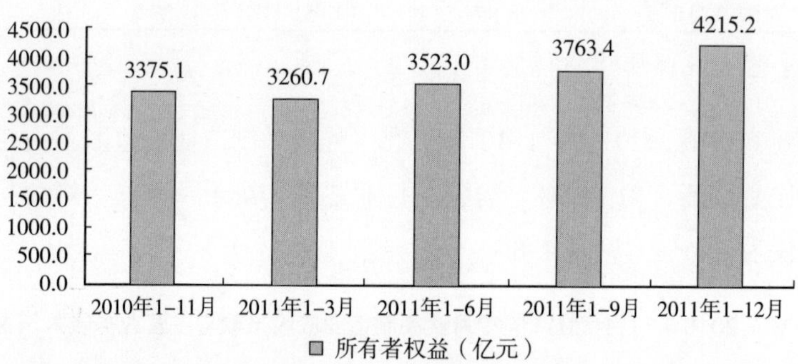

数据来源：国家统计局

（2）从业人员增速平稳

食品制造业是事关国计民生的重要产业，产业关联度和资源配置效率极高，且属于较为典型的劳动密集型行业。2011 年 1–12 月，我国食品制造业从业人员增速保持 14% 以上的增速（见图 4–18）。

图4-18 食品制造业2010年11月-2011年12月从业人员增速走势

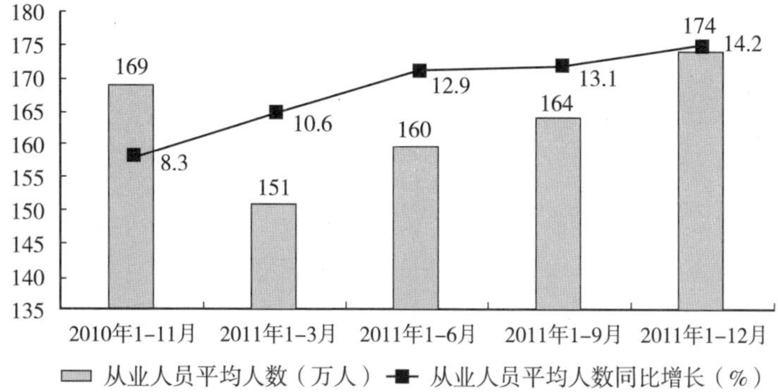

数据来源：国家统计局

二、2012年食品制造业发展趋势展望

（一）增长动力依然强劲

首先，行业结构调整进一步推进。2012 年是“十二五”规划承前启后的重要一年。在年初，国家发展改革委、工信部联合发布了《食品工业“十二五”发展规划》，明确了“十二五”期间食品工业的主要任务和发展目标，提出了相关措施和实施规划。根据规划的要求，到 2015 年，销售收入达到百亿元以上的食品工业企业达到 50 家以上。为了实现这一目标，2012 年食品制造业的兼并重组和淘汰落后工作将会加快。

其次，行业固定投资保持稳步增长。近 5 年来，我国食品制造业固定资产投资呈稳步增长之势，投资效益水平也在稳步上升，这说明食品制造业具有良好的防御风险能力，且行业具有受经济波动周期影响较小，投资风险小，投资回报率相对稳定的优势，因此行业将依然受到投资者的青睐。另外，2012 年国家对食品安全诚信体系建设的力度会不断加大，食品安全检验检测的要求也将会进一步提高，这必然会增加行业的固定资产投资水平。

最后，粮食产量的持续增长为食品工业的发展提供了重要的保障。作为食品制造业的基本原料，粮食产量的高低与粮价的走势将直接影响食品制造业的发展水平。自 2004 年以来，我国粮食产量已经实现了连续 8 年的增产。在 2012 年，随着国家对农业科技创新投入的加大，我国粮食产量将会实现连续 9 年的增产，预计产量可以达到 11500 亿斤。粮食产量的增加将会带来粮价的趋稳，食品制造业的原料成本上涨将会得到遏制，这必将会推动食品制造业的成长。

（二）盈利能力有望增强

2011 年，受成本推动价格高企的影响，食品制造业整体盈利水平有所减弱。在 2012 年，随着国家对物价调控力度的加大，稳定物价长效机制会进一步加强，我国农产品价格将逐步回归常态。同时，由于生猪存栏量趋于高位，出栏增多，生猪价格也将继续呈现回落走势。因此，农产品价格将会步入趋势性的下降通道，这将有利于食品制造业成本压力进一步缓解，企业盈利或将进一步回升。

（三）子行业的分化将会显现

受不同因素的影响，食品制造业的各个子行业的发展将会出现分化之势。其中，乳品制造和方便食品制造的发展势头将更为强劲。乳品制造业方面，自 2008 年年底颁布实施《奶业整顿和振兴规划纲要》以来，针对乳制品行业的政策接连出台。2010 年，国务院办公厅发布了《关于进一步加强乳品质量安全工作的通知》要求；工信部、国家发展改革委发布了《乳制品工业产业政策 (2009 年修订)》相关准入要求，国家质检总局发布 2010 年版《企业生产婴幼儿配方乳粉许可条件审查细则》和《企业生产乳制品许可条件审查细则》。如此密集的行业政策意在清理整顿淘汰一批落后企业，提高行业准入门槛。可以预计，2012 年国家对乳品行业的调控力度还将加大，重复建设严重的局面将会得到改善。另外，随着国家对食品安全监管力度的加大，消费者对国产乳品的信任危机有望改善。在这两个方面的共同作用下，将会促进乳品行业的健康发展。在方便食品制造方面，随着人们生活水平的提高和生活节奏的加快，方便食品市场空间不断扩大，行业集中度逐步提高。虽然速冻食品行业在 2011 年底遭受食品安全危机，但作为方便食品的重要部分，冷冻食品极大地满足了快节奏生活群体的消费需求，使方便食品保持良好的增长势头，成为食品制造业发展的重要推动力。另外，粮食的丰产和粮价趋稳将会降低方便食品行业的成本变动风险，进而促进食品制造业的发展。

第三章 医药工业

一、2011年医药工业发展回顾

（一）运行情况

1、投资分析

（1）投资快速增长

2011 年 1–12 月，我国医药工业城镇固定资产投资项目累计完成投资总额为 2615.36 亿元，同比增长 45.5%，占整个城镇固定资产投资总额的比为 0.9%（见表 4–9）。

就子行业看，在医药工业的 8 个子行业中，中药饮片加工和化学药品原药制造两个行业城镇固定资产投资增长位居前两位，化学药品制剂制造和兽用药品制造两个子行业城镇固定资产增长位居后两位。前两个子行业的城镇固定资产投资增速分别达到了 79.8% 和 62.0%，各超出整个医药工业 33.6 个百分点和 15.8 个百分点。后两个子行业城镇固定资产投资增速分别为 30.1% 和 30.7%，各低于整个医药工业城镇固定资产投资增速 16.1 个百分点和 15.5 个百分点(见表 4–10)。

表 4–9　2010 年 9 月 –2011 年 12 月医药制造业固定资产投资及占比情况

时间	累计投资额(亿元)	同比增长	占全国比重
2010年1–9月	1336.85	31.1%	0.81%
2010年1–10月	1518.8	31.6%	0.81%
2010年1–11月	1703.88	29.9%	0.81%
2010年1–12月	1941.15	33.5%	0.8%
2011年1–2月	126.23	28.6%	0.72%
2011年1–3月	308.81	31.5%	0.78%

（续表）

时间	累计投资额(亿元)	同比增长	占全国比重
2011年1–4月	505.04	37.2%	0.81%
2011年1–5月	748.00	43.0%	0.83%
2011年1–6月	1036.4	41.5%	0.83%
2011年1–7月	1259.01	37.5%	0.83%
2011年1–8月	1523.09	38.6%	0.84%
2011年1–9月	1826.4	39.9%	0.86%
2011年1–10月	2,099.59	42.3%	0.87%
2011年1–11月	2361.86	46.5%	0.88%
2011年1–12月	2615.36	45.5%	0.87%

注：国家统计局 2011 年起上调投资统计起点，投资项目统计起点标准由原来的 50 万元调整为 500 万元。“固定资产投资（不含农户）”等于原口径的城镇固定资产投资加上农村企事业组织项目投资。

数据来源：国家统计局，国研数据

表 4–10　2011 年 1–12 月医药制造业各子行业城镇固定资产投资情况

指标名称	本年(亿元)	同期 (亿元)	同比
总计	2950.5	2017.8	46.2%
化学药品原药制造	510.5	325.6	56.8%
化学药品制剂制造	489.4	368.8	32.7%
中药饮片加工	281.5	176.0	59.9%
中成药制造	471.2	326.9	44.1%
兽用药品制造	130.3	96.0	35.7%
生物、生化制品的制造	485.3	338.9	43.2%
卫生材料及医药用品制造	247.2	164.9	49.9%
医疗仪器设备及器械制造	335.2	220.7	51.8%

数据来源：国家统计局

2011 年以来，我国医药工业城镇固定资产投资快速增长的主要原因在于两个方面：其一,《药品生产质量管理规范(2010 年修订)》(以下简称“新版 GMP”)的正式实施。“新版 GMP”的实施对医药企业的生产经营提出了更高的要求，促使医药企业增加固定资产投资。截至 2011 年 8 月，已有 15 家医药企业通过了新版 GMP 认证，多家医药企业正在进行新版 GMP 改造，预计未来一段时间医药制造业投资规模将继续扩大。其二,2010 年《制药工业水污染物排放标准》的全面实施、“重大新药创制”科技重大专项经费的相继到位以及医药企业对新药创制投入逐步加大等有利因素带动医药工业投资增速加快。

（2）外资利用情况稳定

2011 年 1–12 月，我国医药工业累计引进项目数为 119 个，较上年同期减少 10 个，医药工业合同项目数占全国工业合同项目数的比重为 0.43%，较 2011 年上半年的 0.46% 下降了 0.03 个百分点，与上年同期的 0.48% 相比缩小 0.05 个百分点；实际使用外资金额 117,738 万美元，比上年同期增加 20956 万美元，医药工业实际使用外资金额占全国实际使用外资金额的比重为 1.01%，占比较 2011 年上半年缩小 0.14 个百分点（见表 4–11 和图 4–19）。

表 4–11　2010 年 11 月 –2011 年 12 月医药行业利用外资及占比情况

时间	合同项目数(个)	占全国比重	实际使用外资金额(万美元)	占全国比重
2010年1–11月	116	0.48%	96,782	1.06%
2010年1–12月	129	0.47%	102,847	0.97%
2011年1–2月	14	0.62%	8,689	0.87%
2011年1–3月	17	0.50%	19,785	1.11%
2010年1–4月	26	0.44%	34,402	1.13%
2011年1–5月	41	0.50%	47,082	1.21%
2011年1–6月	49	0.46%	59,224	1.23%
2011年1–7月	65	0.48%	71,581	1.18%
2011年1–8月	73	0.47%	78,385	1.13%
2011年1–9月	92	0.45%	93,861	1.08%
2011年1–10月	96	0.40%	101,593	1.10%
2011年1–11月	108	0.43%	108,988	1.05%
2011年1–12月	119	0.43%	117,738	1.01%

数据来源：国家统计局

图4–19　2010年11月–2011年12月医药制造业利用外资合同项目数和金额占全国比重情况

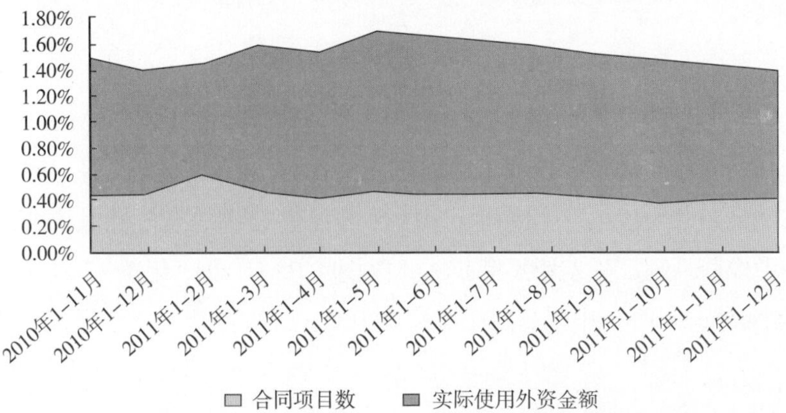

数据来源：国家统计局

2、市场供求分析

（1）产销量增速加快

总产值平稳增长。2011 年 1–11 月，我国医药制造业总产值为 13368.06 亿元，同比增长 29.02%。从区域来看，中西部地区医药工业生产增速明显高于东部地区。其中，东部地区医药制造业总产值为 7,641.34 亿元，同比增长 24.54%；中部地区总产值为 3,813.39 亿元，同比增长 35.58%；西部地区总产值为 1,913.34 亿元，同比增长 35.44%。

增加值增速企稳。2011 年 1–12 月，我国医药工业的工业增加值增长率为 17.9%，高于同期全国工业增加值增长率的 14% 约 3.4 个百分点，较 1–6 月份工业增加值增长率的 16.8% 高于 1.1 个百分点（见图 4–20）。就子行业看，2011 年 1–12 月，只有中成药制造的工业增加值增速高于整个医药工业（见图 4–21）。

图4–20　2010年11月–2011年12月医药制造业工业增加值增长率（%）（本期累计数）

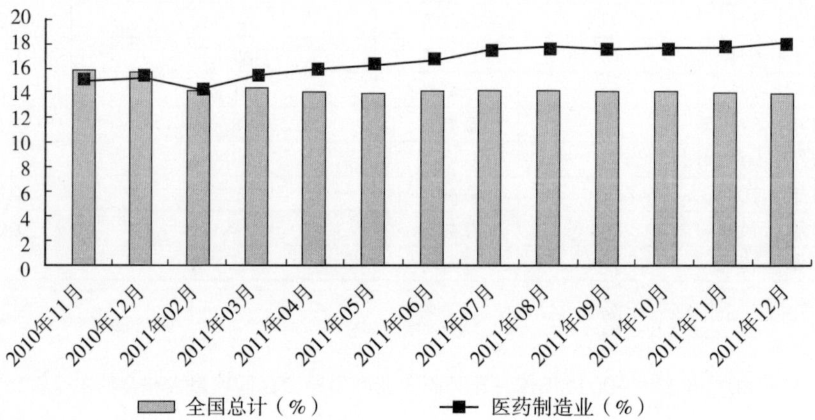

数据来源：国研数据

主要产品产量涨跌互现。以化学药品原药和中成药为例。2010 年 1–12 月，我国化学药品原药产量一直低于中成药。自 2011 年 1 月起至 5 月，我国化学药品原药产量开始大幅超过中成药，2011 年 5 月至 11 月，化学药品原药产量又开始低于中成药，且产量差距不断扩大（见图 4–22）。2011 年 1–12 月，化学药品原药同比增长 23.3%，中成药同比增长 34.0%。

图4-21　2011年1-12月全国规模以上医药制造业子行业增加值（当年价）增长情况

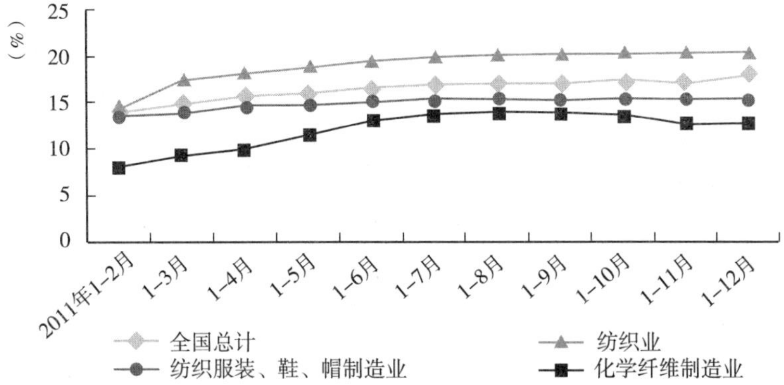

数据来源：国研网数据库。

图4-22　2010年10月-2011年12月医药制造业主要产品产量

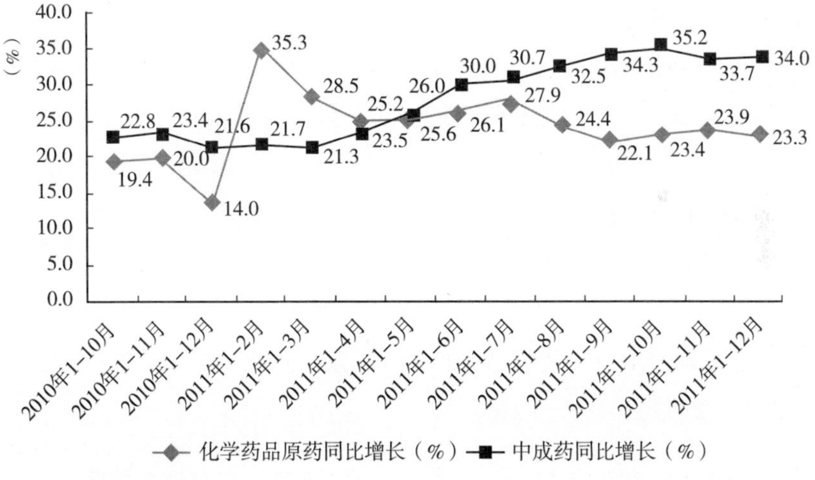

数据来源：国家统计局

销售产值平稳快速增长。2011年1-12月医药工业的销售总产值达到了14320.78亿元，同比增长30.04%（见图4-23），但不同行业存在明显的差异。其中，化学药品原药制造实现工业销售产值2923亿元，同比增长24.53%；化学药品制剂制造4044.7亿元，同比增长25.22%；中药饮片加工实现工业销售产值873.6亿元，同比增长54.78%；中成药制造实现工业销售产值3305.2亿元，同比增长34.13%；生物、生化制品的制造实现工业销售产值1529.7亿元，同比增长25.53%。

图4-23　2010年10月-2011年12月医药制造业工业销售产值

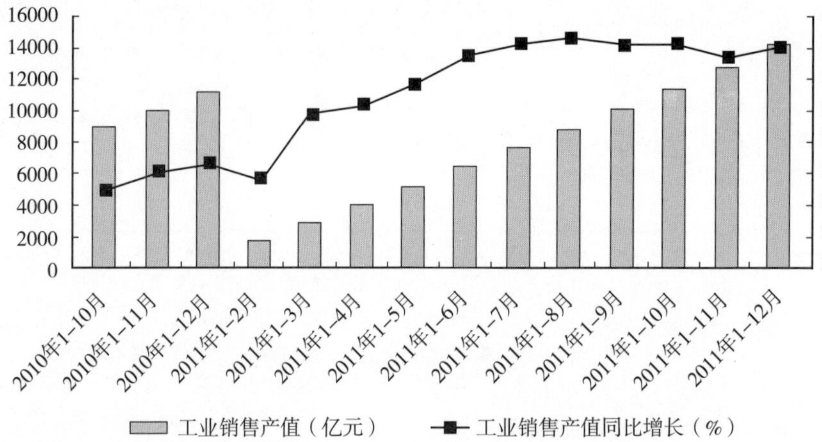

数据来源：国家统计局

产销率稳步回升。2011 年 11 月，我国医药工业当月产销率为 94.74%，同比减少 0.16%。1-11 月，医药工业累计产销率为 95.49%，同比增长 0.53%。从 2011 年全年走势来看，医药工业的产销率在 2 月份显著提升后，3-6 月恢复至正常水平，7 月份以来再度提升至 95% 以上，行业生产与销售的衔接程度较好，整体上处于产销稳定协调态势。

（2）累计出口交货值增速放缓

2011 年 12 月，医药工业当月出口交货值为 96.1 亿元，同比增长 20.03%。1-12 月我国医药工业累计出口交货值达 1056.07 亿元，同比增长 16.79%（见表 4-12、图 4-24 和图 4-25）。

表 4-12　2010 年 11 月 -2011 年 12 月医药工业出口交货值情况

时间	当月出口交货值（亿元）	同比增长	累计出口交货值（亿元）	同比增长
2010年11月	78.06	16.0%	823.59	22.0%
2010年12月	80.74	1.1%	908.09	19.6%
2011年2月	70.12	8.2%	140.73	8.4%

（续表）

时间	当月出口交货值（亿元）	同比增长	累计出口交货值（亿元）	同比增长
2011年3月	89.88	19.2%	231.88	12.3%
2011年4月	91.73	16.7%	324.93	13.8%
2011年5月	91.47	14.2%	416.27	13.8%
2011年6月	98.82	19.7%	517.04	15.1%
2011年7月	90.38	21.4%	609.24	16.4%
2011年8月	83.13	15.5%	695.67	17.0%
2011年9月	83.22	14.8%	777.68	16.5%
2011年10月	87.38	17.0%	862.46	16.3%
2011年11月	94.05	20.7%	956.30	16.4%
2011年12月	96.11	20.03%	1056.07	16.79%

数据来源：国家统计局

图4-24　2009-2011年同期医药工业当月出口交货值及其增速走势

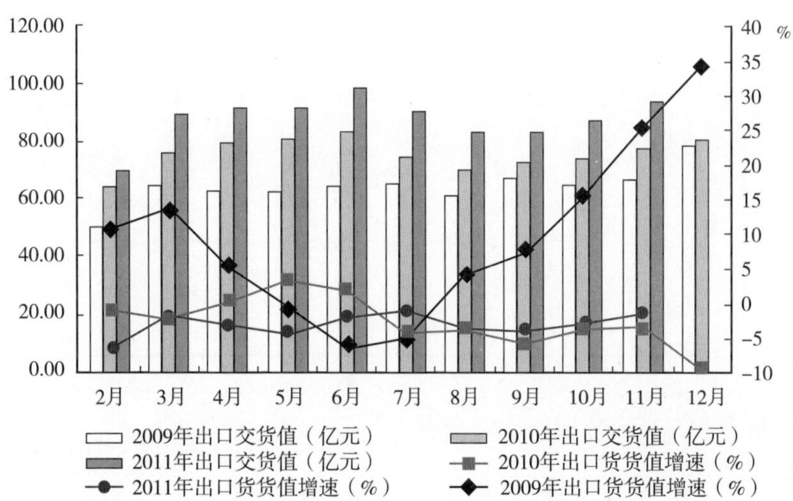

数据来源：国家统计局

图4-25　2010-2011年12月医药行业累计出口交货值及其增速走势

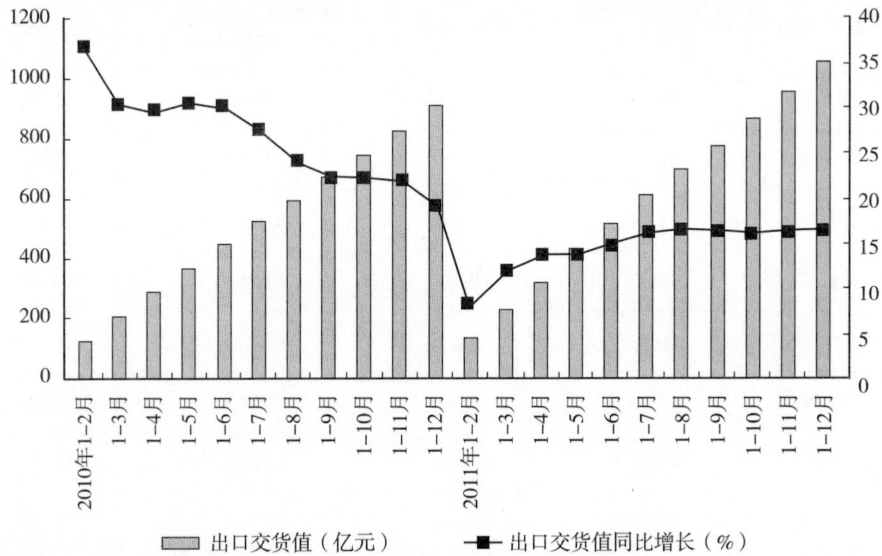

数据来源：国家统计局

（3）出厂价格指数不断回落

2011 年 1-12 月，医药工业产品出厂价格同比增幅逐月回落，由 1 月份的 103.2 下调至 12 月份的 101.1。价格指数最高的是 1 月份 103.2，价格指数最低的是 12 月份 101.1。产品出厂价格指数的不断下调，说明目前消费需求依然不足（见图 4-26）。

图4-26　2010年11月-2011年12月全国及医药制造业工业生产者出厂价格指数情况

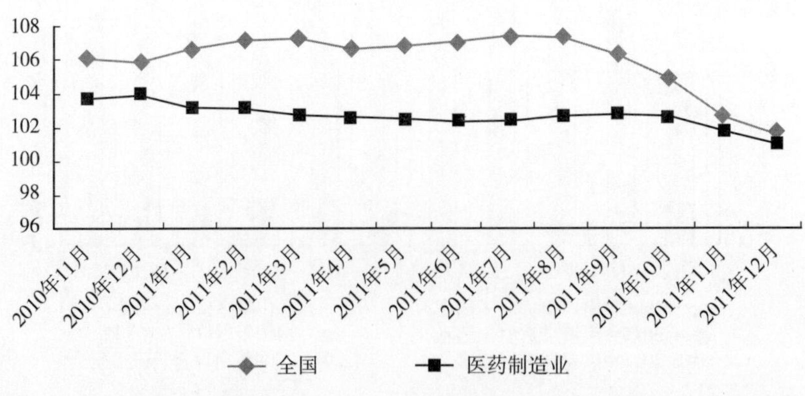

数据来源：《中国经济景气月报》

（二）经济效益情况

1、盈利能力分析

（1）主营业务收入增长快速，但利润增长缓慢

2011 年 1–12 月，医药工业累计实现主营业务收入 14522.05 亿元，同比增长 29.4%，增速较 2011 年上半年略慢 0.47 个百分点；同期，医药工业累计实现利润总额 1494.30 亿元，同比增长 23.5%，增速较 2011 年上半年提高 1.83 个百分点，增速较主营业务收入低了 5.9 个百分点（见表 4–13）。

表 4–13　2010 年 1–9 月和 2011 年 1–12 月医药行业盈利能力指标

指标（%）	2010年1–9月	2011年1–9月	2011年1–12月	同比增长
主营业务收入（亿元）	7851.54	10220.54	14,522.05	29.40%
主营业务成本（亿元）	5422.74	7273.90	10,324.84	32.20%
主营业务税金及附加（亿元）	42.13	67.53	99.58	57.40%
营业费用（亿元）	910.12	1106.62	1,549.44	19.60%
管理费用（亿元）	496.52	602.25	870.34	21.00%
财务费用（亿元）	80.83	96.19	135.35	24.50%
利润总额（亿元）	835.39	1012.52	1,494.30	23.50%

数据来源：国家统计局

（2）成本增速高于收入增速

2011 年 1–12 月，医药工业主营业务成本同比增速为 32.2%，高于主营业务收入增速的 2.8 个百分点。这一增速的差异说明，医药工业面临的成本压力在不断加大，生存压力加大，盈利能力减弱（见图 4–27）。可以预计的是，随着劳动力成本及大宗医药原料价格的走高，这一局面难以改变。

图4–27　2010年11月–2011年12月医药制造业主营业务收入及成本增速对比

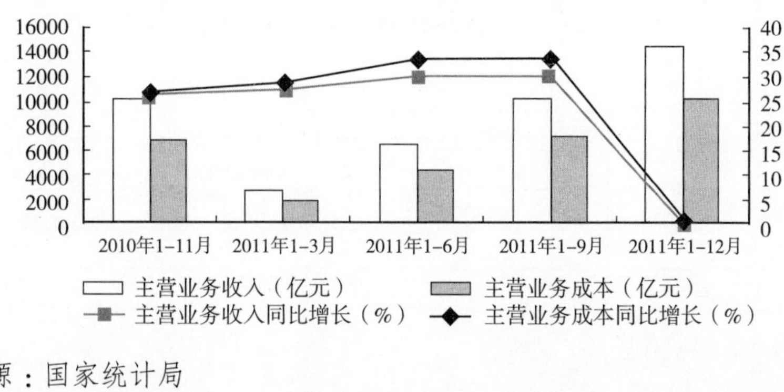

数据来源：国家统计局

（3）利润率下滑

2011 年 1–12 月，医药工业的销售毛利率、主营业务利润率、成本费用利润率、销售净利率分别为 28.83%、28.17%、11.2% 和 7.43%。与前 3 个月相比，医药工业的销售毛利率和主营业务利润率分别下滑 1.91 和 1.90 个百分点（见图 4–28）。在成本压力高企与限价政策的双重影响下，上游原料价格的上涨和药品价格的下调双向挤压企业的利润率，医药行业主要利润率再次下滑，盈利能力下降。

图4–28　2011年1–12月医药行业主要利润率走势

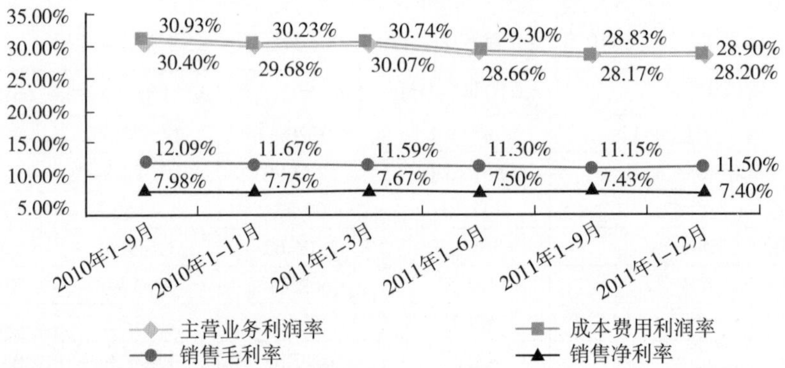

数据来源：国家统计局，国研网数据库

2、偿债能力分析

（1）资产负债率稳定

2011 年 1–12 月，医药制造业资产合计 12963.61 亿元，同比增长 23.3%，增速较 2011 年上半年超出 0.68 个百分点；负债合计 5597.10 亿元，同比增长 22.0%，增速较 2011 年上半年超出了 2.34 个百分点（见表 4–14）。由于总资产和总负债同比增长速度大致相等，因此医药工业的资产负债率相对稳定。

表 4–14　2010 年 1–9 月和 2011 年 1–12 月医药行业偿债能力指标

指标（单位）	2010年1–9月	2011年1–9月	1–12月
资产合计（亿元）	9,964.87	12,315.46	12,963.61
负债合计（亿元）	4,392.15	5,419.67	5,597.10
资产负债率（%）	44.08	44.01	43.18
亏损企业亏损额（亿元）	25.33	34.80	35.19
亏损企业单位数（个）	623	665	539

数据来源：国家统计局

（2）亏损程度有所缓解

2011 年 1–12 月份，医药工业亏损企业数量达到了 539 个，同比增长 18.5%，增速较上半年的 13.3% 上升了 5.2 个百分点；在整个的 5674 家企业中，亏损企业占比达到了 9.5%，这一比例较上半年的 13.22% 下降了 3.72 个百分点；亏损企业累计亏损额为 35.19 亿元，同比增长 36.9%，增速较上半年的 46.13% 下降了 9.23 个百分点。

3、营运能力分析

（1）资金利用效率保持稳定

2011 年 1–12 月份，医药制造业累计应收账款为 1517.24 亿元，同比增长 23.7%；应收账款增速低于同期主营业务收入增速 5.67 个百分点。综合应收账款和主营业务收入变化可以发现，医药工业资金利用效率保持稳定（见表 4–15 和图 4–29）。

表 4–15　2010 年 1–9 月和 2011 年 1–12 月医药制造业营运能力指标

指标（单位）	2010年1–9月	2011年1–9月	2011年1–12月	同比增长（%）
流动资产平均余额（亿元）	5,581.56	6,921.59	7,206.90	24.07
产成品（亿元）	561.68	669.82	704.67	19.95
应收账款（亿元）	1,279.39	1,519.13	15,17.24	23.70
主营业务收入（亿元）	7,851.54	10,220.54	14,522.05	29.37
工业销售产值（亿元）	7,960.74	10,122.29	14,320.78	30.04

数据来源：国家统计局，国研数据

图4–29　2011年1–12月医药制造业应收账款占主营业务收入比重情况

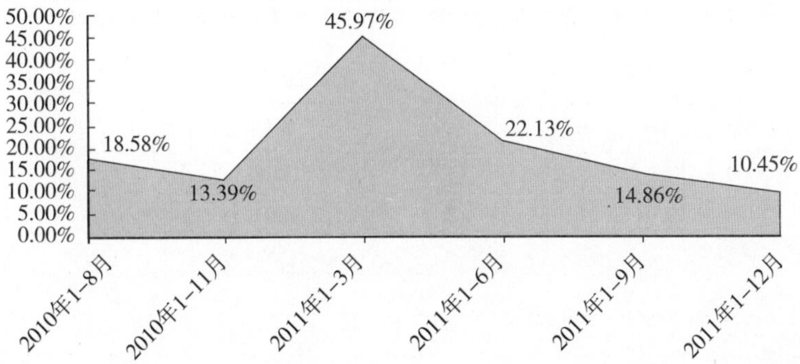

数据来源：国研数据

（2）库存压力略有加大

2011 年 1–12 月，医药工业产成品为 704.67 亿元，同比增长 20.0%，增速较上半年提高了 1.45 个百分点；产成品增速低于同期工业销售产值增速 9.42 个百分点。将产成品增速和工业销售产值增速比较发现，医药工业的库存增加。2011 年 1–3 月，累计存货同比增长 26.1%，1–12 月累计存货同比增速达到了 24.66%。（见图 4–30）。

图4–30　2011年1–12月医药制造业产成品占工业销售产值比重情况

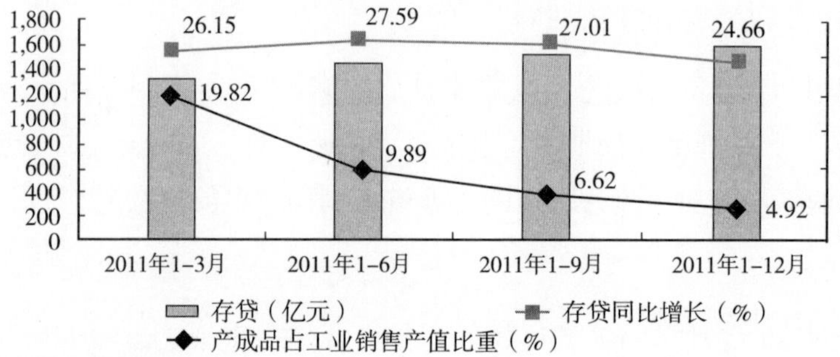

数据来源：国家统计局

4、成长能力分析

（1）所有者权益维稳

2011 年 1–12 月份，医药工业的所有者权益为 7366.51 亿元，同比增长 23.3%，增速与 2011 年上半年持平；主营业务收入为 14,522.05 亿元，同比增长 29.37%，总资产为 12963.61 亿元，同比增长 23.3%。整体来看，医药制造业主营业务收入、总资产以及所有者权益均实现较快增长，行业成长能力向好（见图 4–31）。

图4–31　2010年1月–2011年12月医药制造业所有者权益情况

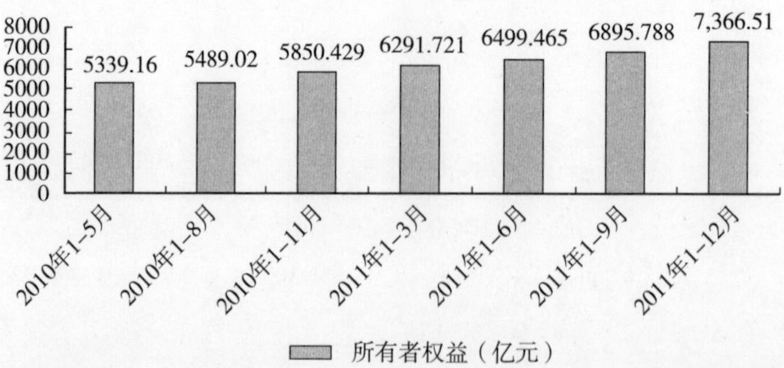

数据来源：国家统计局，国研数据

（2）就业贡献不断加大

2011 年 1–12 月，医药工业全部从业人员平均人数 171.63 万人，同比增长 10.3%。从 5 月以来的从业人员同比增长变化看，医药工业的就业贡献呈明显加大之势，吸纳就业的能力在不断增强（见图 4–32）。

图4–32　2011年1–12月医药制造业从业人员增速走势

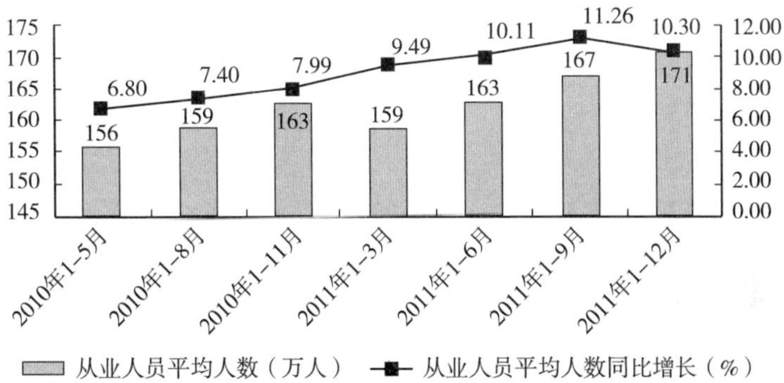

数据来源：国家统计局

二、2012年医药工业发展趋势展望

（一）增长势头将会延续

首先，国内需求的增长成为医药工业快速发展的主要动力。根据全球知名医疗咨询机构 IMSHealth 的统计，截至 2011 年 10 月份，北美和日本市场分别增长 3% 和 6%，欧洲市场几乎零增长，而中国市场同比增长 18%，达到 383 亿美元。由此可见，我国医药行业在全球市场的地位不断提升，走出了领先全球的“中国速度”。

其次，医改仍是医药工业发展的重要基石。2012 年是医改承前启后、持续深入推进的关键之年，国家的政策取向将对医药工业的增长起到重要的推动作用。首先，国家将会不断加快健全全民医保体系，改善管理水平，改革支付方式，探索建立重特大疾病保障制度；其次，国家将全面落实基层医改各项政策，扩大基本药物制度实施范围；最后，国家将推进公立医院改革，积极鼓励社会办医。可以预计的是，这些改革将成为 2012 年医药工业快速发展的主要动力。

第三，人口老龄化加速将带动医药产品需求。《2011 年国民经济和社会发展统计公报》数据显示，我国 60 岁及以上人口数为 18,499 万人，占比为 13.7%，其中65岁及以上人口数为12,288万人，占比为9.1%。与2010年第六次全国人口普查相比，60岁及以上人口的比重上升0.4个百分点，65岁及以上人口的比重上升0.2个百分点。随着人口老龄化的速度在加快，老龄人口的患病率和人均医药费用呈现上升态势，必将带动医药需求的增长。

最后，人均收入水平提高推动医药产品需求。2011年全年，我国城镇居民人均可支配收入21,810元，同比增长14.1%；农村居民人均现金收入6,977元，同比增长17.9%。收入水平的提高使得人们对保健药品的需求将会增长，这将会推动医药工业的增长。

（二）子行业的分化将加剧

首先，中药行业将领先医药工业的增长。老年化、亚健康人群增加及健康意识增强将导致人们对保健品需求的大幅增加，中药衍生品将成为此轮消费升级最主要的受益行业。依托传统品牌的中成药，其定价和品牌拓展有较大弹性，能够享受消费升级带来的发展机遇；以创新为依托的现代中药产品，受到国家创新支持和严格的监管，发展将更规范；中药材及中药饮片行业的规范和标准建立将加速行业整合，拥有技术和规模优势的企业有望受益。此外，中药企业受降价政策的影响相对较小。

其次，政策推动生物制药行业技术创新活跃。由于竞争激烈程度相对较弱，生物制药行业的市场扩容速度也相对较快。在新医改费用控制的背景和预防为先的思路下，政府将更加侧重于重大疾病的诊断预防和治疗，将有效带动疫苗和诊断试剂等生物制品的需求。

最后，化学药行业面临挑战较大。一方面，化学制剂药行业的毛利率自2010年3月份以来持续下滑，行业经营压力凸显，药品降价、抗菌药物管理办法等政策对化学制剂药行业的影响在2012年仍将继续显现；另一方面，在人民币升值和出口价格低迷的背景下，化学原料药行业陷入了以降价换取出口量的恶性循环，企业亟需构建市场化定价的自由竞争环境。

（三）政府行为对行业发展的影响明显

首先，政府投入的推动作用可能会放缓。统计资料显示，2009-2011年，政府总计投入1.13万亿元用于新医改，其中2011年预算为5360亿元。在政府投入的拉动下，被压抑的基本医药需求加速释放，推动行业快速增长。2012年进入“后医改”时代，政府投入的速度将逐步放缓，通过医疗保障对医疗消费的拉动将逐步减弱，行业的需求增长将主要来自于新增的外延式需求及生活水平提高带来的弹性需求。

其次，药品降价趋势不会扭转。2011 年 12 月 1 日，国家发展改革委制定的《药品出厂价格调查办法（试行）》将正式施行，按照惯例，类似的药品出厂价格调查均是为后续调整药品最高零售价做准备。对医药企业来说，由于国内许多药品经历了充分的竞争，药品最高零售价已经远高于实际终端零售价格，降价对出厂价格的冲击较小，对外资企业单独定价药品的影响较大。

最后，政策面尚存诸多不确定性。其一，公立医院改革走势不明朗。尽管国家将在 2012 年推进公立医院改革，但如何让改革以及改革的成效充满了不确定性，这对医药工业的发展具有重要影响；其二，政府药品采购政策导向充满了不确定性。如果统一定价政策于 2012 年实施，引发争议的招标政策或将会发生变化，从而改变基本药物市场当前的尴尬局面。其三，《抗菌药物临床应用管理办法》正式版有望于 2012 年出台，在抗菌药物使用分级的制度下，医院更加倾向于选择具有品牌优势、疗效确切、价格较高的品种，而价格较低、规模较小、品牌劣势的产品或将被淘汰，行业洗牌加速。

第四章

皮革、毛皮、羽毛（绒）及其制品业

一、2011年皮革业发展回顾

（一）运行情况

1、投资分析

2011 年我国皮革、毛皮、羽毛 (绒) 及其制品业固定资产投资不断下降（见图 4–33）。1–12 月，我国皮革、毛皮、羽毛 (绒) 及其制品业固定资产投资项目累计实际完成投资总额 902.24 亿元，同比增长 29.6%，皮革、毛皮、羽毛 (绒) 及其制品业固定资产投资占整个制造业固定资产投资的比重为 0.88%。与上半年相比，皮革、毛皮、羽毛 (绒) 及其制品业固定资产投资增速下降 6.4 个百分点。

图4–33 2010年9月–2011年12月皮革、毛皮、羽毛(绒)及其制品业固定资产投资增速

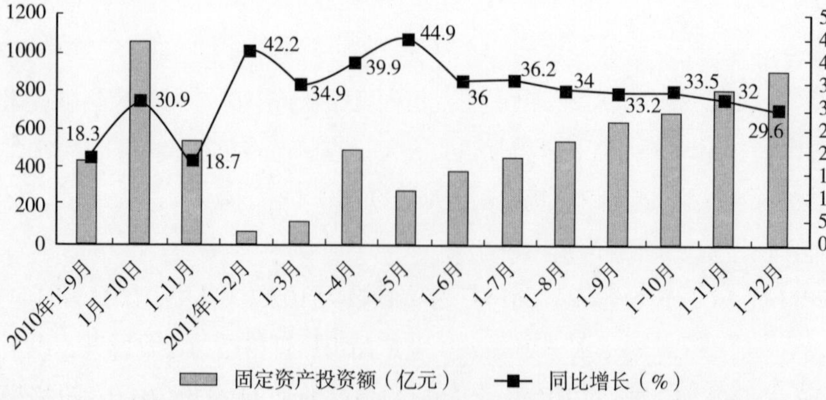

数据来源：国家统计局

2、市场供求分析

（1）产量同比略增

2011 年 1–12 月，皮革、毛皮、羽毛（绒）及其制品业累计工业销售产值为 9176.8 亿元，同比增长 24.9%，累计产销率 98%，累计出口交货值同比增长 11.9%。其中 12 月份当月，销售产值同比增长 22.4%，产销率 98.3%，出口交货值同比增长 17.2%。从产品产量来看，2011 年，大部分轻工产品产量增幅在 10%–20% 左右。全年轻革、皮革鞋靴、皮革服装产量分别为 68558.3 万平方米、427103.4 万双、6355.3 万件，同比增长分别为 11.6%、16.1% 和 1.5%（见表 4–16）。

表 4–16　2011 年 1–12 月皮革、毛皮、羽毛（绒）及其制品业产值完成情况（现价）

行业名称	总产值（现价）)	
	本月（亿元）	累计（亿元）
皮革、毛皮、羽毛（绒）及其制品业	892.92	9176.80
–皮革鞣制加工	152.21	1555.11
–皮革制品制造	629.32	6443.93
#.皮鞋制造	410.26	4186.13
#.皮革服装制造	43.61	534.29
#.皮箱、包（袋）制造	119.36	1177.39
–毛皮鞣制及制品加工	54.15	579.49

数据来源：国家统计局

（2）出口交货值不断下降

2011 年，受国际需求下滑及欧债危机等因素的影响，我国皮革业出口交货值不断下降。2011 年 1–12 月，皮革、毛皮、羽毛（绒）及其制品业出口交货值为 2506.17 亿元，增速较去年同期回落 11.92%，较上半年回落 2.03%。其中，2011 年 1–12 月皮革鞣制加工出口交货值同比增长 0.31%，皮革制品制造出口交货值同比增长 12.79%，毛皮鞣制及制品加工出口交货值同比增长 13.47%，羽毛（绒）加工及制品制造出口交货值同比增长 9.08%（见图 4–34）。

（3）出厂价格指数不断上调

2011 年 11 月，全国工业品出厂价格指数为 102.7。其中，2011 年 1–11 月，皮革、毛皮、羽毛（绒）及其制品业工业产品出厂价格指数逐月攀升，由 1 月份的 103.7 上调至 11 月份的 104.9。价格指数最高的是 11 月份 104.9，价格指数最低的是 2 月份 103.4（见图 4–35）。

图4-34　2011年1-12月皮革业出口交货值增速

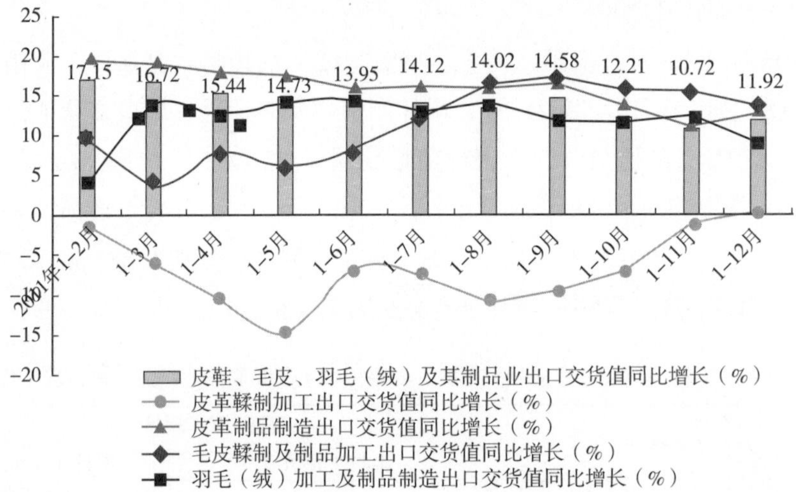

数据来源：国家统计局

图4-35　2010年9月-2011年11月全国及皮革、毛皮、羽毛（绒）及其制品业工业生产者出厂价格指数情况

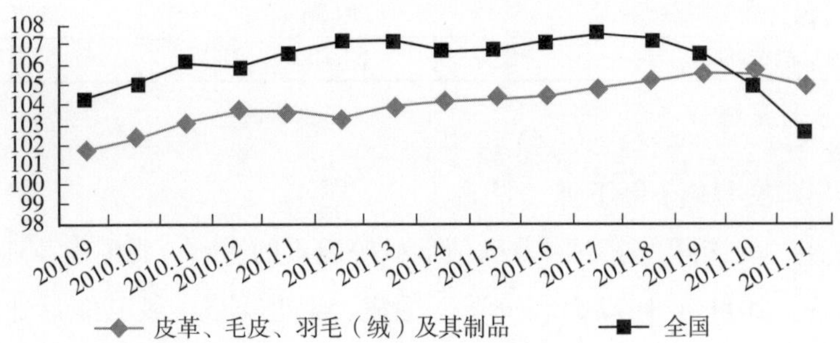

数据来源：《中国经济景气月报》

（二）经济效益情况

1、盈利能力分析

（1）利润总额增速放缓

2011年1-12月，皮革、毛皮、羽毛（绒）及其制品业实现主营业务收入为8913.9亿元，同比增长25.02%，实现行业利润总额618.8亿元，同比增长29.97%，高于主营业务收入增速4.95个百分点，相比2010年下降了8.14个百分点，较2011年上半年下降3.07个百分点。主营业务收入及利润总额增速下降主

要与大宗原材料价格波动较大、劳动力和能源成本上涨等诸多不利因素有关（见表 4-17）。

表 4-17 2011 年 1-12 月皮革、毛皮、羽毛（绒）及其制品业主营业务收入和利润总额增长

	主营业务收入(亿元)	主营业务收入同比增长(%)	利润总额(亿元)	利润总额同比增长(%)
2010年1-11月	7008.5	28.04	413.0	38.11
2011年1-3月	1673.8	29.06	95.4	34.51
2011年1-6月	3947.9	28.77	233.9	33.04
2011年1-9月	6358.9	26.73	389.0	32.34
2011年1-12月	8913.9	25.02	618.8	29.97

分行业来看。2011 年 1-12 月，皮革、毛皮、羽毛（绒）及其制品业行业中，除毛皮鞣制及制品加工的利润总额增速低于其主营业务收入增速 3.19 个百分点外，其余行业利润总额增速均高于其主营业务收入增速。其中，皮革鞣制加工、皮革制品制造、羽毛(绒)加工及制品制造利润总额增速分别高于其主营业务收入增速为 6.64%、4.22% 和 20.1%（见图 4-36）。

图4-36 皮革、毛皮、羽毛（绒）及其制品业分行业盈利能力

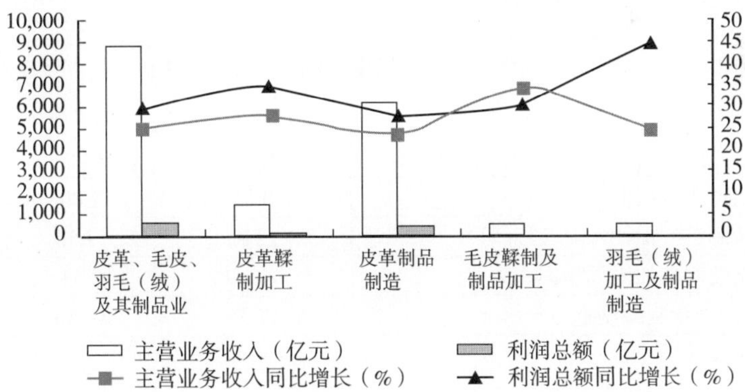

数据来源：国家统计局

（2）主营业务收入增速高于成本，但增速较上半年放缓

2011 年 1-12 月，皮革、毛皮、羽毛(绒)及其制品业主营业务收入增速为 25%，同期主营业务成本增速为 23.8%，主营业务收入增速高于成本增速 1.2 个百分点。但较 2011 年上半年相比，主营业务收入增速放缓了 3.8 个百分点（见图 4-37）。

图4-37　皮革、毛皮、羽毛（绒）及其制品业盈利能力

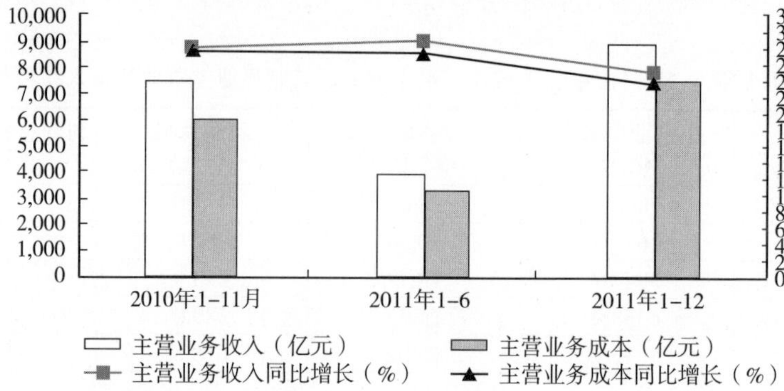

数据来源：国家统计局

（3）亏损面持续下降，盈利持续增长

2011年以来，在内销市场旺盛、行业加快结构调整等因素的共同作用下，皮革、毛皮、羽毛(绒)及其制品企业亏损面持续减少，行业盈利能力增加。2011年1-12月，规模以上皮革、毛皮、羽毛(绒)及其制品企业亏损面为8.11%，比1-9月份减少2.42个百分点，比上半年同期减少4.05个百分点。就各子行业看，2011年1-12月，皮革制品制造业亏损面最高，达到8.99%（见表4-18）。

表4-18　2011年1-12月皮革、毛皮、羽毛(绒)及其制品企业亏损面

	2011年1-6月	1-9月	1-12月
皮革、毛皮、羽毛(绒)及其制品业亏损面（%）	12.16	10.53	8.11
-皮革鞣制加工亏损面（%）	8.81	7.80	5.22
-皮革制品制造亏损面（%）	12.93	11.15	8.99
-毛皮鞣制及制品加工亏损面（%）	10.49	8.59	5.76
-羽毛(绒)加工及制品制造亏损面（%）	11.38	10.53	5.93

数据来源：国家统计局

（4）中小企业利润高速增长

2011年1-12月，全国规模以上皮革、毛皮及制品行业利润总额588.17亿元，同比增长29.28%。从企业规模上看，大中型企业占59.96%，小型企业占40.04%，同比增速小型企业最高，达44.30%，比行业平均水平高15.02个百分点；大型企业同比增长13.77%，比行业平均水平低15.51个百分点；中型企业同比增长28.37%，比行业平均水平低0.91个百分点。从区域看，福建份额最大，占皮

革、毛皮及制品行业利润总额的 26.52%，河南占 14.37%，河北占 12.94%，广东占 12.53%；四川同比增长最快，同比增长 95.61%；中西部增速为 50.10%，比东部快 26.39 个百分点。

2、偿债能力分析

（1）资产负债率略有下降

2011 年 1–12 月，皮革、毛皮、羽毛（绒）及其制品业资产合计 4100.8 亿元，同比增长 16.4%，增速较 2011 年上半年慢 4.3 个百分点；负债合计 2010.9 亿元，同比增长 12.1%，增速较 2011 年上半年慢 4.1 个百分点，总资产同比增长速度较总负债同比增长速度高 4.3 个百分点。2011 年 3 月、6 月、9 月、12 月份累计资产负债率分别为 51.65%、51.74%、51.09% 和 49.04%，资产负债率成下降趋势，说明我国皮革、毛皮、羽毛（绒）及其制品业长期偿债能力保持稳定（见图 4–38）。

图4–38　2010年11月–2011年12月皮革、毛皮、羽毛(绒)及其制品业资产负债率情况

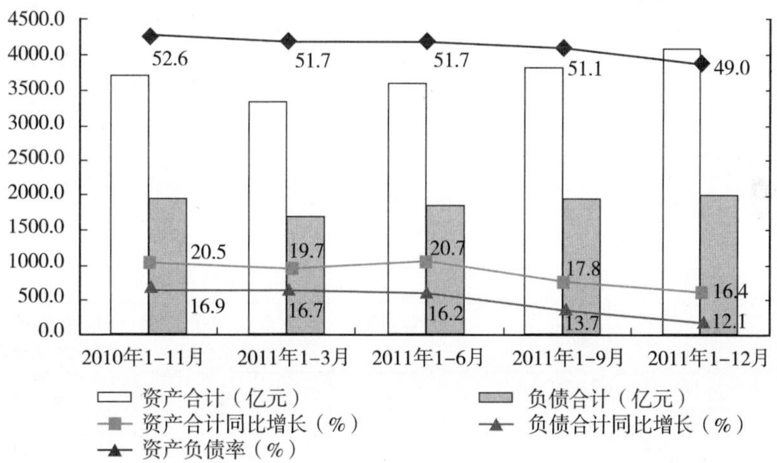

数据来源：国家统计局

就各子行业，皮革鞣制加工制造业和羽毛（绒）加工及制品制造业资产负债率高于皮革、毛皮、羽毛（绒）及其制品业整体行业水平。其中羽毛（绒）加工及制品制造业资产负债率最高，2011 年 1–6 月，该行业资产负债率达到 60.5%，比皮革、毛皮、羽毛（绒）及其制品业整体行业水平高出 8.75 个百分点，企业的债务风险明显高于其它子行业（见图 4–39）。

图4-39 2010年11月-2011年12月皮革、毛皮、羽毛(绒)及其制品业各子行业资产负债率

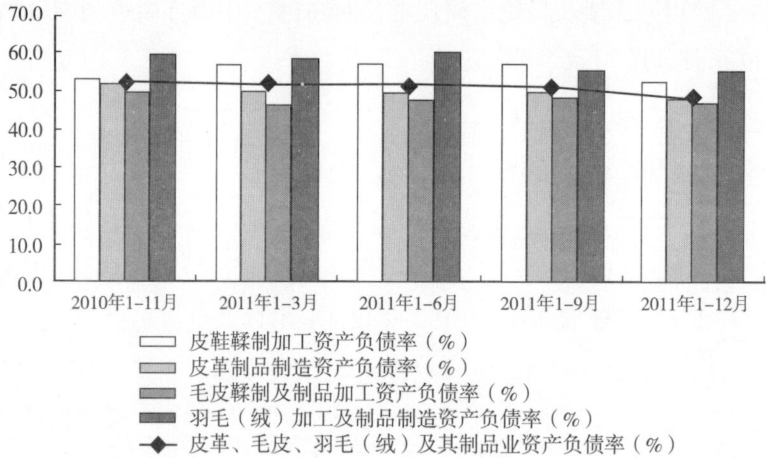

数据来源：国研数据

（2）亏损程度大幅加重

2011年1-12月份，皮革、毛皮、羽毛(绒)及其制品业共有472个企业发生亏损，同比增长30.39%，增速较2011年上半年（8.39%）上升22个百分点；亏损企业占企业总数（5823个）的比重（亏损面）为8.11%，较2011年上半年（12.16）增加4.05个百分点；亏损企业累计亏损额为13.17亿元，同比增长（亏损度）36.45%，较2011年上半年上升16.78%（见表4-19）。

表4-19 2011年皮革、毛皮、羽毛(绒)及其制品及子行业企业亏损程度

	行业	亏损面（%）	亏损企业单位数同比增长(%)	亏损企业亏损总额同比增长(%)
2011年1-6月	皮革、毛皮、羽毛(绒)及其制品业	12.2	8.39	19.67
	-皮革鞣制加工	8.8	-8.82	33.41
	-皮革制品制造	12.9	12.42	15.93
	-毛皮鞣制及制品加工	10.5	10.81	103.01
	-羽毛(绒)加工及制品制造	11.4	-10.42	-1.61
2011年1-9月	皮革、毛皮、羽毛(绒)及其制品业	10.5	17.37	35.87
	-皮革鞣制加工	7.8	-11.29	44.7
	-皮革制品制造	11.2	22.82	30.15
	-毛皮鞣制及制品加工	8.6	30.77	93.5
	-羽毛(绒)加工及制品制造	10.5	0	70.26

（续表）

	行业	亏损面（%）	亏损企业单位数同比增长(%)	亏损企业亏损总额同比增长(%)
2011年1-12月	皮革、毛皮、羽毛(绒)及其制品业	8.1	30.39	36.45
	–皮革鞣制加工	5.2	–2.63	151.99
	–皮革制品制造	9.0	36.49	19.23
	–毛皮鞣制及制品加工?	5.8	64.29	152.3
	–羽毛(绒)加工及制品制造	5.9	–8	112.67

数据来源：国家统计局

3、营运能力分析

（1）资金利用效率稳定

2011 年 1–12 月，皮革、毛皮、羽毛 (绒) 及其制品业累计应收账款净额为 744.8 亿元，同比增长 15.8%，增速较 2011 年上半年回落 5. 5 个百分点，应收账款增速低于同期主营业务收入增速 9.2 个百分点。整体来看，皮革、毛皮、羽毛 (绒) 及其制品业资金利用效率稳定（见图 4–40）。

图4–40　2010年11月–2011年12月皮革、毛皮、羽毛(绒)及其制品业行业营运能力情况

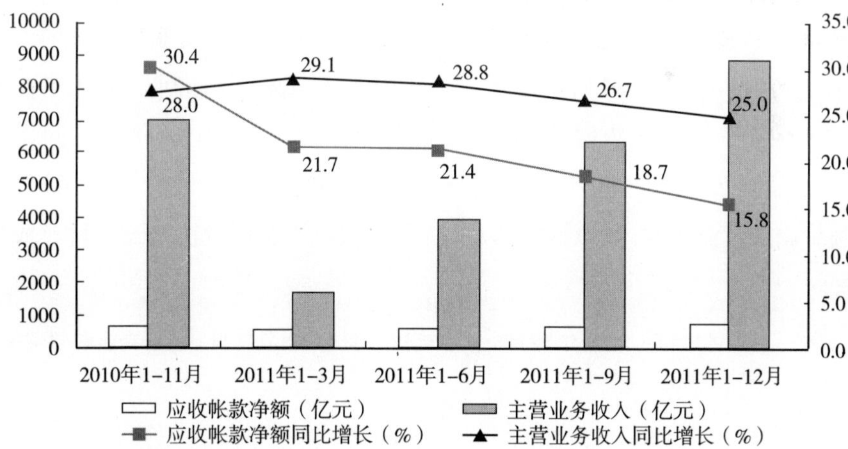

数据来源：国家统计局

（2）库存压力下降

2011 年 1–12 月，皮革、毛皮、羽毛 (绒) 及其制品业产成品为 254.2 亿元，同比增长 21.68%，增速较上半年提高了 3.24 个百分点；产成品增速低于同期工业销售产值增速 3.26 个百分点。通过比较产成品增速和工业销售产值的增速可以看出，皮革、毛皮、羽毛 (绒) 及其制品业的库存下降。2011 年 1–12 月，累

计存货同比增长 18.99%，较 2011 年上半年下降 2.25 个百分点，较去年同期下降 11.37 个百分点（见图 4–41）。

图4–41　2011年1–12月皮革、毛皮、羽毛(绒)及其制品业库存情况

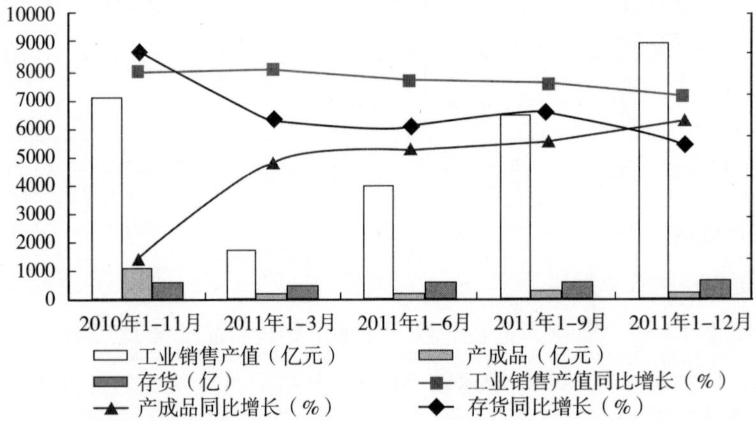

数据来源：国研数据

4、成长能力分析

（1）所有者权益持续增长

2011 年，皮革、毛皮、羽毛(绒)及其制品业所有者权益实现持续增长（见图 4–42）。2011 年 1–12 月份，皮革、毛皮、羽毛(绒)及其制品业所有者权益为 2089.8 亿元，较上半年增长 19.7%；主营业务收入为 8913.9 亿元，同比增长 25.02%，总资产为 4100.8 亿元，同比增长 16.37%。总体来看，皮革、毛皮、羽毛(绒)及其制品业主营业务收入、总资产以及所有者权益均实现较快增长，行业成长能力向好。

图4–42　2011年11月–2011年12月皮革、毛皮、羽毛(绒)及其制品业所有者权益情况

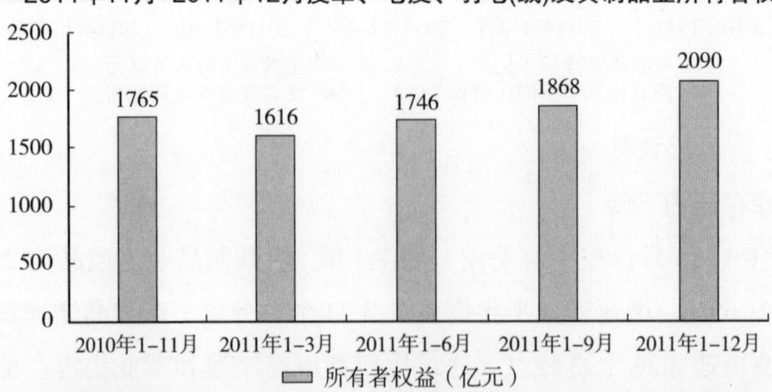

数据来源：国家统计局

（2）从业人员增速放缓

2011 年 1–12 月，皮革、毛皮、羽毛 (绒) 及其制品业全部从业人员平均人数 260.4 万人，同比增长 8.5%，增速较 2011 年上半年慢 1.8 个百分点（见图 4–43）。其中，分行业来看，2011 年 1–12 月皮革鞣制加工、皮革制品制造、毛皮鞣制及制品加工、羽毛 (绒) 加工及制品制造从业人员平均人数同比增长分别为 23.62%、7.15%、19.68% 和 11.44%（见图 4–44）。

图4–44　2010年11月–2011年12月皮革、毛皮、羽毛(绒)及其制品业各分行业从业人员增速走势

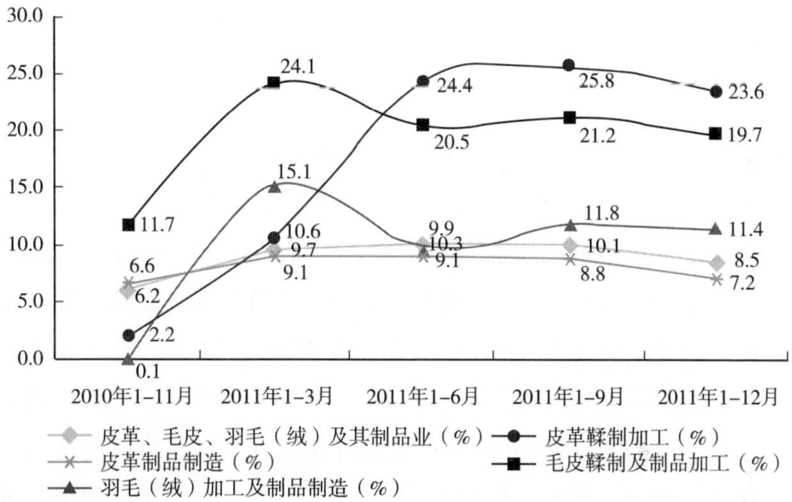

数据来源：国研数据

图4–43　2010年11月–2011年12月皮革、毛皮、羽毛(绒)及其制品业从业人员增速走势

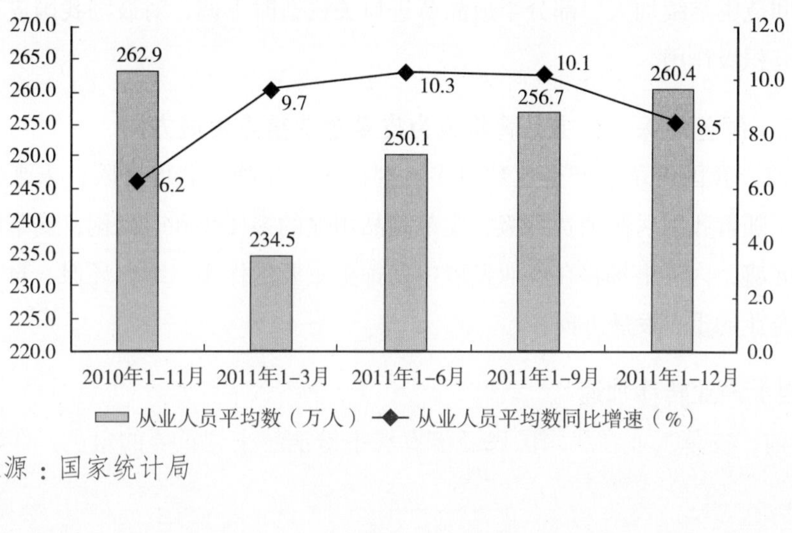

数据来源：国家统计局

二、2012年皮革业发展趋势展望

（一）行业增速有所回落

2012 年，伴随我国城乡居民实际收入增速的回调以及消费刺激政策效应的减弱，我国消费实际增速也将开始下降。皮革业受原材料价格波动较大、劳动力和能源成本上涨等因素的影响，加之通胀压力也导致居民消费欲望不强，故今年皮革的产销预计不会有较大幅度的增长。当前，由于我国皮革出口额增长势头已经放缓，相当一部分产品的出口量出现负增长，预计 2012 年皮革出口可能会更加困难，特别是人民币汇率的变化将对出口产生较大影响。如果世界经济仍长期处于低迷的状况，预计 2012 年皮革产品出口额增速将有所回落。

（二）财政、产业政策扶持促进行业健康发展

2011 年第四季度，我国出台财政政策从税收和专项资金方面支持中小企业发展，这对中小企业数量占比很大的皮革制品制造业，有较大的扶持作用。《产业结构调整目录》（2011 年本）将皮革类制品分为鼓励类、限制类和淘汰类，有助于加快转变经济发展方式，推动产业结构调整和优化升级，完善和发展现代产业体系；为推动制革行业发展方式转变，环境保护部印发了《关于开展制革行业环保核查工作的通知》，组织开展制革企业环保核查工作，此项措施的实施对于提升制革行业污染防治水平，整改制革行业环保问题，具有推动作用，对提高皮革行业的生产标准和产品质量有积极作用；同时，我国 2012 年进出口新税实施，皮革行业产品最惠国平均进口关税 12.14%，双边或多边自由贸易区关税优惠条款幅度和范围继续加大，部分半成品革进口关税暂时下调，对鼓励我国皮革制品出口具有积极作用。

（三）绿色环保、自主品牌将成为皮革企业重点发展方向

目前，我国皮革生产企业数目多、规模小、品牌知名度有限，未来整合空间巨大。随着我国居民消费升级、皮革制品用途的多样化和时尚化，皮革制品未来需求旺盛，内需市场将在产业发展中发挥更重要的作用，绿色环保、自主品牌是未来企业的重点发展方向。

（四）产业转移加速

当前，皮革工业在我国国民经济发展中扮演越来越重要的角色。伴随资源

与能源的短缺以及生态环境的日益恶化，上述问题已严重制约了我国皮革工业的可持续发展。低碳经济发展模式无疑可以从根本上改变我国皮革工业目前资源密集和污染严重的粗放型发展方式，也是实现皮革工业可持续发展的必然途径。我国皮革工业适应低碳经济环境下的发展已成为时代要求。

总体来看，2012 年国家将继续实施积极的财政政策和稳健的货币政策的宏观政策方向，国内经济将保持稳步增速。从国外环境来看，美国经济回升和欧债新救助计划将使外部环境在 2012 年有所改善。国家财政对中小企业的扶持，将推动中小企业扩大生产规模，提高产品质量和竞争力；各项产业政策的出台，将引导企业加快转变经济发展方式，推动产业结构调整和优化升级，完善和发展现代产业体系；新关税的实施，将推动皮革制品出口贸易的发展。

区 域 篇

第一章

山东省消费品工业发展状况

一、2011年山东省消费品工业发展环境分析

（一）宏观经济环境

2011 年，面对复杂严峻的国内外经济形势，山东坚持在加强和改善宏观调控中保持经济平稳较快发展，坚持在推进转方式调结构中提高经济发展质量和效益，坚持通过实施重点带动战略推动区域协调发展，国民经济继续朝着宏观调控预期方向发展，经济运行维持了持续、快速、健康的发展趋势。

1、经济平稳增长

作为东部沿海地区的经济大省，“十一五”期间山东省 GDP 年均增长了 13.1%，2010 年达到 39416.2 亿元，位居全国 31 个省市区第 3 位。

图5-1　2007年4季度-2011年3季度山东省季度GDP同比增长趋势

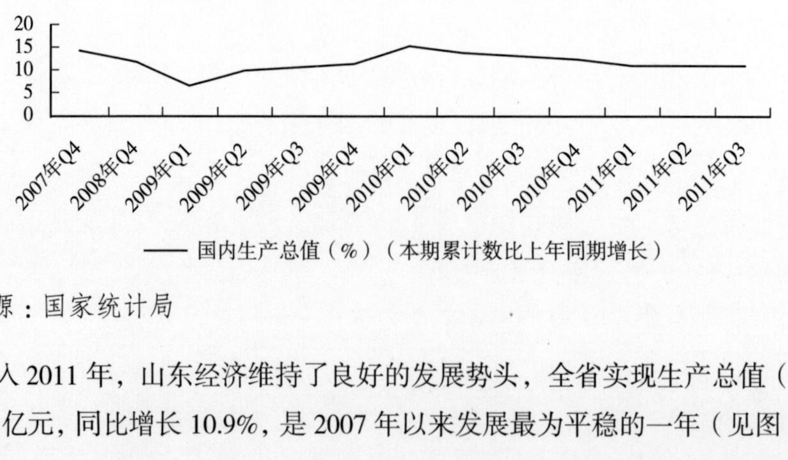

数据来源：国家统计局

进入 2011 年，山东经济维持了良好的发展势头，全省实现生产总值（GDP）45429.2 亿元，同比增长 10.9%，是 2007 年以来发展最为平稳的一年（见图 5-1）。

整体经济的稳定增长为消费品工业的发展创造了良好的环境。

2、工业快速发展

2011 年，山东省工业抓住国际产业转移以及国内工业化、城市化进程加快的有利时机，一手抓传统产业转型升级，一手抓新兴产业培育，工业总量呈跨越加速之势。1-11 月，全省规模以上工业实现主营业务收入 9.36 万亿元，同比增长 27.3%；实现利税突破 1 万亿元，同比增长 27%；全省营业收入过百亿的工业企业由 2008 年的 70 家发展到 130 家，过千亿的工业企业由 2 家发展到 8 家。

与前几年相比，2011 年山东省工业发展虽然整体相对稳定，但上下半年的差距明显。自 8 月开始，同比增速快速下滑，截至 11 月仍未见好转，这直接导致 8 月峰值后的小幅降低（见图 5-2）。

图5-2　2011年1-11月山东工业增加值同比增长情况

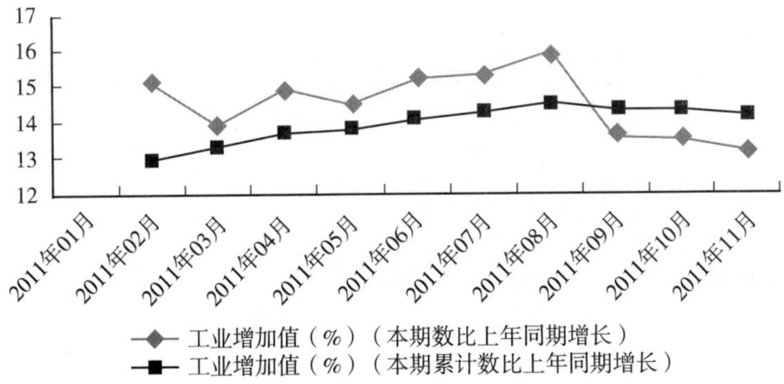

数据来源：国家统计局

3、进出口值跨上新台阶

2011 年，山东省对外贸易保持较快增长。全年实现进出口总额 2359.9 亿美元，同比增长 24.8%。其中，出口额为 1257.9 亿美元，同比增长 20.7%；进口额为 1102.0 亿美元，同比增长 29.8%。只是与进口的持续增长不同的是，出口增幅呈不断收窄之势，11 月份增幅仅为 4.3%，较上月回落 7.1 个百分点，低于全国平均增幅 9.5 个百分点（见图 5-3）。

出口增速回落的主要原因在于主要贸易伙伴经济的下滑和主权债务危机的冲击。11 月份，山东省对欧美日韩四大传统市场合计出口 60.6 亿美元，同比仅增长 0.7%，增幅环比下降 6.4 个百分点。但与对欧美发达国家出口下滑不同的是，对东盟、南美、非洲、中东、南亚、俄罗斯六大新兴市场的出口仍然维持了高速增长之势，这是山东整体出口仍然维持增长的主要动力。统计资料显示，2011年1–11月山东对东盟贸易进出口286.5亿美元，同期增长39.6%。出口99.1亿美元，增长29.1%；进口187.4亿美元，增长45.9%。其中，对主要贸易国的马来西亚、泰国、印度尼西亚的进出口额分别为76.3亿美元、68.2亿美元和65.4亿美元，分别增长41.1%、53.7%和46.5%。此外，对新加坡的进出口也达到了33.8亿美元，同比增长13%。

图5–3　2011年山东进出口总值情况

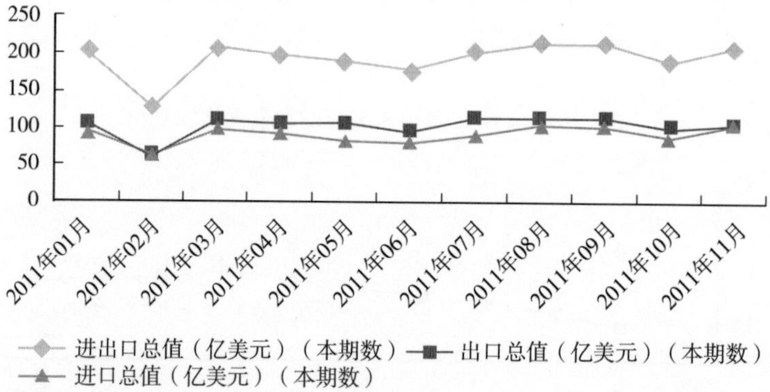

数据来源：国家统计局

4、城乡居民收入和消费保持快速增长

据山东省统计局公布的数据显示，2011年前三季度，山东城乡居民收入均保持两位数的增长速度。城镇居民人均可支配收入达16730元，增长13.7%，增幅比上半年提高0.4个百分点。在城镇居民家庭人均总收入中，工资性收入增长11.8%，转移性收入增长11.5%，经营净收入增长36.1%，财产性收入增长20.1%。农民人均现金收入7922元，增长19.9%，比上半年提高0.6个百分点。其中，工资性收入增长24.9%，家庭经营收入增长19.1%，转移性收入增长20.4%，财产性收入增长19.8%（见图5–4）。

从消费情况看，前三季度全省社会消费品零售总额11966.1亿元，增长17.3%。在限额以上企业商品零售中，金银珠宝类增长43.7%，家装类增长32.4%，家用电器和音像器材类增长26.3%，电子出版物及音像制品类增长25.3%，汽车类增长24.2%。

图5-4　2011年前三季度山东城镇居民可支配收入和单位劳动报酬

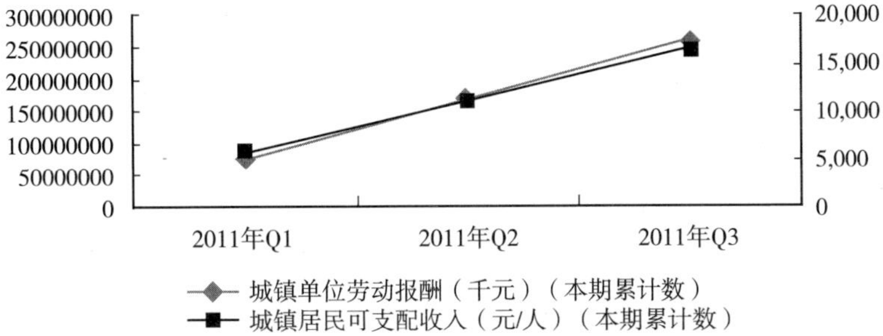

数据来源：国家统计局

（二）产业政策环境

1、国家颁布《消费品工业行业标准制定管理实施细则（暂行）》

2011年，为加强消费品工业行业标准制定工作的管理，规范行业标准的制定程序，工信部根据《行业标准管理办法》、《工业和信息化部行业标准制定管理暂行办法》和《工业和信息化部标准制修订工作补充规定》的内容，结合消费品工业行业具体情况，制定了《消费品工业行业标准制定管理实施细则（暂行）》（工信厅消费〔2011〕177号），于2011年11月10日颁布。该细则适用于轻工（包括食品，食品安全标准除外）、纺织、包装等行业标准的制定，规定了消费品工业行业标准的立项、起草、审查、报批、复审、修订、修改和制定过程中的主要程序及要求。

该细则明确了消费品工业行业标准管理工作的职能分工，有利于各部门工作的合作与协调，促进消费品工业行业标准的制定和管理和消费品工业的发展。

2、山东省经信委部署新医药产业发展工作

为了贯彻落实省委、省政府关于加快医药产业发展的有关精神，2011年4月8日，省经信委召开全省医药产业工作会议，部署"十二五"和2011年的新医药产业发展工作。会议强调了以下主要工作内容：（1）进一步增强加快医药产业发展的紧迫感和责任感；（2）进一步加强组织领导，为医药产业发展提供组织保证；（3）集中精力抓好重点工作，抓好"十二五"规划的落实，并大力开拓市场。此次会议的召开及相关工作安排，定会对山东新医药产业发展产生积极的推动作用。

3、山东省出台《山东省医药储备管理办法》

为加强医药储备管理，确保发生灾情、疫情及突发事件时医药用品的有效供应，保障公众生命安全和身体健康，维护社会稳定，山东省经济和信息化委、省财政厅制定了《山东省医药储备管理办法（鲁经信消字［2011］137号）》（下称《办法》），于2011年3月23日颁布实施。

根据该《办法》的要求，省经济和信息化委、省财政厅、省卫生厅、省食品药品监管局等部门将健全领导和组织体制，进一步做好全省医药储备工作，主要工作包括：（1）做好医药储备资金的补充工作；（2）管理好现有储备企业。要求现有医药储备企业对照新《办法》，建立领导责任制，及时报送有关报表，认真做好医药储备工作。（3）选拔后备储备企业。从符合条件的医药企事业单位中选拔20个单位作为后备储备企业，承担紧急状态下的医药供应任务；（4）开展医药储备单位培训工作。以《办法》为基本培训教材，对储备企业和后备企业进行培训，提高全省医药储备工作管理水平；（5）建立医药储备应急反应机制。抓紧修订有关办法，建立医药储备领导和组织体系，以备紧急情况下拉得出，打得赢，供得上，不误事，为保障人民生命安全作出应有贡献。

4、山东省出台《关于促进新医药产业加快发展的若干政策》

2011年3月25日，山东省政府出台《关于促进新医药产业加快发展的若干政策》（以下称《若干政策》），推进新医药产业加快发展。《若干政策》提出了2010–2012年医药产业发展的指导思想和发展目标，把医药产业作为新兴产业，在财政、税收等方面进行重点扶持发展，力争用3年的时间使全省医药产业发展实现新突破，具体政策主要包括以下五个方面：

（1）设立新医药发展专项资金。从2010年到2012年，每年省级财政安排一定数额资金，用于重大创新药物和技术研发成果奖励、新药产业化、优势产品提升、中药材基地建设的项目补助。

（2）加大金融信贷支持力度。金融机构要提高对新医药企业授信额度，积极为符合条件企业提供信贷支持，对新医药产业实行优惠贷款利率政策。

（3）进一步拓宽融资渠道。大力支持有条件的企业进入主板、创业板和海外上市融资，鼓励已上市企业通过公开增发、定向增发等再融资方式进行并购和重组。

（4）实行土地优惠政策。对列入省新医药产业化和优势产品提升计划的重点项目，如需要新征土地，确定土地出让底价时，可按不低于所在地土地等别相对应工业用地出让最低价标准的70%执行，同时保证建设用地需求并优先办理用地手续。

（5）实行税费优惠政策。对医药企业为开发新技术、新产品、新工艺发生的研究开发费用，未形成无形资产计入当期损益的，在按照规定据实扣除的基础上，可按研究开发费用的50%加计扣除；形成无形资产的，按照无形资产的150%摊销。对相关企业从事技术开发、技术转让业务和与之相关的技术咨询、技术服务业务取得的收入，免征营业税。落实好增值税转型、进口设备免税等政策，鼓励企业技术改造。对相关企业行政事业性收费能免则免，不能免的按最低标准收取。

《若干政策》的推出，为山东医药行业创造了一个良好的发展环境，为山东医药工业，尤其是新医药的发展，提供了有力的政策基础和政策保障。

（三）相关产业

1、主要农产品产量快速增长

山东为农业大省，2011年主要农作物产量均取得了双位数增长。1–11月，小麦粉产量达到达到1995.43万吨，同比增长23.02%；大米产量达到31.17万吨，同比增长99.53%；精制食用植物油产量达到503.3万吨，同比增长12.33%。主要农产品产量的快速增长为食品工业的健康发展提供了原料保障（见图5–5）。

图5–5　2011年1–11月山东主要农作物产量同比增长趋势

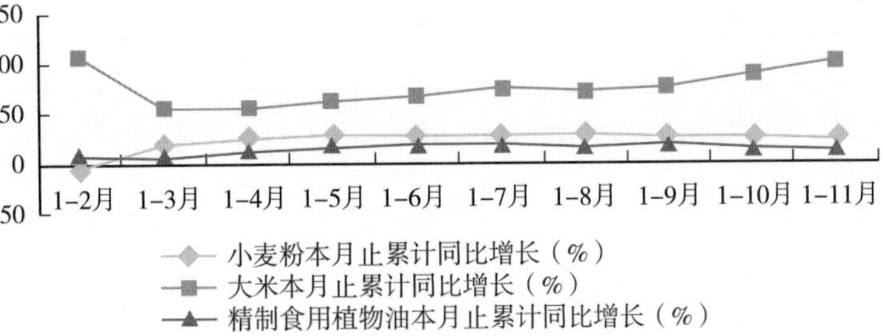

数据来源：国家统计局

2、装备制造业生产和出口势头良好

2011年，山东省的装备制造业发展良好。1–11月，工业销售产值为25455.1亿元，出口交货值2705.4亿元。各行业中，通用设备制造业的工业销售产值最

高，占整个行业的26.35%，交通运输设备制造业的比重也超过了两成，电气机械及器材制造业、通信设备计算机及其他电子设备制造业、专用设备制造业的占比分别为18.08%、13.41%和13.28%。上述5个行业占山东整个装备制造业的92.58%。

出口方面，通信设备计算机及其他电子设备制造业所占比重最高，达48.73%，占据了出口的半壁江山。交通运输设备制造业位列第二，占了17.4%。通用设备制造业和电气机械及器材制造业的比重也都超过了10%。这4个行业的出口交货值占整个装备制造业出口交货值的比例达到了90%（见表5-1）。

装备制造业的发展为消费品工业的发展提供了良好的装备，有助于消费品工业技术设备的升级改造，加速消费品工业的转型升级。

表5-1 2011年1-11月山东装备制造业各行业工业销售产值和出口交货值（千元）

行业	工业销售产值		出口交货值	
	数额	比重%	数额	比重%
通用设备制造业	670,669,444	26.4	32,996,857	12.2
交通运输设备制造业	546,108,957	21.5	47,081,967	17.4
电气机械及器材制造业	460,295,522	18.1	31,474,932	11.6
通信设备计算机及其他电子设备制造业	341,730,702	13.4	131,838,197	48.7
专用设备制造业	338,055,907	13.3	16,385,260	6.1
结构性金属制品制造	89,895,313	3.5	1,599,403	0.6
通用仪器仪表制造	27,138,973	1.1	438,104	0.2
金属表面处理及热处理加工	23,013,620	0.9	509,932	0.2
集装箱及金属包装容器制造	22,655,042	0.9	4,209,440	1.2
金属丝绳及其制品的制造	12,031,482	0.5	1,366,192	0.5
专用仪器仪表制造	9,654,923	0.4	1,148,677	0.4
光学仪器及眼镜制造	2,638,037	0.1	1,249,929	0.5
搪瓷制品制造	1,166,016	0.05	225,327	0.1
文化、办公用机械制造	458,645	0.02	20,766	0.01

数据来源：国家统计局

二、2011年山东省消费品工业发展状况分析

山东省为工农业大省，对内地经济贡献有超过了10%。其消费品工业生产体系完备，生产部门齐全，产值产量突出，并形成了以食品、纺织、塑料制造等

为主导行业的消费品工业体系。

（一）发展及地位变化

1、生产增速放缓，行业差异明显

2011 年，山东省消费品工业销售产值约 2.9 万亿元，同比增长 10.0%，与 2010 年消费品工业销售产值 24.9% 的同比增速相比，下行趋势明显，使 2011 年整体呈现出增速放缓的态势。

纵向看，虽然近三年来山东消费品工业各行业比重略有变动，但相对稳定（见表 5-2）。纺织业、造纸及纸制品业、食品制造业持续占领着消费品工业的三甲，三者合计占据了山东消费品工业的近半壁江山。医药制造业紧随其后，且比重正逐年增加，成为山东省的新兴主导行业。工艺美术品制造业与皮革、毛皮、羽毛(绒)及其制品业则呈现相反的态势，比重日趋降低。

表 5-2　2009-2011 年山东消费品工业销售产值行业比重前十名（%）

行业	2011比重	2010比重	2009比重
纺织业	30.0	27.7	27.3
造纸及纸制品业	9.2	9.1	9.3
食品制造业	9.0	9.5	9.9
医药制造业	8.67	7.9	7.6
塑料制品业	6.0	6.5	6.3
纺织服装、鞋、帽制造业	5.9	6.9	6.7
饮料制造业	4.8	4.4	4.6
家用电力器具制造	4.2	4.3	4.5
工艺美术品制造	3.2	3.5	3.5
皮革、毛皮、羽毛(绒)及其制品业	3.2	3.4	3.7

数据来源：国家统计局

横向看，2011 年 1-11 月，山东省消费品工业发展喜人，78% 的行业增幅超过 20%。其中，建筑、安全用金属制品制造与照明器具制造业都取得了超过 40% 的增速。燃气太阳能及类似能源的器具制造、木制品制造、日用化学产品制造与自行车制造四个行业处在第二梯队，以超越 30% 的速度增长。此外，尚有 15 个行业增幅超过 20%（见图 5-6）。

图5-6　2011年1-11月山东消费品工业销售产值同比增速行业前十名

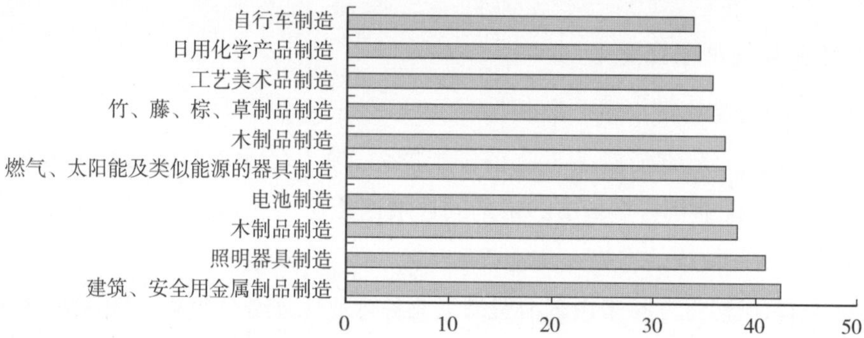

数据来源：国家统计局

2、在整个工业中的地位有所下降

2011 年，消费品工业在山东省全部工业中的比重约为 22.4%。在规模以上工业主营业务收入及利润总额中，消费品工业分别占了 28.0% 和 28.4% 的份额，显示出消费品工业在山东工业中的重要地位。不过，近三年来，消费品工业比重呈逐步下滑趋势，在与整个工业部门同比增速接近的背景下，这种趋势反映出山东消费品工业部门一定程度的萎缩（见图 5-7）。

图5-7　2009-2011年山东消费品工业销售产值在山东工业中的占比及同比增长情况（%）

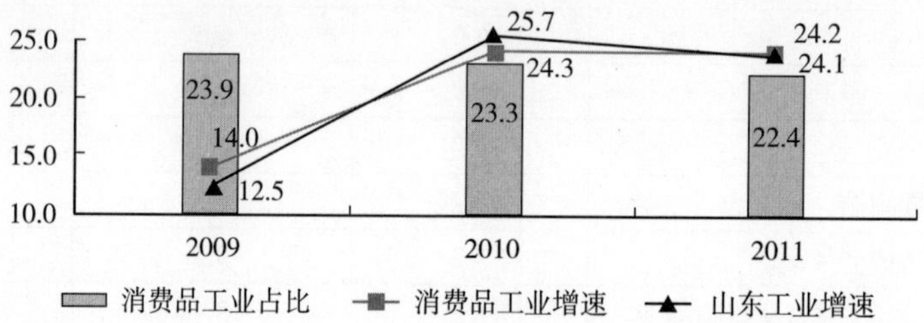

数据来源：国家统计局

3、在全国消费品工业中的地位变化不大，但不同行业的变化趋势不同

2011 年 1-11 月，山东省消费品工业销售产值占全国消费品工业的比重为 12.81%，较 2010 年相比基本持平，但不同行业的地位变化各不相同。其中，采盐业居全国第一位，比重为 30.46%，但与该行业 43.45% 的企业数占比相比，工业销售产值的比重明显缩水，说明山东采盐业平均企业规模偏小。燃气、太阳能及类似能源的器具制造业位居全国第二，占全国同行业的比重达到了 23.9%。其

他行业中，纺织业销售产值优势明显，以 13.46% 的企业数比重取得了 21.95% 的销售产值比重，说明在山东的消费品工业中，纺织企业颇具规模，且 2011 年的经营状况良好。

以区位熵值 1 为标准，山东省消费品工业中专业化程度最高的行业依次为采盐业、燃气太阳能及类似能源的器具制造、纺织业、造纸机纸制品业、工艺美术品制造、食品制造业、木制品制造、医药制造业。需要注意的是医药制造业，在企业数一项下山东的区位熵值不足 1，说明其专业化程度并不高。但在工业销售产值一项下，该业区位熵值达到 1.15，表明山东医药制造业企业规模相对可观，且 2011 年经营态势良好（见表 5–3）

表 5–32　011 年 1–11 月山东消费品工业各行业工业销售产值项下的区位熵

行业	山东占比%	区位熵
采盐	30.5	2.4
燃气、太阳能及类似能源的器具制造	23.9	1.9
纺织业	22.0	1.7
造纸及纸制品业	18.2	1.4
工艺美术品制造	15.7	1.2
食品制造业	15.7	1.2
木制品制造	14.9	1.2
医药制造业	14.7	1.2
家具制造业	12.5	1.0
金属工具制造	12.4	1.0
文教体育用品制造业	11.7	1.0
纺织服装、鞋、帽制造业	10.6	0.8
建筑安全用金属制品制造	10.4	0.8
印刷	10.3	0.8
饮料制造业	9.9	0.8
自行车制造	9.6	0.8
家用电力器具制造	9.3	0.7
塑料制品业	9.2	0.7
竹、藤、棕、草制品制造	9.1	0.7
不锈钢及类似日用金属制品制造	9.0	0.7

（续表）

行业	山东占比%	区位熵
皮革毛皮羽毛(绒)及其制品业	8.5	0.7
照明器具制造	4.8	0.4
日用化学产品制造	4.4	0.3
日用杂品制造	4.3	0.3
烟草制品业	3.9	0.3
电池制造	3.8	0.3
化学纤维制造业	3.1	0.2
钟表与计时仪器制造	2.8	0.2

数据来源：国家统计局

（二）出口交货值情况

1、出口交货值平稳增长

2011年，山东消费品工业实现出口交货值约3000亿元，比上年增长11.1%。与2010年15.9%的增速相比，有所下降。但考虑到2010年的同比增长是建立在2009年较为不景气的外贸形势基础上，那么，2011年两位数的增长速度便显示出了山东消费品工业出口贸易相对稳定的发展状况。

就不同子行业的规模而言，纺织业为最大的出口行业，出口交货值为714.0889亿元，同比增长17.68%。纺织服装、鞋、帽制造业与食品制造业分别排在二、三位，出口交货值分别达到280.3亿元和196.8亿元，同比增长23.79%和15.21%。

在不同子行业的出口增速方面，2011年1–11月，山东省消费品工业中出口交货值同比增速超过两成的行业占消费品全部工业的48%。其中，自行车制造业以79.08%的速度高居榜首，但需要注意的是，该行业的出口在近几年中起伏很大。化学纤维制造业与烟草制造业分列二、三位，出口交货值分别同比增长68.1%和56.39%。金属工具制造业以超过50%的增速，列入第一梯队。不过，也有个别行业呈现不景气状态。例如，电池制造业的境况比较糟糕，出口交货值同比负增长50.85%，为所有消费品工业中出口下降最明显的行业。照明器具制造业在2009年之后陷入低迷，2011年持续走低（见图5–8和表5–4）。

图5-8 2011年11月山东消费品工业出口交货值同比增速行业前十名

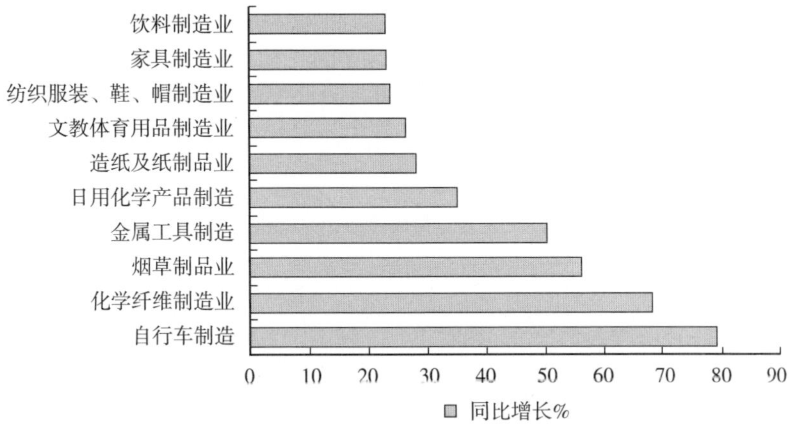

数据来源：国家统计局

表 5-4 2009-2011 年 11 月山东消费品工业出口交货值同比增速行业前十名（%）

2011年行业排名	增速	2010年行业排名	增速	2009年行业排名	增速
自行车制造	79.1	电池制造	223.9	烟草制品业	189.3
化学纤维制造业	68.1	燃气、太阳能及类似能源的器具制造	176.4	照明器具制造	89.2
烟草制品业	56.4	不锈钢及类似日用金属制品制造	47.1	电池制造	83.6
金属工具制造	50.4	造纸及纸制品业	46.7	印刷	30.4
日用化学产品制造	35.4	自行车制造	40.5	竹、藤、棕、草制品制造	23.2
造纸及纸制品业	28.2	医药制造业	32.5	化学纤维制造业	20.0
文教体育用品制造业	26.6	建筑、安全用金属制品制造	31.3	木制品制造	17.3
纺织服装、鞋、帽制造业	23.8	化学纤维制造业	28.4	医药制造业	8.3
家具制造业	23.3	钟表与计时仪器制造	28.3	家具制造业	7.6
饮料制造业	23.2	家用电力器具制造	27.9	工艺美术品制造	4.5

数据来源：国家统计局

2、在整个山东省工业出口中的地位下降

消费品工业为山东的重要出口部门，出口交货值在山东全部工业出口交货值中的比重为 1/3 左右。但近三年来，该比重呈不断下降趋势。2011 年，消费品工业出口交货值占比为31.8%，较2009年下降了2.4个百分点。消费品工业的出口下滑使得山东省整个工业出口增速趋缓（见图5-9）。

2011年，造成消费品工业出口地位下降的主要原因在于，山东骨干出口产品中，纺织服装、轻工等产品出口出现增势逆转，这便直接导致消费品工业出口的不景气。这种态势与山东工业整体出口状况的稳定改善形成反差。

图5-9　2009-2011年山东消费品工业出口交货值在山东工业中的占比及同比增长情况（%）

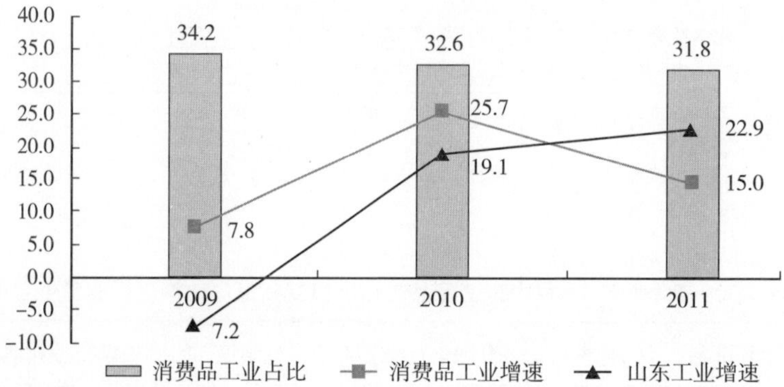

数据来源：国家统计局

3、在全国消费品工业出口中的比重相对偏小

2011年1-11月，山东消费品工业出口交货值占全国消费品工业的8.58%，这一数值与其工业规模的比重相比，略显偏小，说明山东消费品工业的出口导向还可进一步加强，行业出口空间仍需扩展。

分行业看，食品制造业为山东消费品工业的强势出口行业，占到全国食品制造业总出口交货值的24.34%，近1/4；饮料制造业位列第二，比重为22.10%。通过计算区位熵发现，食品制造业并非为山东专业化程度最高的行业，而饮料业的专业化程度偏低。结合排名第三的竹、藤、棕、草制品制造业可以看出，山东的消费品出口更多的依靠该省的资源优势。其他行业中，纺织业、医药制造业与工艺美术品制造业，大体占到15%左右，造纸及纸制品业的比重也超过了10%，其余行业占比均不高。值得注意的是，山东的燃气、太阳能及类似能源的器具制造业专业化程度较高，企业数与工业销售产值均位列第二，但出口比重极低。这表明，未来这一行业的发展需格外重视国际市场的开拓（见表5-5）。

表 5-5　2011 年 1-11 月山东消费品工业各行业出口交货值全国占比

行业	山东占比%
食品制造业	24.3
饮料制造业	22.1
竹、藤、棕、草制品制造	17.8
纺织业	15.2
医药制造业	15.2
工艺美术品制造	14.4
造纸及纸制品业	10.6
纺织服装、鞋、帽制造业	8.9
家具制造业	8.1
建筑、安全用金属制品制造	7.5
文教体育用品制造业	6.3
金属工具制造	6.2
采盐	6.1
塑料制品业	6.0
化学纤维制造业	6.0
皮革毛皮羽毛(绒)及其制品业	5.3
木制品制造	5.0
印刷	4.6
家用电力器具制造	3.7
日用杂品制造	3.5
不锈钢及类似日用金属制品制造	3.1
日用化学产品制造	2.8
燃气、太阳能及类似能源的器具制造	1.3
自行车制造	1.3
钟表与计时仪器制造	1.2
电池制造	0.8
烟草制品业	0.7
照明器具制造	0.5

数据来源：国家统计局

三、2011年山东省消费品工业经济效益分析

（一）盈利能力分析

1、利润总额增速略高于主营业务收入增速，但下滑趋势明显

2011 年，山东消费品工业完成主营业务收入约 2.9 万亿，同比增长 25.56%，增幅在第二季度出现峰值后快速减少。同期，消费品工业实现利润总额超过 2000 亿元，同比增长 26.27%，增幅由年初的 39.51% 的高位直线下滑。两项指标中，利润总额同比增速略高于主营业务收入增速，表明消费品行业效益水平有所改善。但同时，主营业务收入相对稳定而利润总额降低明显，反映出山东消费品工业企业在 2011 年下半年的净盈利能力呈下行趋势。（见图 5-10）。

图5-10　2011年1-9月山东消费品工业盈利能力同比增长变化趋势

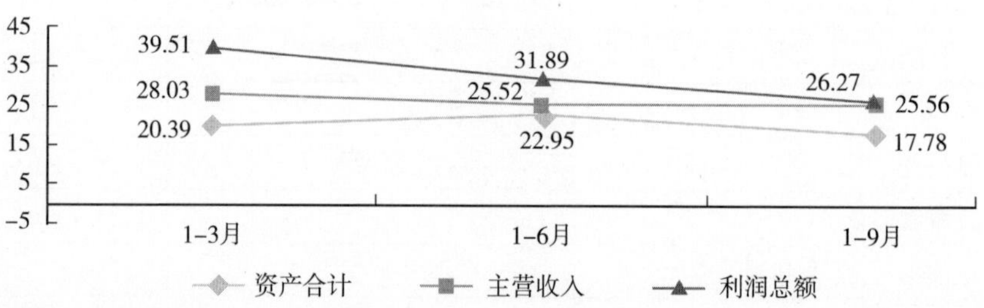

数据来源：国家统计局

分行业来看，首先，考察不同子行业的利润总额同比增长情况。2011 年 1-9 月，山东消费品工业中，37% 的行业利润总额同比增速超过三成，78% 的行业增长超过两成。其中，烟草制造业以 73.89% 的高额增速位列第一；其次，就主营业务收入同比增速看，各子行业中，26% 的行业主营业务收入同比增长超过了三成；78% 的行业超过了两成。其中，建筑、安全用金属制品制造业的增长最多，达 39.44%（见图 5-11）。

2、主营业务利润率和成本费用利润率双双下降，行业盈利能力弱化

2011 年 1-9 月，消费品工业主营业务利润率和成本费用利润率皆呈下降趋势，说明山东消费品各行业盈利能力有所弱化。其中，主营业务利润率由年初的 7.23% 降低为 6.95%，9 个月中大致维持在 7% 左右；成本费用利润率同方向变化，下滑了 0.38 个百分点，下滑程度略高于主营业务利润率；二者的缺口有收窄的

倾向（见表 5-6 和图 5-12）。

此外，主营业务收入同比增长高于主营业务成本的行业占整个消费品工业的 52%，即一半的行业能获得净增长。其中钟表与计时仪器制造业差额最高，达 14.32%。木制品制造业 10.87，净盈利能力较好；建筑、安全用金属制品制造也取得了 8.42% 的差额（见图 5-13）。

图5-11 2011年1-9月山东消费品工业各行业主营业务收入、利润总额同比增长情况

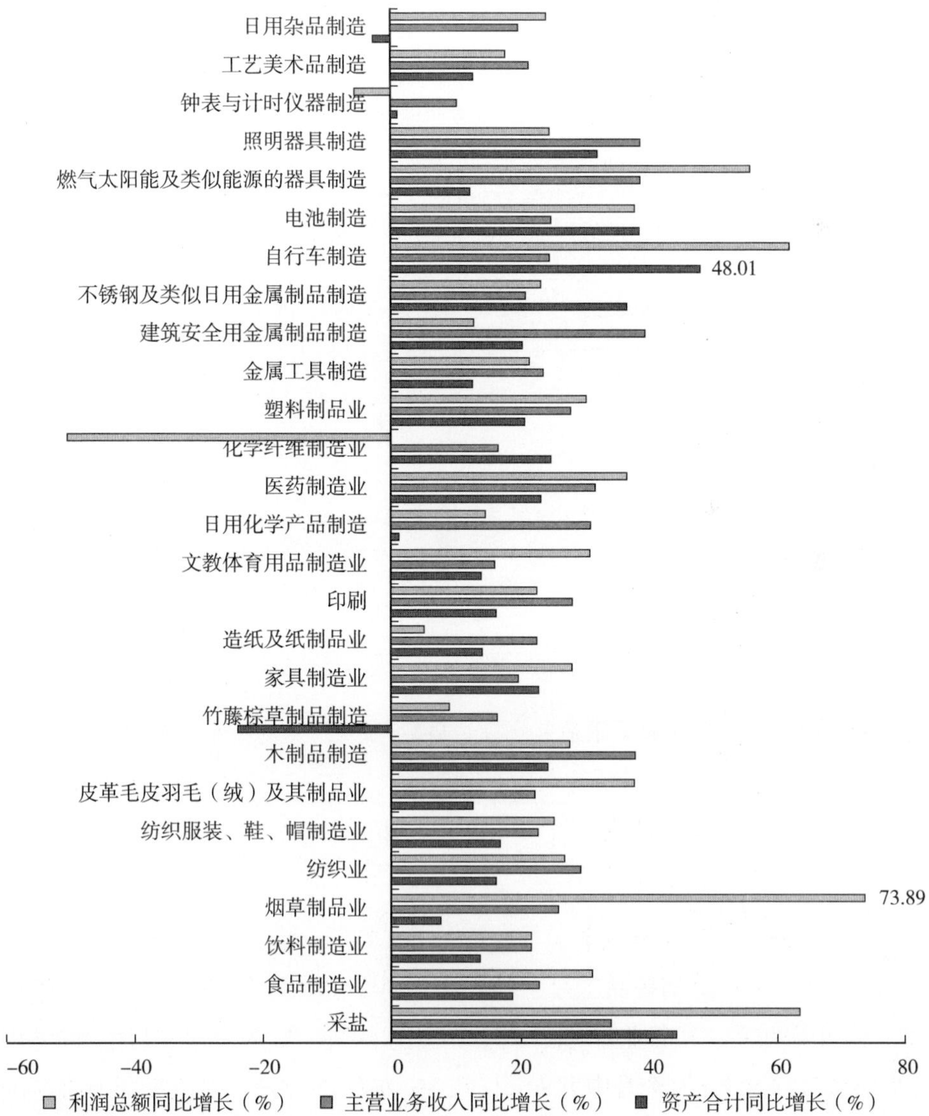

数据来源：国家统计局

表 5-6　2011 年山东省消费品工业主营业务利润率和成本费用利润率（千元）

指标	1-3月	1-6月	1-9月
主营业务收入	478,271,090	1,087,322,867	1,699,919,970
利润总额	34,570,393	76,896,262	118,158,896
主营业务利润率	7.23%	7.07%	6.95%
主营业务成本	392,280,246	897,440,310	1,418,340,772
主营业务税金及附加	6,817,827	14,205,650	22,306,945
营业费用	12,583,640	26,881,141	41,295,230
管理费用	11,730,233	24,837,124	38,337,352
财务费用	5,033,835	11,302,542	17,456,350
利息支出	3676271	8232993	12980856
成本费用利润率	8.00%	7.82%	7.62%

数据来源：国家统计局

图5-12　2011年山东消费品工业主营业务利润和成本费用利润率走势

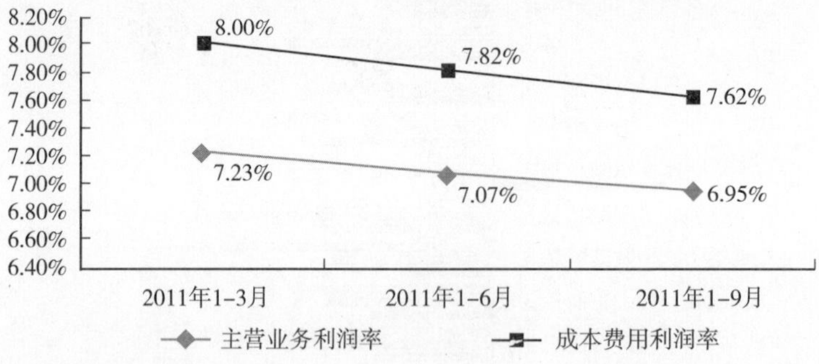

数据来源：国家统计局

图5-13　2011年1-9月山东消费品工业主营业务收入与成本同比增长情况

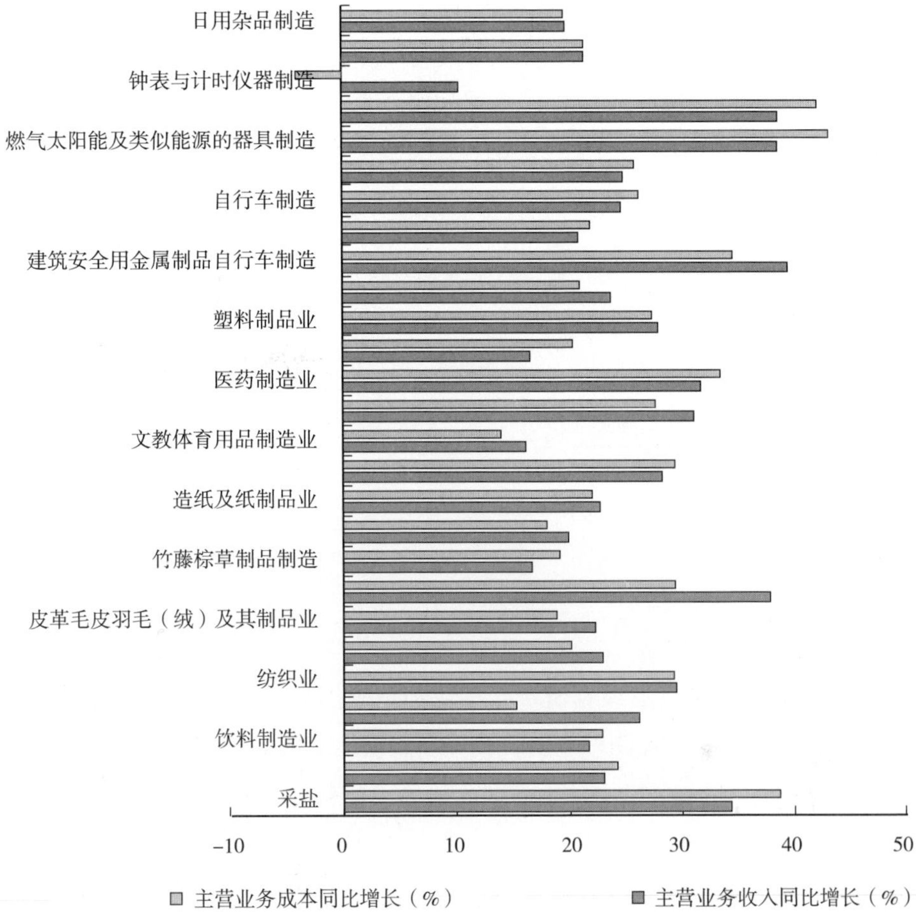

数据来源：国家统计局

（二）偿债能力分析

1、资产负债率下降

2011年1-9月份，全省消费品工业资产合计11130亿元，负债合计5418亿元，资产负债率为48.68%，比第一季度下降了0.62%，行业内企业偿付债务本金和支付债务利息的能力有所提高，贷款风险降低。据此可以发现，整体而言，山东消费品工业的资产负债率水平适宜，举债适当，企业经营不乏活力，盈利与风险之间相对平衡，资本结构合理，偿债能力有保障（见图5-14）。

就各子行业来看，从债权人和债务人的角度，资产负债情况有所不同。对债权人而言，资产负债率最佳的消费品行业为烟草制造业，比率仅为 30.15%。建筑、安全用金属制品制造、木制品制造和燃气、太阳能及类似能源的器具制造业也都维持在 30% 左右的比率，反映了这几个行业的债权人保障高，贷款风险小。其次，对股东而言，资产负债率最佳的是自行车制造业，其比率高达 73.47%；化学纤维制造业位列第二，达到了 64.29% 的比率；其余行业中，造纸及纸制品业、电池制造、钟表与计时仪器制造和采盐业也都高于 55%。

图5–14　2011年1–9月山东消费品工业资产负债率

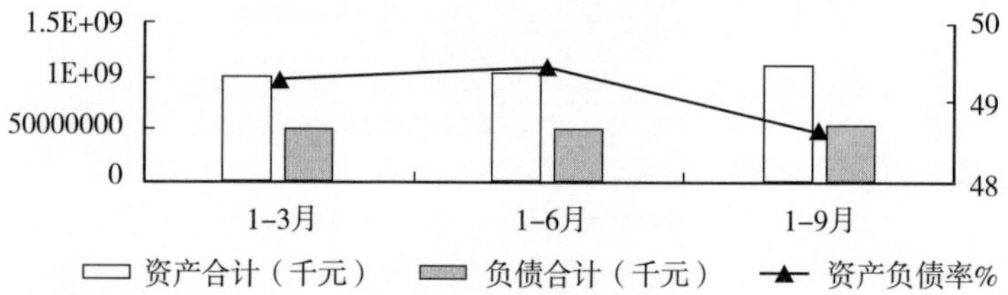

数据来源：国家统计局

2、利息保障倍数下降

2011 年 1–9 月份，山东省消费品工业利息支出总计 129.8 亿元，累计利息保障倍数由一季度的 10.4 降至 10.1。累计利息保障倍数的下降，说明消 2011 年前三季度费品工业各行业获利能力有弱化趋势，获利能力对偿还到期债务的保证程度略有降低（见图 5–15）。

图5–15　2011年1–9月山东消费品工业利息保障倍数趋势

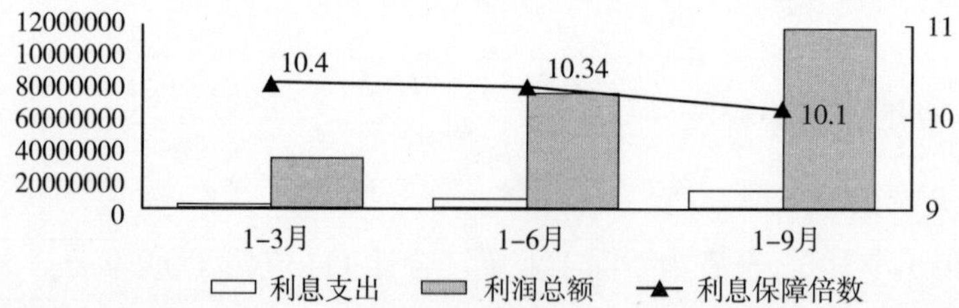

数据来源：国家统计局

偿债能力指标中，资产负债率与利息保障倍数的双双走低，说明 2011 年央行的货币紧缩政策对山东消费品工业的运行产生了一定的影响。

3、亏损面缩小，亏损程度有所扩大

就亏损面看，2011 年前三个季度山东消费品工业亏损企业 588 家，亏损面为 5.13%，较第一季度有所好转，但劣于第二季度的情况。就亏损规模看，1–9 月份企业亏损总额为 23.15 亿元，亏损度 1.96%，较第一季度增加了 0.08%，亏损状况加深。纵观 2011 年 1–9 月的经营状况，第二季度的优势明显，亏损面和亏损度都有所好转（见图 5–16）。

分行业来看，2011 年 1–9 月份，化学纤维制造业亏损最为严重，亏损额同比增长高达 754.25%，处于深度亏损中。其次为照明器具制造业，亏损度也达到了 302.79%。其他行业中，皮革毛皮羽毛(绒)及其制品业、家具制造业、纺织业、造纸及纸制品业、电池制造、木制品制造这 6 个行业的亏损企业亏损金额同比也超过了 100%（见表 5–7）。

图5–16　2011年1–9月山东消费品工业企业亏损面和亏损度态势

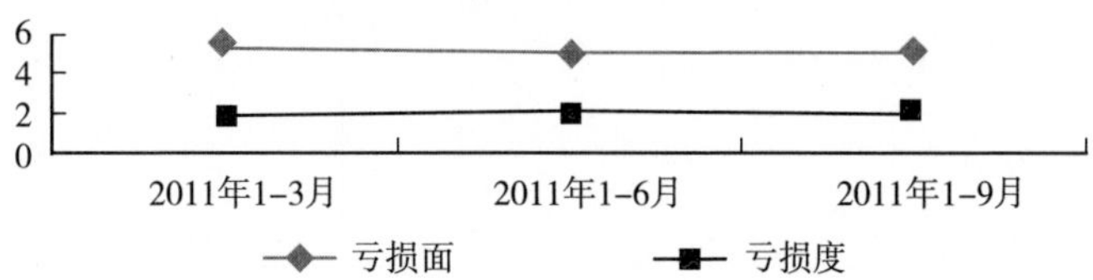

数据来源：国家统计局

表 5–7　2011 年 1–9 月山东消费品工业亏损企业亏损总额同比增长最严重的行业排名

行业	亏损企业亏损总额同比增长(%)
化学纤维制造业	754.3
照明器具制造	302.8
皮革毛皮羽毛(绒)及其制品业	211.7
家具制造业	176.7
纺织业	152.4
造纸及纸制品业	137.8
电池制造	131.2
木制品制造	119.3
印刷	96.4

数据来源：国家统计局

（三）营运能力分析

1、应收账款占比缩小

2011 年 1–9 月，山东省消费品工业应收账款净额达 801 亿元，较 1–6 月环比增长了3.99%；应收账户占主营业务收入比重为4.71%，较1–6月环比下降了2.37个百分点。该比率的下降反映出消费品工业企业的销售质量和盈利质量在提升。

分行业来看，2011 年 1–9 月，钟表与计时仪器制造业应收账款占主营业务收入的比重最高，为 12.0%；其次为电池制造业，比重为 10.1%。这说明这两个行业的盈利更多的靠赊销获得，企业资金周转难度加大，资金压力明显增大（见表 5–8）。

表 5–8　2011 年 1–9 月份山东消费品各子行业应收账款、主营业务收入情况（%）

行业	应收帐款净额同比增长	主营业务收入同比增长	应收账款占比
采盐	–49.0	34.2	8.1
食品制造业	34.6	23.0	6.0
饮料制造业	8.2	21.7	4.0
烟草制品业	48.9	26.1	6.6
纺织业	6.5	29.5	2.6
纺织服装、鞋、帽制造业	9.8	22.9	6.1
皮革、毛皮、羽毛(绒)及其制品业	1.9	22.3	3.5
木制品制造	15.4	37.9	2.0
竹、藤、棕、草制品制造	34.4	16.6	5.4
家具制造业	11.3	19.9	3.1
造纸及纸制品业	10.2	22.7	6.3
印刷	14.9	28.3	6.8
文教体育用品制造业	36.3	16.1	5.3
日用化学产品制造	43.2	31.0	3.8
医药制造业	21.9	31.6	8.2
化学纤维制造业	21.5	16.6	5.9
塑料制品业	28.1	27.9	5.3
金属工具制造	–4.5	23.6	7.0
建筑、安全用金属制品制造	20.7	39.4	4.6

（续表）

行业	应收帐款净额同比增长	主营业务收入同比增长	应收账款占比
不锈钢及类似日用金属制品制造	9.5	20.8	3.9
自行车制造	23.2	24.6	2.5
电池制造	48.3	24.8	10.1
燃气、太阳能及类似能源的器具制造	42.1	38.6	2.8
照明器具制造	17.0	38.6	7.1
钟表与计时仪器制造	5.7	10.2	12.0
工艺美术品制造	8.1	21.4	4.1
日用杂品制造	–3.3	19.8	3.6

数据来源：国家统计局

2、流动资产周转次数成倍增加

2011 年 1–9 月份，消费品工业企业流动资产周转率为 324.33%，呈直线上升趋势。周转率的成倍提高表明，企业流动资金的周转速度越来越快，流动资产运用效果得以改善，也在一定程度上增强了企业的盈利能力（见图 5–17）。

图5–17　2011年1–9月山东消费品工业流动资产周转率变化情况

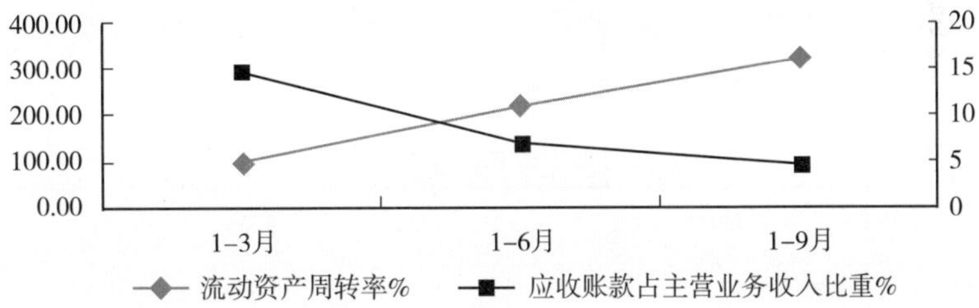

数据来源：国家统计局

（四）成长能力分析

2011 年前三季度，消费品工业的资本积累率为 5.64%，表明消费品企业保持着稳定的持续发展能力。分行业来看，不锈钢及类似日用金属制品制造最高，资本积累率达 34.55%，远远超过其他行业，反映出该行业所有者权益增长和资本积累加快，资本保全性最强。而电池制造和化学纤维制造业的资本积累率为负值，应予以充分重视（见图 5–18）。

图5-18　2011年1-9月山东消费品工业各行业资本积累率情况

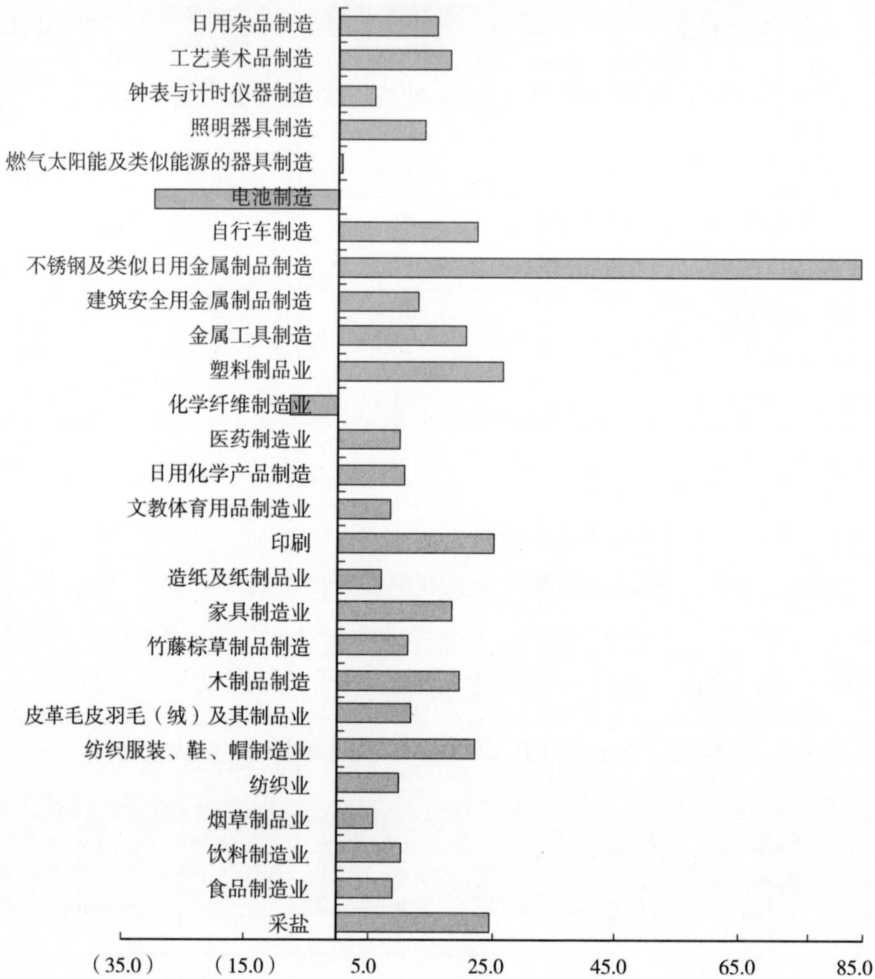

数据来源：国家统计局

四、2011年山东省消费品工业重点行业发展状况

（一）食品制造业

1、产量快速增长

食品制造业为山东的传统优势产业，2011 年 1-11 月主要食品行业的产量为 2792.23 万吨，同比增长了 11.88%。分行业来看，各子行业均以两位数的速度同比增加。其中，糖果和成品糖的产量增长显著，取得了五成以上的同比增速。液

体乳和乳制品业虽然受行业负面信息影响增速最慢，但也实现了 20% 左右的增长（见图 5–19）。

图5–19　2007–2011年山东食品制造业主要产品产量同比增长趋势

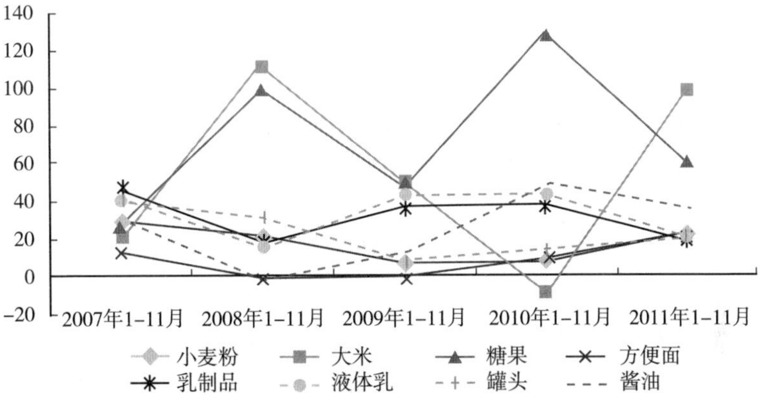

数据来源：国家统计局

2、工业销售产值增长势头良好

自 2007 年以来，因受国际金融危机及国内经济形势复杂的影响，山东食品业的销售产值同比增速一路下滑，至 2009 年触底反弹后呈直线上升趋势，复苏势头较好。进入 2011 年，虽然 1–4 月工业销售产值出现 23.53% 的负增长，但其它月份的增速均维持在 20% 左右。

1–11 月，食品工业累计实现工业销售产值 1950.4 亿元，同比增长 23.21%（见图 5–20）。

图5–20　2011年1–11月山东食品制造业工业销售产值同比增长趋势

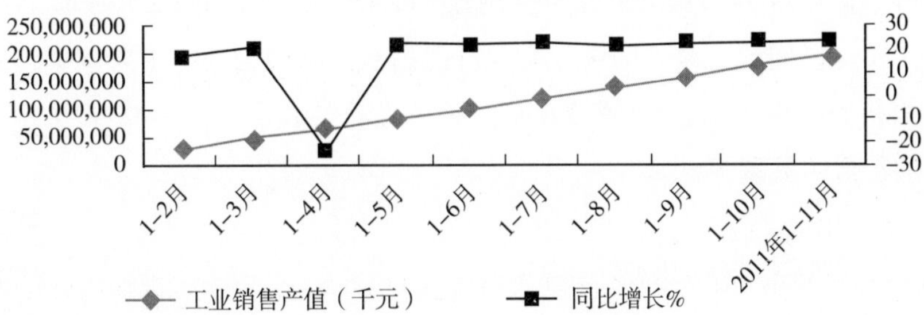

数据来源：国家统计局

就不同子行业的地位看，调味品、发酵制品制造工业销售产值所占比重最高，达 13.13%，为山东食品工业中的主导行业。液体乳及乳制品制造业次之，在中国食品工业销售产值中所占的比重也达到了 11.05%。糕点、面包制造业其工业销售产值占比最低，仅为 1.57%。

就不同子行业的工业销售产值的同比增速看，2011 年 1–11 月山东食品制造业各行各业的工业销售值同比增速皆为两位数。其中，增长最快的是糕点、面包制造业，增速达 37.78%；液体乳及乳制品制造业的增速相对较小，不到 20%。这与国内外乳品行业负面消息频出的大环境密切相关（见图 5–21）。

图5–21　2011年1–11月山东食品制造业各业销售产值及同比增加情况

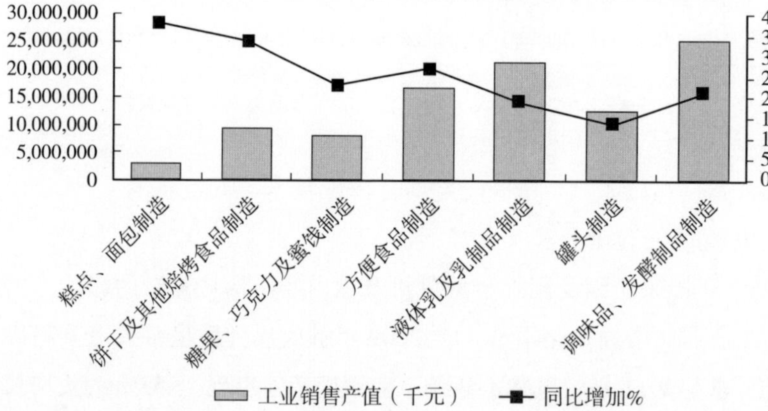

数据来源：国家统计局

3、价格指数相对稳定

2011 年，食品制造业工业品出厂价格指数相对稳定，同比增加 1.44%。各主要指数中，1–11 月，山东食品价格指数 111.48，同比上涨 3.22%；食品零售价格指数 111.84，同比上涨 2.97%；粮食价格指数 109.17，同比下降 4.85%；居民消费价格指数 105.1，同比上涨 2.06%。整体而言，食品工业价格指数呈现出相对平稳的走势（见图 5–22）。

图5-22　2011年山东食品制造业相关价格指数同比变动趋势

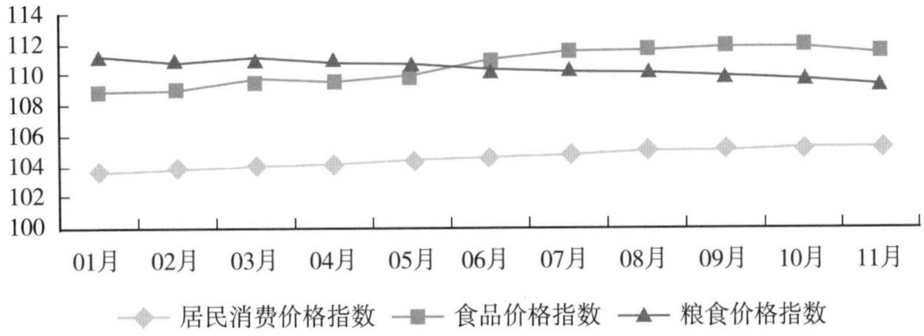

数据来源：国家统计局

4、出口交货值增长略有波动

2011年1–11月，食品制造业实现出口交货值196.8亿元，同比增长15.21%。第二季度为出口交货值同比增长的高峰，1–4月实现了22.93%的增速，此后逐步下滑，维持在15%–18%之间。2010年为山东食品制造业出口自2007年以来的拐点，扭转了出口交货值持续下降的趋势，2011年在巩固2010年的基础上，取得了进一步的增长。

分行业来看，液体乳及乳制品制造业的出口交货值同比增速最快，全年维持在40%以上，1–6月的增速更是高达90%。反映出该行业对外市场开拓的良好势头。此外，糖果、巧克力及蜜饯制造业的增速变化最为显著，年初尚处于50%的负增长，年末已发展为40%的正增长。而罐头制造业下半年的同比增速一直低于2%，状况最为糟糕（见图5–23）。

图5-23　2011年1–11月山东食品制造业出口交货值同比增长

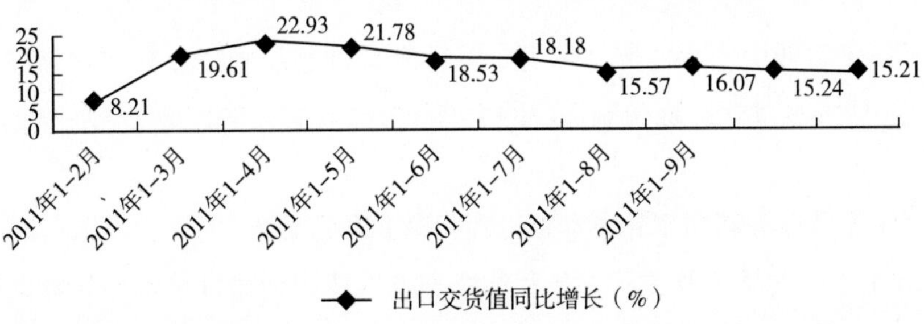

数据来源：国家统计局

5、盈利能力分析

（1）利润总额增速高于主营业务收入增速

2011 年，食品制造业实现主营业务收入 2142.3 亿元，同比增长 22.73%；同期，实现利润总额 149.68 亿元，同比增长 30.63%，超过主营业务收入同比增速 7.9 个百分点，表明山东食品工业经营效益有相当程度的改善。但是，利润总额增速下降趋势比较明显，由第一季度的 41.86% 下滑至 31%，并维持在这一水平。而主营业务收入增速在前三季度相对稳定在 22% 左右。

纵向来看，自 2007 年以来，山东食品制造业的盈利能力维持在 15%–35% 之间，利润总额的同比增长波动较大，2009 年降到最低值后，2010 年攀升迅速，2011 年又略有回落；主营业务收入已走出 2009 年的危机困境，近两年呈现稳定增长（见图 5–24）。

图5–24　2007年–2011年山东食品制造业盈利能力趋势

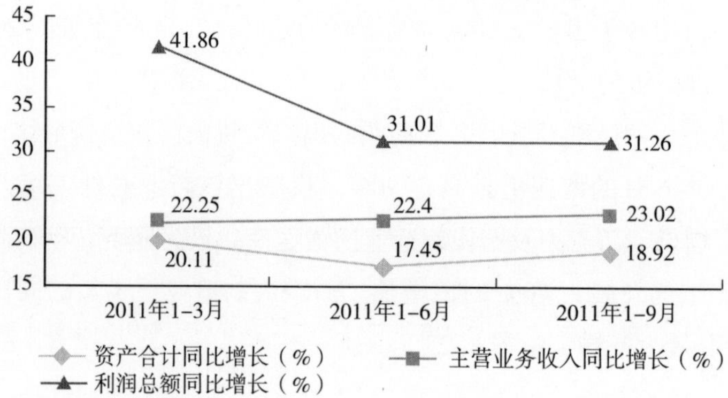

数据来源：国家统计局

不同子行业中，2011 年 1–9 月，液体乳及乳制品制造业利润总额同比增长最快，达 52.78%；糕点、面包制造业的主营业务收入同比增长最快，为 35.21%（见图 5–25）。

（2）主营业务利润率和成本费用利润率下降后反弹

2011 年，食品工业主营业务利润率和成本费用利润皆呈现出先降低后反弹的状况，表明行业盈利能力在出现下滑后，得到有效控制。其中，2011 年的主营业务利润率为 6.99%，较第一季度减少了 0.57 个百分点，第二季度为全年最低值；成本费用利润率为 7.72%，较第一季减少了 0.89 个百分点，第三季度出现全年最低水平。主营业务利润率领先于成本费用利润率反弹的情况，反映出山东食品工业提高收入的能力要强于控制成本费用的能力。

图5-25　2011年1-9月山东食品制造业各行业盈利能力

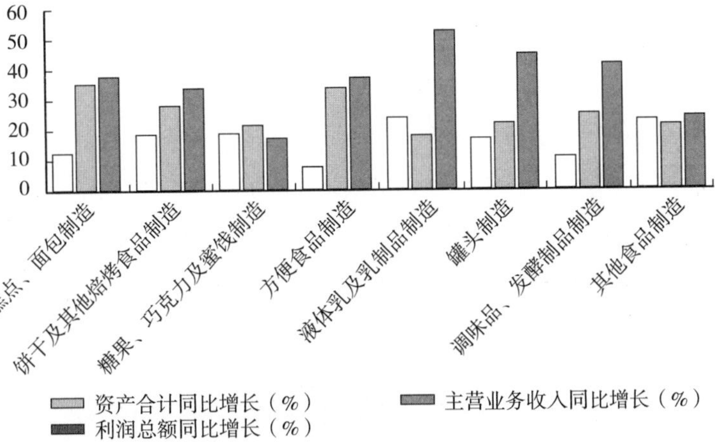

数据来源：国家统计局

分行业来看，2011 年 1-9 月，山东食品制造业中获利能力最强、收入水平最好的行业是液体乳及乳制品制造，其主营业务利润率为 7.71%，高出山东消费品工业均值 0.91 个百分点；经营效益最差的行业是糕点、面包制造和罐头制造业，

图5-26　011年1-9月山东食品制造业各行业主营业务利润率和成本费用利润率

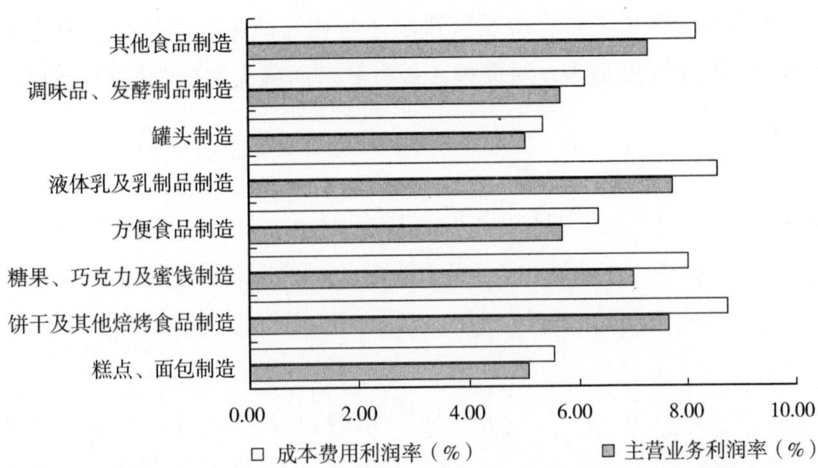

数据来源：国家统计局

主营业务收入仅为5%。同期，各子行业中，成本费用控制能力最强的是饼干及其他焙烤食品制造业，其成本费用利润率最高，达到8.74%。此外，液体乳及乳制品制造业和糖果、巧克力及蜜饯制造业的成本费用利润率也在8%以上（见图5-26）。

6、偿债能力分析

（1）资产负债率走低趋势明显

2011年，食品制造业资产合计1190.88亿元，同比增长21.03%；负债合计524.49亿元，同比增长12.44%，资产负债率为44.04%，较2011年第一季度下降了3.21个百分点，表明山东食品工业企业在2011年的经营风险有所降低，资产运营质量有所提升。整体而言，食品工业的资产负债率结构合理，比较安全（见图5-27）。

图5-27　2011年山东食品工业资产负债率情况

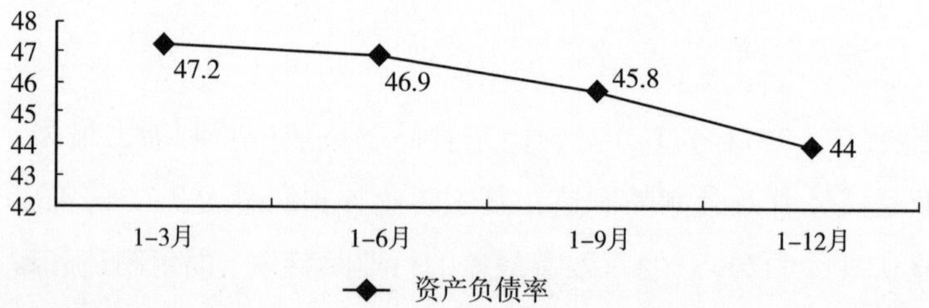

数据来源：国家统计局

分行业来看，糖果、巧克力及蜜饯制造行业偿债保证度最高，债务比例最低为35.08%，安全程度最高，对债权人最有利。而罐头制造业最符合股东权益，资产负债率为50.72%。

（2）利息保障倍数略有波动

2011年，食品制造业利息支出共计16.58亿元，同比增长44.66%，利息保障倍数为10.0，较第二季度减少了0.7个百分点，说明食品制造业企业支付负债利息的能力和长期抗债能力有所弱化，其原因在于利息支出的快速增长（见图5-28）。

分行业看，2011年1-9月，饼干及其他焙烤食品制造业的利息保障倍数高达27.8，表明该行业获利能力大，且获利能力对偿还到期债务的能力最强。而调味品、发酵制品制造业的抗债能力相对最差。

图5-28　2011年山东食品工业利息保障倍数情况

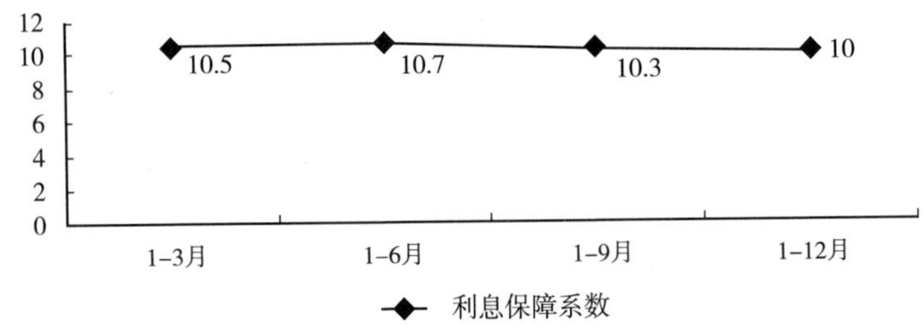

数据来源：国家统计局

（3）亏损面缩小，亏损度缓解

2011 年，食品制造业亏损企业 35 家，同比减少了 18.6%，亏损面为 3.3%，较年中峰值降低了 0.8 个百分点，亏损面呈缩小状态；亏损企业亏损总额 2.45 亿元，同比增加 31.48%，亏损度为 1.6%，全年呈现亏损程度好转态势。不过，亏损面的缩小与亏损企业亏损程度的大幅加深，表明山东食品工业内部的整合在加强（见图 5-29）。

图5-29　2011年山东食品工业亏损情况

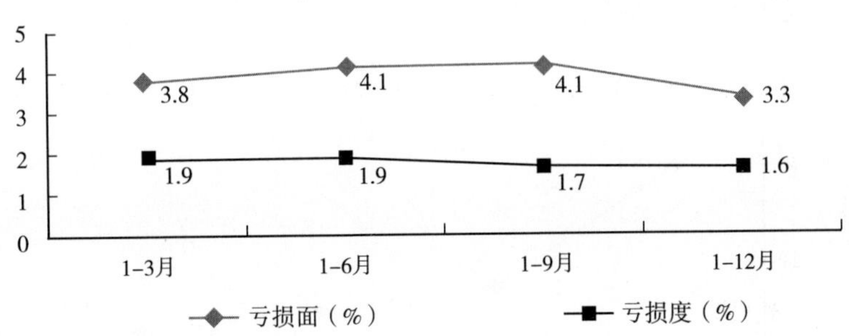

数据来源：国家统计局

分行业来看，2011 年 1-9 月，调味品、发酵制品制造业亏损状况最为严重，亏损面和亏损度皆超过 6%，这与 2011 年食品添加剂的各种负面新闻有关。此外，糕点、面包制造业虽亏损企业数最多，但亏损度相对不高；而液体乳及乳制品制造业的亏损程度最轻（见图 5-30）。

图5-30　2011年1-9月山东食品制造业各行业亏损程度

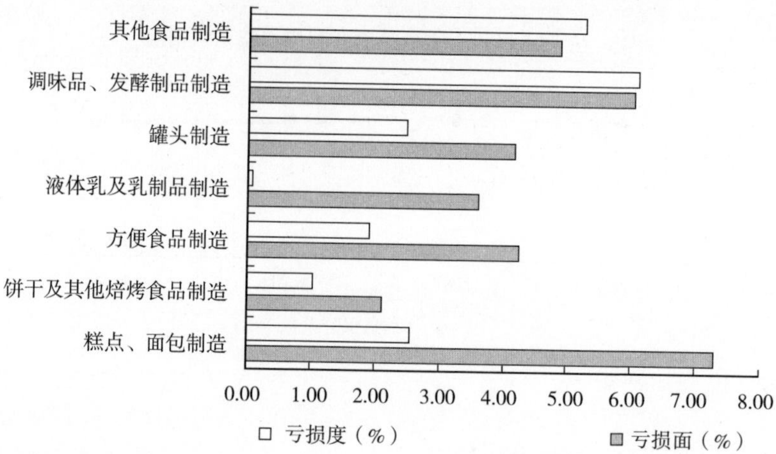

数据来源：国家统计局

7、营运能力分析

（1）应收账款占比大幅缩小

2011年，食品制造业应收账款净额92.39亿元，同比增长28.32%，应收账款占主营业务收入比重为4.3%，较第一季度降低了13.8个百分点，全年呈现大幅缩小状态，表明山东食品工业收入中，赊销比例减少，有利于企业的资金周转和正常运营（见图5-31）。

图5-31　2011年山东食品工业应收账款占主营业务收入比重情况

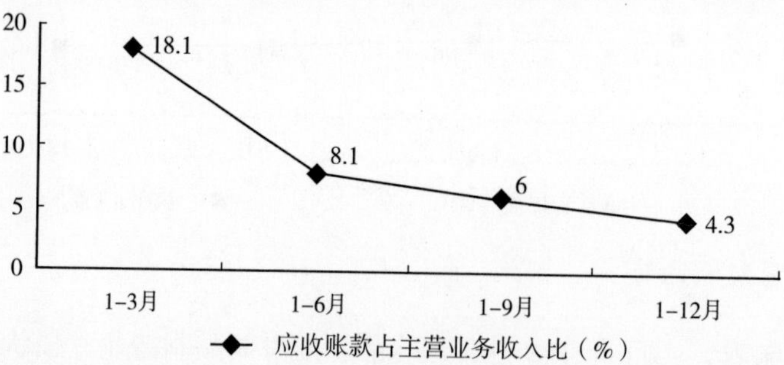

数据来源：国家统计局

分行业看，2011年1-9月，糖果巧克力及蜜饯制造业的应收账款比率最低，仅为2.29%，表明该行业最不依靠赊销提高销售业绩，其盈利质量比较高（见图5-33）。

（2）流动资产周转率快速增加

2011 年，食品制造业流动资产 580.93 亿元，同比增长 24.38%，流动资产周转率为 368.8%，较第一季度增加 2.78 倍，全年呈直线上升趋势。流动资产周转率的快速增长，表明山东食品工业资金利用效率显著提高。（见图 5–32）。

图5–32　2011年山东食品工业流动资产周转率情况

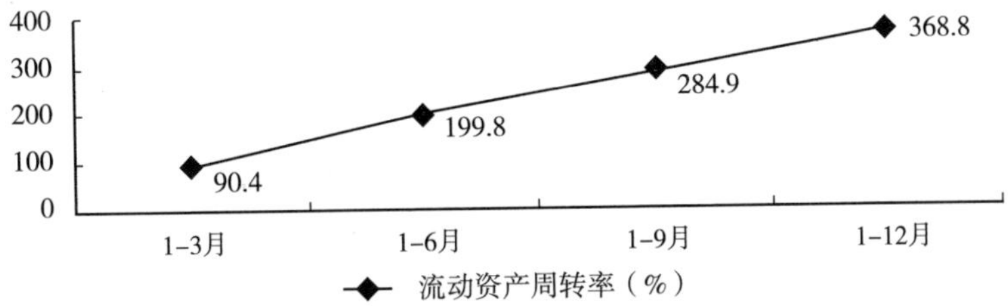

数据来源：国家统计局

分行业来看，2011 年 1–9 月，糖果巧克力及蜜饯制造业的流动资产周转率最高，达 634.70%，说明这一行业的资金利用效率最高，盈利能力强。如此高的周转率也在一定程度上解释了该行业应收账款占主营业务收入极低的比重（见图 5–33）。

图5–33　2011年1–9月山东食品制造业各行业营运能力

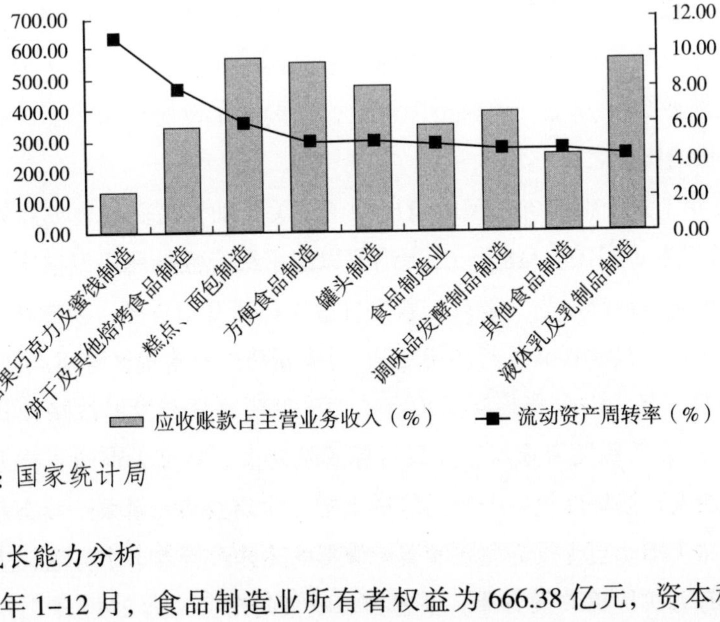

数据来源：国家统计局

8、成长能力分析

2011 年 1–12 月，食品制造业所有者权益为 666.38 亿元，资本积累率为

20.24%，表明山东食品工业具有相当的发展持续性。

分行业看，2011 年 1–9 月，液体乳及乳制品制造业的资本积累率最高，达 25.29%，表明行业具有较高的所有者权益增速和较大的发展潜力；同期，饼干及其他焙烤食品制造的资本积累率最低，仅 4.04%（见图 5–34）。

食品行业进入门槛相对低，且市场广阔，竞争充分，作为山东的优势产业，其较高的资产同比增长及所有者权益增长率保证了行业的兴盛和持续健康的发展态势。

图5–34　2011年1–9月山东食品制造业资本积累率情况

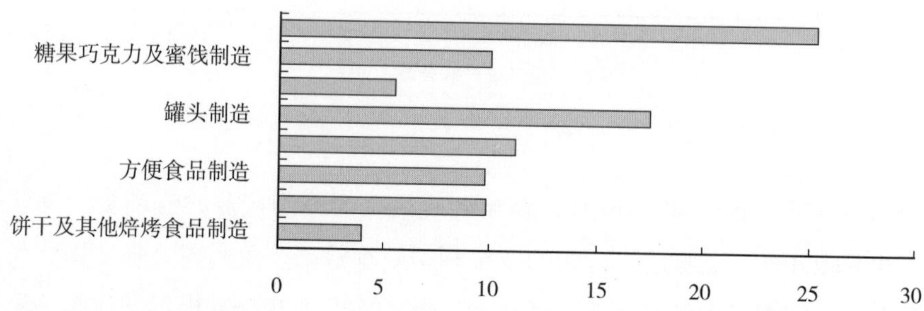

数据来源：国家统计局

（二）医药制造业

医药制造业为山东的主要工业之一，据山东省医药行业协会的信息显示，2010 年，山东规模以上医药企业实现销售收入、利润和利税 3 项主要经济指标同比增长都在 26% 以上，均居全国首位，连续 4 年位居全国第一，成为山东经济发展最快的行业之一。

2011 年 1 月，山东省人民政府出台了《关于加快医药科技创新体系建设的意见》（鲁政发〔2010〕118 号），提出要以国家综合性新药研发技术平台和国家创新药物孵化基地建设为突破口，着力打造医药研发中心区、创建研发基地、培育“示范企业”、组建高端医药创新团队、形成新药产业密集区等重点任务。而后，2011 年 5 月 3 日，山东省政府又出台《关于加快培育和发展战略性新兴产业的实施意见》，在明确发展重点、发展目标的基础上，从加大财政支持力度、引导金融机构加大对战略性新兴产业的信贷支持、加快战略性新兴产业企业境内外上市步伐、加快推动创业投资发展和实行优惠的土地政策等五个方面，为医药产业发展提供有力的优惠政策支撑。上述相关政策的出台，为 2011 年山东医药工业的发展创造了良好的发展环境。

1、产量增长约三成

2011 年 1–11 月，山东医药制造业完成工业总产值 1925.71 亿元，同比增长 29.38%，产值居全国首位，甚至超过西部地区总和，充分体现出山东作为医药大省的优势。

主要医药产品产量方面，2011 年 1–11 月，化学药品原药产量达 81.22 万吨，占全国总产量的 30.96%，同比增长 56.71%，为山东省医药制造业中的主导；中成药产量 10.9 吨，全国占比 5.09%，同比增长 48.68%。

2011 年成为山东自 2007 年以来医药制造业主要产品产量最高的一年。其中，化学药品原药和中成药两种主要产品增速都很快（见图 5–35）。

图5–35　2007–2011年山东省医药制造业主要产品产量变化

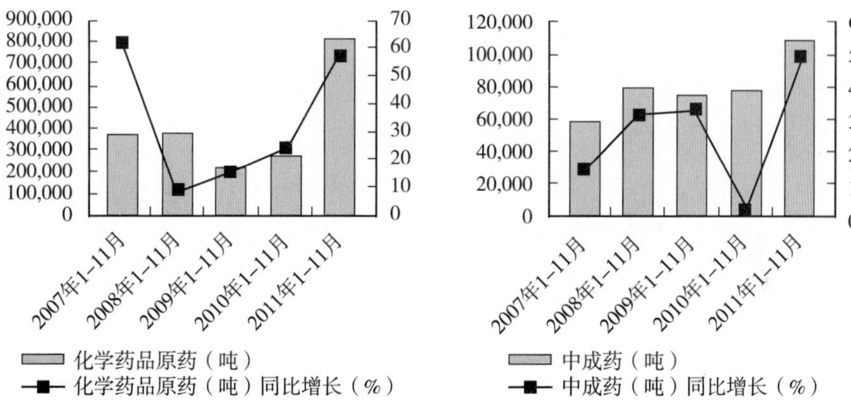

数据来源：国家统计局

2、工业销售产值同比增长近三成

2011 年，医药制造业实现工业销售产值 2057.5 亿元，同比增长 27.61%，略高于 2010 年的增速。纵向看，自 2007 年以来，山东医药制造业工业销售产值持续增加，但同比增速有所波动，自 2009 年降至最低值后稳定增长，近两年发展势头良好（见图 5–36）。

从不同子行业的占比看，化学药品原药制造业的比重最高。2011 年 1–11 月，该行业实现工业销售产值 518.22 亿元，占山东全部医药工业的 27.55%。自 2007 年以来，医药制造业内各行业位次稳定，但由于各行业发展状况不同，比重差异加大，行业分化显现。

图5-36　2007-2011年1-11月山东医药制造业工业销售产值变化趋势

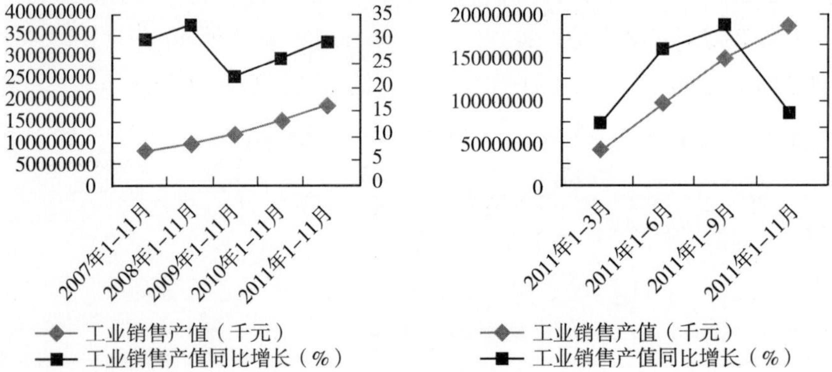

数据来源：国家统计局

由不同子行业的同比增速看，化学药品制剂制造业发展相对平缓，近两年的同比增速已明显低于前几年；化学药品原药制造在2009年跌入谷底，随后强力反弹，2011年1-6月增速达45.86%，随后虽有回落，但1-11月仍取得了34.07%的增速；中成药制造是2010-2011年间发展最快的行业，第二季度虽有小幅减缓，却仍是2011年医药制造业同比增速最高的行业，达38.94%（见图5-37）。

图5-37　2011年1-11月山东医药制造业各行业工业销售值情况

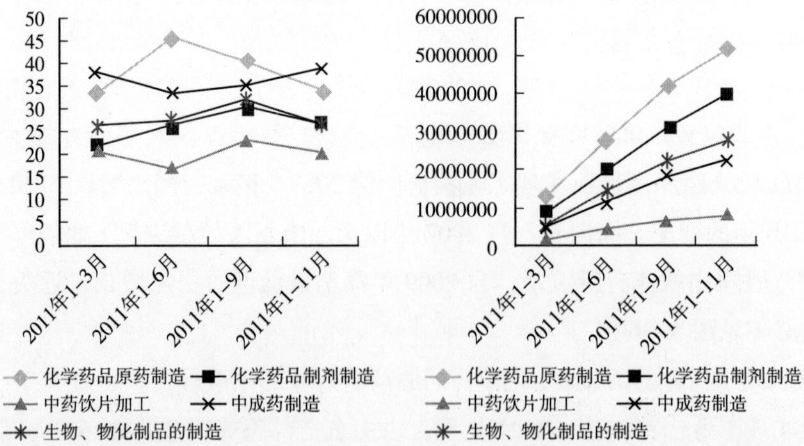

数据来源：国家统计局

3、价格指数略有增幅

2011 年 1–11 月，医药工业主要相关价格指数中，医疗保健及个人用品价格指数为 102.48，同比增长 0.61%；中西药品及医疗保健用品零售价格指数为 103，同比增长 0.25%，整体呈平稳态势。

纵向看，自 2009 年以来，医疗保健及个人用品价格指数稳步上升，但幅度不大；而中西药品及医疗保健用品零售价格指数则呈波动增长。（见图 5–38）。

图5–38　2009–2011年中西药品、医疗保健及个人用品价格指数

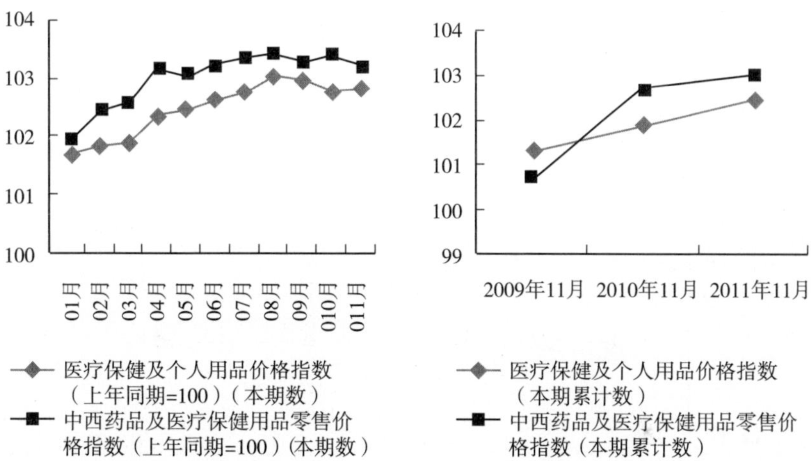

数据来源：国家统计局

4、出口交货值延续增长势头

2011 年，医药制造业实现出口交货值 154.76 亿元，同比增长 20.54%，全年呈上升趋势，这与 2010 年实现出口交货值同比增长 37.94% 的强势复苏密切相关。纵向看，经过 2007–2009 年的平缓发展后，山东医药制造业在 2010 年和 2011 年取得了出口交货值的快速增长。（见图 5–39）。

分行业看，2011 年 1–11 月，中成药制造的出口交货值同比增速最为显著，由年初 32.51% 的负增长一路上涨到 1–10 月 91.23% 的正增长；化学药品制剂制造业逆行业形势变动，在第一季度达到 82.81% 的增速后一路下滑，10 月后虽有所好转，但势头不强。整体而言，该行业的同比增速仍高于其他行业（见图 5–40）。

图5-39　2011年山东医药制造业出口交货值情况

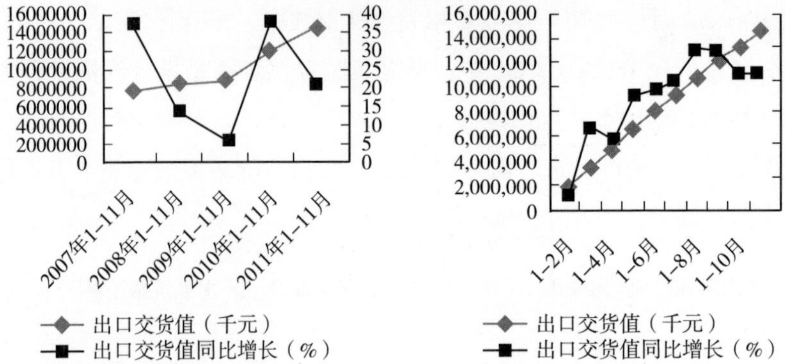

数据来源：国家统计局

图5-40　2011年1-11月山东医药制造业各行业出口交货值同比增长情况

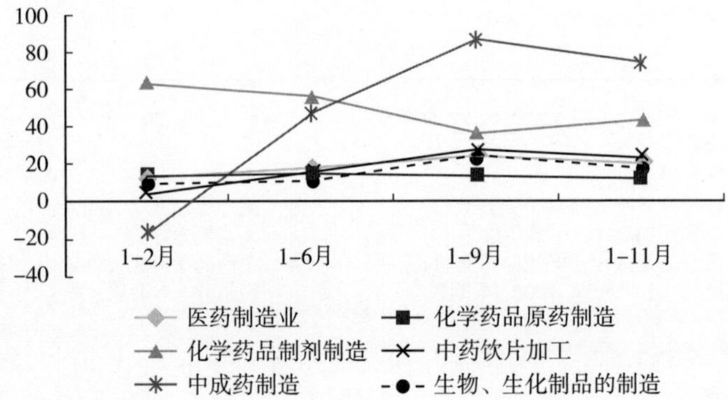

数据来源：国家统计局

5、盈利能力分析

（1）利润总额增速与主营业务收入增速双双下滑

2011年，医药制造业完成主营业务收入2032.95亿元，同比增长28.26%，全年呈缓步下滑趋势；同期，实现利润总额223.6亿元，同比增长29.48%，略高于主营业务收入增速，但全年下行趋势明显。这两项主要盈利指标的下滑，反映出山东医药制造业在2011年年初的经营绩效最好。

纵向看，2007年以来，利润总额同比下降趋势明显，在2007年1-11月间出现峰值60.55%后急剧降低，2010年虽有所好转，但直至2011年仍较2007年水平相差近两成。主营业务收入5年间同比增长波动相对和缓。综合而言，收入相对平稳，但利润下降显著，说明山东医药工业受成本等因素影响，利润空间受到挤压（见图 5–41）。

分行业来看，2011 年 1-9 月，化学药品原药制造的利润总额和主营业务收入同比增长最多，分别为 52.95 和 %38.32%，显示出该行业良好的盈利能力（见图 5–42）。

图5–41　2011年1–9月山东医药制造业盈利能力

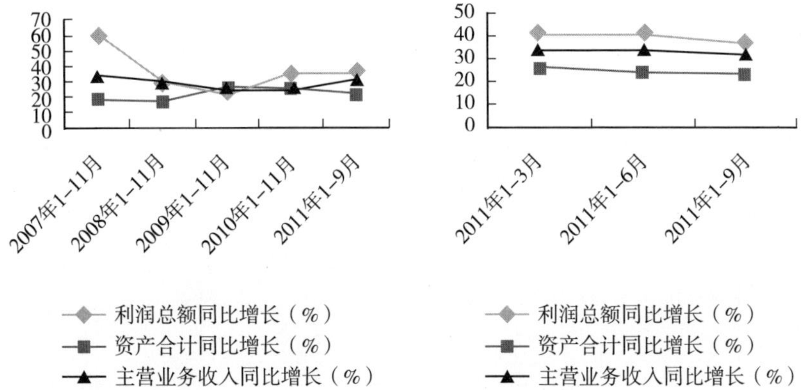

数据来源：国家统计局

（2）主营业务利润率和成本费用利润率稳中趋降

2011 年，医药制造业主营业务利润率和成本费用利润率相对平稳，但全年略有走低趋势。其中，1–12 月，主营业务利润率为 14.9%，较第一季度下降了 1.5 个百分点；同期，成本费用利润率为 12.5%，较第一季度减少了 1 个百分点（见图 5–43）。

图5–42　2011年1–9月山东医药制造业各行业盈利能力

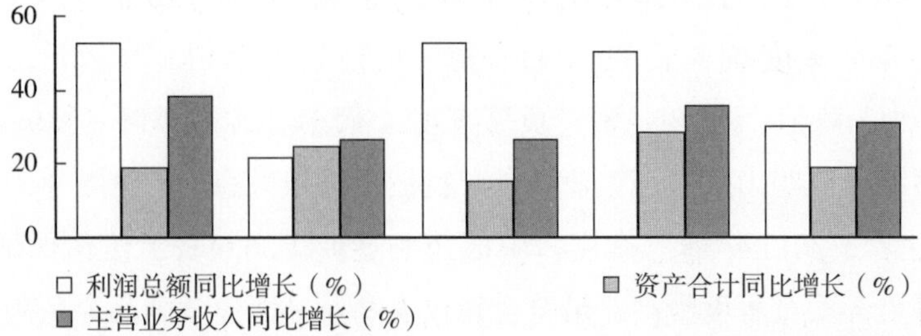

数据来源：国家统计局

图5-43　2011年山东医药制造业主营业务利润率和成本费用利润率情况

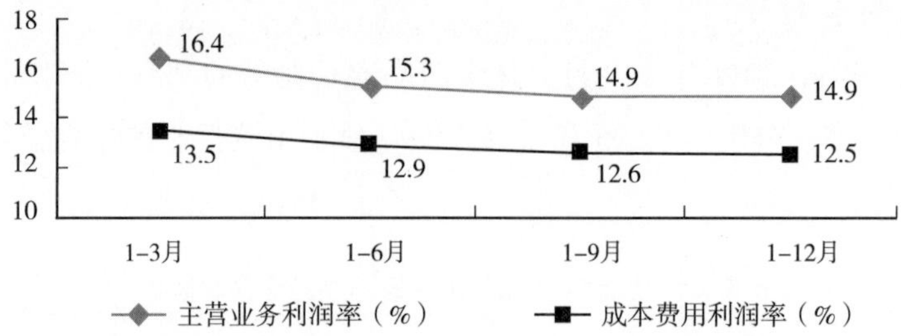

数据来源：国家统计局

分行业看，2011 年 1-9 月，山东医药制造业中获利能力最强、经营效益最好的行业是中成药制造，该行业的两项主要利润率皆为最高（见图 5-44）。

图5-44　2011年1-9月山东医药制造业各行业主营业务利润率和成本费用利润率

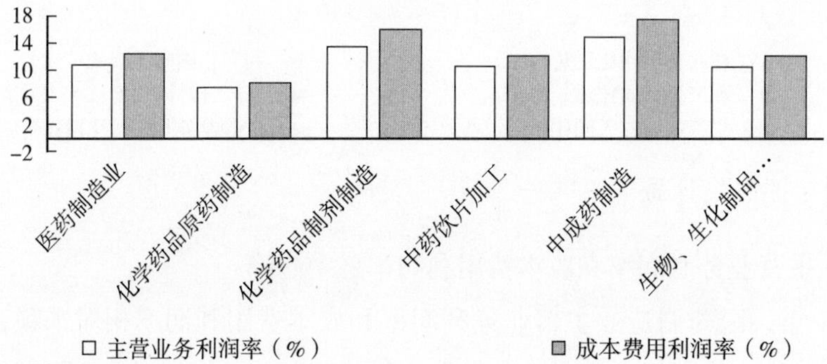

数据来源：国家统计局

6、偿债能力分析

（1）资产负债率略有回落

截至 2011 年 12 月，医药制造业资产总额为 1443.15 亿元，同比增长 21.81%，较第一季度减少了 3.9 个百分点；负债总额为 612.78 亿元，同比增长 20.91%，年中为峰值，约 23%；资产负债率 42.5%，较上半年下降了 0.9 个百分点，基本保持平稳，说明山东医药工业的资产负债结构相对稳定（见图 5-45）。

分行业看，2011 年前三季度，中成药制造业（36.69%）偿债保证度最高，债务比例最低，安全程度最高，最符合债权人利益；而化学药品原药制造业最受股东青睐。不过，各子行业的资产负债率皆低于 50%，表明山东医药制造业各个行业的资产负债率相对谨慎，结构合理（见图 5-47）。

图5-45　2011年山东医药制造业资产负债率情况

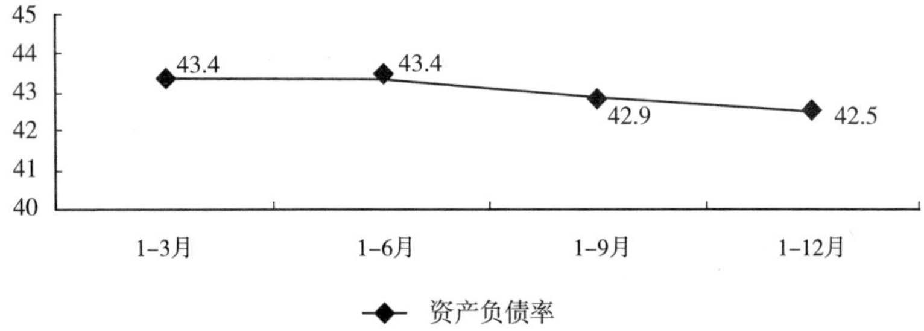

数据来源：国家统计局

（2）利息保障倍数在年中取得峰值

2011 年，医药制造业支出利息共计 18.18 亿元，同比增长 48.52%，较第一季度增长了 2.4 个百分点，利息保障倍数为 13.3，与年初大体持平，但较年中有所降低。这一倍数高出山东食品工业与消费品工业整体大约 3 个百分点，表明山东医药制造业企业支付负债利息的能力和长期抗债能力更强，债权的安全程度更高（见图 5-46）。

分行业看，2011 年 1-9 月，中成药制造业的利息保障倍数最高，达到了 45.15，表明中成药制造业获利能力极大，且获利能力对偿还到期债务的能力很强。这一数值也拉高了山东医药制造业的整体水平（见图 5-47）。

图5-46　2011年山东医药制造业利息保障倍数情况

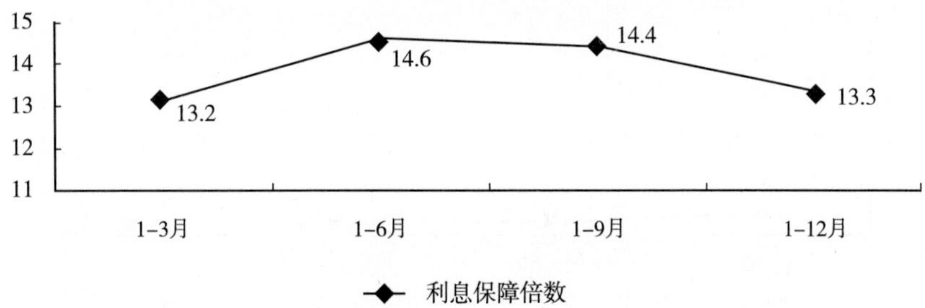

数据来源：国家统计局

图5-47　2011年1-9月山东医药制造业各行业资产负债率和利息保障倍数

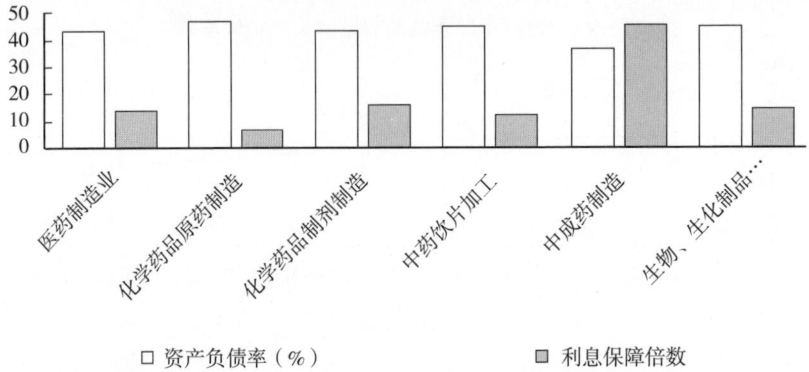

数据来源：国家统计局

（3）亏损面缩小，亏损程度较轻

2011年全年，医药制造业亏损企业27家，同比减少了6.9%，亏损面为4.5，较第一季度减少了3.1个百分点，亏损面上好转迹象明显；同期，亏损企业亏损总额为1亿元，同比减少了43.04%，亏损度仅0.4，较第一季度下降了一倍有余。整体而言，山东医药制造业由2011年年初开始，呈现出清晰地好转态势，表明医药制造业的良好经营状态（见图5-48）。

分行业看，中药饮片加工业基本无亏损。其他行业中，化学药品原药制造的亏损程度较为严重，亏损度达1.04%；化学药品制剂制造的亏损企业数最多，亏损面为9.3%。（见图5-49）。

图5-48　2011年山东医药制造业亏损情况

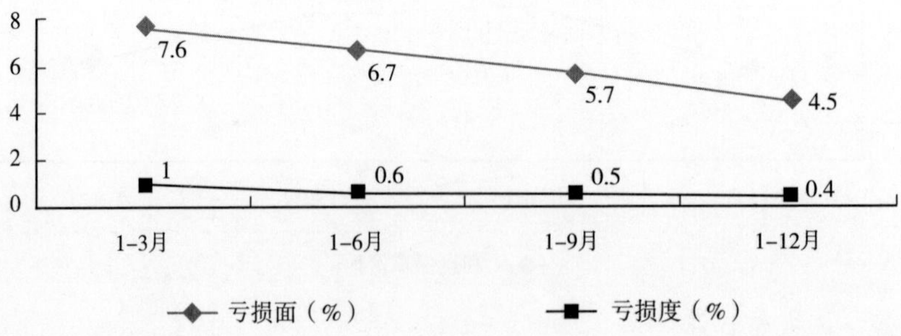

数据来源：国家统计局

图5-49　2011年1-9月山东医药制造业各行业亏损情况

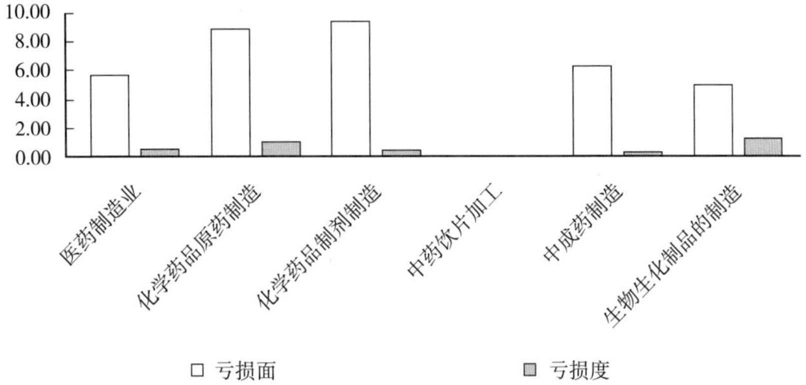

数据来源：国家统计局

7、营运能力分析

（1）应收账款占比降低明显

2011 年全年，医药制造业应收账款净额 128.58 亿元，同比增加了 24.36%，较第一季度下降了约 4 个百分点，应收账款占主营业务收入比重为 6.3%，较第一季度减少了 20.14%，表明山东医药制造业在 2011 年的经营中，对赊销管理得当，企业资金周转效率提高转快（见图 5-50）。

分行业看，2011 年 1-9 月，化学药品制剂制造业应收账款的占比最高，达 9.54%；此外，化学药品原药制造（8.82%）也高于医药业均值。而中成药制造的应收账款占比最低，为 5.42%，说明该行业对赊销依赖度较低，盈利质量较高（见图 5-52）。

图5-50　2011年山东医药制造业应收账款占主营业务收入比重情况

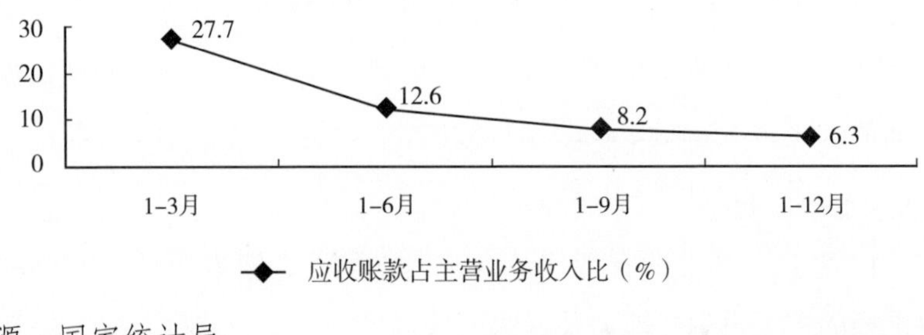

数据来源：国家统计局

（2）流动资产周转率增速显著

2011 年，医药制造业流动资产合计 711.75 亿元，同比增长 21.44%，流动资产周转率为 285.6%，较第一季度提高了 2.2 倍，增速显著，显示出山东医药制造业资产运营质量的提升（见图 5–51）。

图5–51　2011年山东医药造业流动资产周转率情况

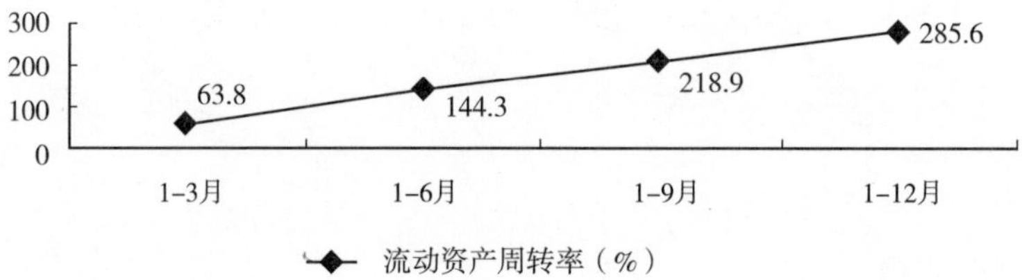

数据来源：国家统计局

图5–52　2011年1–9月山东医药制造业各行业营运能力

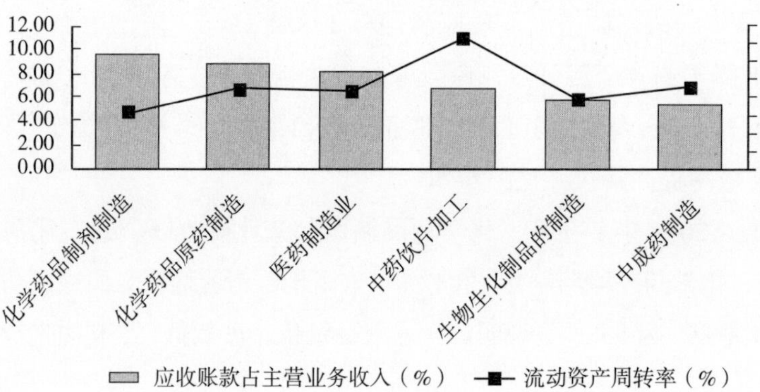

数据来源：国家统计局

分行业看，2011 年 1–9 月，中药饮片加工的周转率最高，达 366.97%，说明这一行业的资产利用效率较高，盈利能力较强。化学药品制剂制造业流动资产利用效率最低，仅为 158.68%（见图 5–52）。

8、成长能力分析

2011 年，医药制造业所有者权益为 830.37 亿元，资本积累率为 15.89%，显示出相对平稳的扩大再生产能力及行业成长水平。

分行业看，2011 年 1–9 月，中成药制造业的资本积累率最高，为 19.64%，表明该行业发展潜力较大（见图 5–53）。

图5–53　2011年山东医药制造各行业资本积累率情况

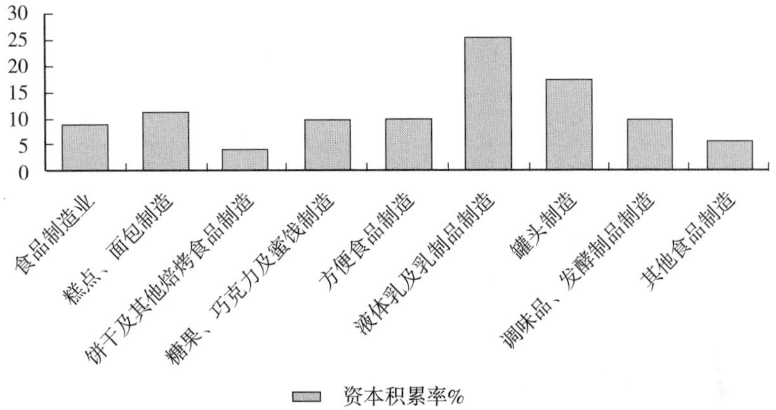

数据来源：国家统计局

由于国民经济持续高速发展，人均收入提高，国家逐渐加大在医药制造业方面的投入，山东省重视医药制造业发展，2011 年山东医药制造业各行业均取得了较高的资本积累，行业资本应付风险能力增强，持续发展能力得到强化。

第二章 浙江省消费品工业发展状况

一、2011年浙江省消费品工业发展环境分析

（一）宏观经济环境

2011年，在国际经济增长减速，国内实施积极的财政政策和稳健的货币政策的宏观环境下，浙江着力稳增长、抓转型、控物价、惠民生、促和谐，加快启动实施三大国家战略，积极帮助中小企业脱困解难，经济保持平稳增长，民生进一步改善，实现了“十二五”发展的良好开局，这为消费品工业的发展奠定了坚实基础。

1、经济增速下滑

2011年，浙江全省生产总值达32000亿元人民币，比上年增长9%以上。继广东、江苏、山东之后，浙江省首次跨入GDP“三万亿俱乐部”。

2009年的危机之后，浙江省GDP的增速经历了缓慢回升过程，于2010年达到峰值15%，但进入2011年后，经济增速下滑，降至个位数（见图5-54）。这其中的主要原因在于两个方面：一是国际经济的负传递。由于浙江省的对外贸易依存度高，国际需求的疲软导致出口增速下滑，出口对经济增长的贡献下降；二是转变经济发展方式的必然结果。顺应国家转变经济发展方式的大势，浙江省加快了经济结构的调整。

图5-54　2007年4季度-2011年3季度浙江省GDP增速变化

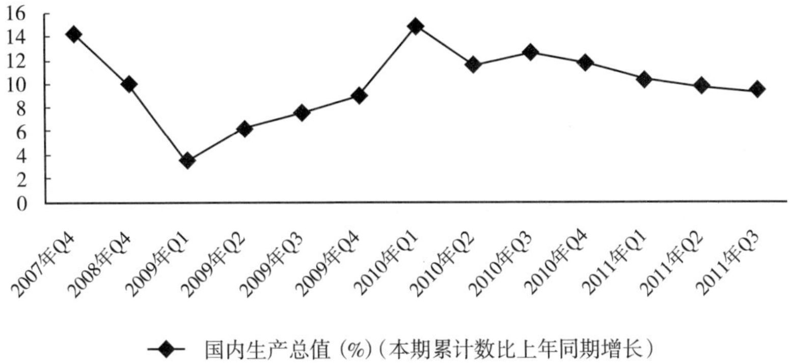

数据来源：国家统计局

2、工业增加值增速趋缓

2011年，浙江规模以上工业增加值10878亿元，比上年增长10.9%。1-11月，实现利润2738.4亿元，同比增长12.7%，两项指标增速均有所回落（见图5-55）。

不过，需要指出的是，虽然增速趋缓，但化解中小微企业困境的措施取得初步成效，工业生产增速快速回落的态势有所遏制。2011年全年小型企业增加值增长11.4%，高于规模以上工业0.5个百分点，工业生产形势逐步趋于稳定。

图5-55　2011年浙江工业增加值增速变化

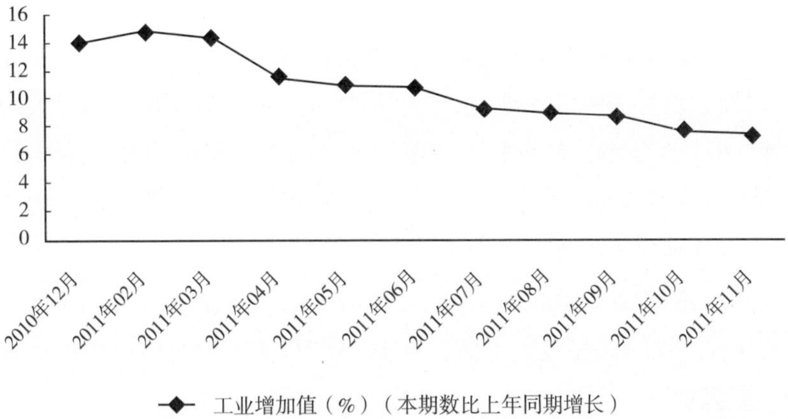

数据来源：国家统计局

3、出口下行趋势明显

2011 年，浙江进出口总额达到 3094 亿美元，较 2010 年相比增长了 22%，居全国第 5 位。其中，出口 2164 亿美元，同比增长 19.9%，首超上海位居全国第三位。与进口增长相适应的是，进口也达到了 930 亿美元，同比增长 27.3%（见图 5–56）。在进出口双双增长的背后，受世界经济复苏缓慢、尤其是欧债危机的爆发和持续蔓延的影响，浙江省的出口下行趋势明显。

图5–56　2011年浙江进出口同比增长变化

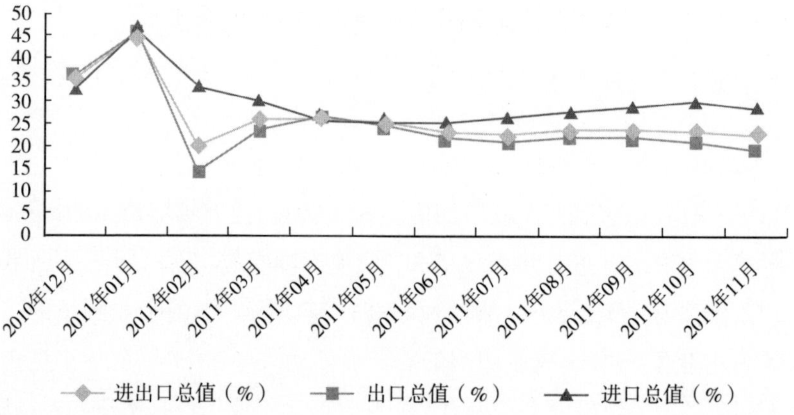

数据来源：国家统计局

4、城乡居民收入差距缩小

2011 年，浙江城镇居民人均可支配收入为 30900 元，较 2010 年相比增长了 13.0%。同期，农村居民人均纯收入为 13071 元，增速超出城镇居民人均可支配收入增速 2.6 个百分点，城乡收入差距从上年的 2.42 倍缩小到 2.36 倍，城乡居民收入差距在不断缩小。其中，1–11 月，规模以上工业从业人员人均劳动报酬 30341 元，同比增长 16.7%。

从全国看，浙江省城镇居民人均可支配收入水平已连续 11 年列上海、北京后，居全国第 3 位。农村居民收入方面，自 1985 年以来，农村居民人均纯收入连续 27 年位居全国首位。

近年来，为缩小城乡居民收入差距，浙江省采取了多重措施，最具代表性的体现在两个方面。其一，通过实施“低收入农户奔小康工程”，减缓相对贫困，提高了低收入农户的致富能力和收入水平。其二，坚持产业化扶贫。通过出台特别扶持政策，推动贫困地区特色产业发展，产业化扶贫成效显现。

（二）产业政策环境

1、出台医药产业“十二五”发展规划

作为高新技术产业的重要组成部分，医药产业不仅是浙江省重点培育发展的战略性新兴产业，还与民生问题直接相关，是社会关注的热点。为加快医药产业的发展，浙江省出台了《浙江省医药产业“十二五”发展规划》（下称《规划》），科学谋划医药产业的发展，引导和推进医药产业的转型升级，指导地方各级政府抓好本地区医药产业发展规划的制定，指导业内企业的市场主体行为，切实增强医药产业的国际综合竞争力和可持续发展能力，为区域经济发展提供重要支撑作用。

《规划》在总结“十一五”时期医药产业发展成就的基础上，提出“十二五”时期生物医药、特色化学原料药、药物制剂、中药现代化、特色医疗器械及关键制药装备等重点领域的五项重点任务，即加快产业升级、培育医药产业集群和龙头企业、积极提升产品市场开拓能力、不断提高医药产品质量安全水平、加强医药人才队伍建设。

2、强化食品安全监管

在“十二五”的开局之年，为提高食品安全水平，强化对食品安全的监管，浙江省颁布了食品工作的十大要点：

一是加快建立食品安全法治秩序。进一步加强《食品安全法》及其实施条例宣传贯彻工作；加快推进出台《浙江省实施 < 食品安全法 > 办法》，调研起草《浙江省农产品质量安全管理条例》，加快相关配套规范性文件的制（修）订工作。

二是全面加强食品安全体制机制建设。平稳有序推进市县两级食品安全监管职能调整，严格食品安全责任制和责任追究制，完善食品安全综合协调和全程监管机制。

三是继续抓好食品安全整治规范。在继续做好问题乳粉、“地沟油”、违法添加非食用物质和滥用食品添加剂等专项整治工作的同时，针对乳制品、食用油、肉制品、保健食品、食品添加剂、酒类等重点行业领域，深入开展综合治理工作，切实保障食品重点品种的安全。

四是加强食品安全监管能力建设。加强主要食品安全监管部门的队伍建设和系统培训；以县域为重点，大力推进食品安全检测资源整合；完善由生产企业自检、监管部门监督抽检和风险监测组成的食品安全检验检测三道防线。

五是加强食品安全风险监测和预警。提高风险监测和预警能力，组织实施2011年省食品安全风险监测方案；建立本地区风险监测数据库；强化风险管理，及时发布预警信息。

六是强化食品安全全程监管。强化食品农产品种植养殖、食品生产加工、食品流通、餐饮服务、食品进出口、保健食品等重点环节、重点品种的全程监管，实现“从农田到餐桌”的有效管理。

七是加快食品安全应急能力建设。完善食品安全应急体系，提高应急处置能力。制定出台《浙江省食品安全事故应急专项预案》和操作手册，开展应急处置演练，进一步完善重大食品安全事故处置机制。

八是加强食品安全标准管理。开展现有食用农产品质量安全、食品卫生、食品质量等地方标准的制（修）订工作，继续做好食品安全企业标准备案工作和食品安全标准的宣贯、培训和跟踪评价工作。

九是完善食品安全监管长效机制。探索完善食品安全示范创建和食品安全综合考评机制；积极推进电子化监管、诚信体系等长效监管机制建设。

十是加强食品安全信息宣传工作。出台《浙江省食品安全信息管理办法》，规范食品安全信息收集、报送、评估、通报、公布；完善食品安全综合信息网络建设；依托政务信息资源目录体系探索建立食品安全信息化共享平台；组织开展食品安全宣传周活动，加大主动宣传和正面宣传力度，普及食品安全法律法规和科普知识。

3、加快医药产业转型升级

2011年，浙江省将医药产业转型升级作为医药工业发展的重点。为达到目标，提出了四项措施：

一是加大产业集群和龙头骨干企业培育力度。积极提升浙东南化学原料药出口基地、杭州生物医药产业基地等专业园区的产业层次和管理服务水平。发挥医药专业园区的核心作用，鼓励企业向下游制剂产业发展，提高产品附加值和核心竞争力，加强与区内外企业的协作配套，推进专业园区的责任关怀，大力培育台州化学原料药、杭州生物医药、桐庐医用内窥镜、“两市一县”（衢州、丽水、磐安）中药材种植加工等医药产业集群。积极推进资产重组、企业整合、产业链优化，培育医药大企业大集团，发挥其在产业集群中的龙头带动作用。加快推进我省医药产业布局优化，为产业集聚发展提供空间保障。

二是促进资源配置向优质项目倾斜。积极推进医药生产技术装备的提升，加快淘汰落后生产能力和装备。支持企业开展美国 FDA 和欧洲 COS 认证，着力优化化学原料药企业结构，引导和推进原料药出口向制剂出口的转型。重点推进一批竞争优势突出、带动性强的项目实施，引导和支持龙头骨干企业技术中心建设，支持加强产学研合作，提升行业创新发展水平。抓好中药现代化建设工作和中药专项的组织申报实施工作，并积极争取加大对中药产业发展的政策扶持力度。

三是推进医药制剂产业发展。加大省政府办公厅关于促进医药产业持续健康发展意见的落实力度，促进产业结构的调整优化。召开专题座谈会，进一步研究落实加快推进医药制剂产业发展的扶持措施。跟踪分析省重点医药制剂品种的培育发展情况，加强经信、卫生、社保、药监、物价等相关部门的协调配合，做好药品集中采购的组织实施工作，促进市场有序竞争，确保人民群众用上安全药、放心药。

四是全面深入贯彻实施医改新政。坚决贯彻党中央国务院关于深化医改的有关精神和统一部署，密切关注医改推进步伐，理清思路，抓住机遇，找准对策，努力推进产业持续健康发展。2011 年重点抓好基本药物的生产跟踪管理和我省增补的非目录药品方案的完善工作。利用价格杠杆鼓励企业自主创新，促进基本药物的生产和使用，确保基本药物生产供应和质量安全。

（三）相关产业

1、农牧业稳定增产，价格平稳

2011 年，浙江主要农产品产量均有增长，全年粮食总产量为 781.6 万吨，同比增长 1.4%。主要产品中，小麦粉 58.55 万吨，同比增长 2.71%；大米 47.3 万吨，同比增长 4.79%。农业的稳定发展为消费品工业、尤其是食品工业的发展提供了原料保障（见图 5–57）。

在农牧业稳定增产的同时，农牧产品价格也较为稳定。2011 年，浙江农牧业生产价格指数变动为 2007 年以来最为平稳的一年。农牧产品价格的稳定降低了消费品企业的价格风险，有助于消费品工业稳定健康发展。

图5-57　2007年4季度-2011年3季度浙江省农牧业生产价格指数变化情况

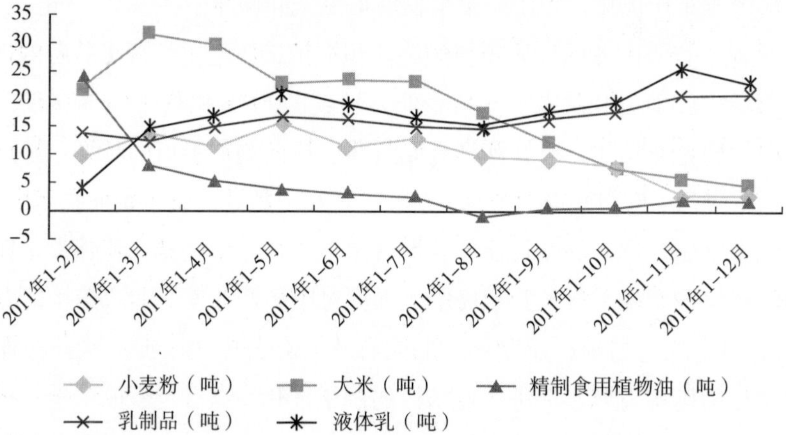

数据来源：国家统计局

2、装备制造业增势良好

2011 年，装备制造业规模以上企业工业增加值突破 3600 亿元，同比增长 12.1%，增速比规模以上工业高 1.2 个百分点，所占比重达到了 33.1%，装备制造业对工业生产增长的贡献率为 37.4%，拉动规模以上工业增加值增长 4.1 个百分点。同期，规模以上企业实现新产品产值 5890.6 亿，新产品产值率 31.4 %，居于国内前 3 位。在新产品生产快速增长的拉动下，浙江高端装备制造业保持快速增长。1-12 月，高档数控机床、液压件、齿轮的产量分别增长 15.8%、32.5%、30.9%。

就不同子行业的地位看，电气机械及器材制造业所占比重最高，与交通运输设备制造业、通用设备制造业以及通信设备、计算机及其他电子设备制造业一起构成了浙江省装备制造业的主体。就不同子行业的增速看，金属表面处理及热处理加工业的工业销售产值同比增长最快，达 33.93%。集装箱及金属包装容器制造业的出口交货值同比增长最快，为 32.67%。

装备制造业良好的发展态势，为消费品工业的发展提供了更好的装备基础和技术保障。

二、2011年浙江消费品工业发展状况分析

（一）发展及地位变化

1、工业销售产值增速趋缓

2011年，浙江消费品工业实现工业销售产值超过2.4万亿元，同比增长3.12%。与2010年相比，增速明显放缓。

就不同子行业看，近三年来浙江省消费品工业各行业所占比重略有变动。其中，纺织业为最大部门，占比达27.81%，2011年完成销售产值5562.67亿元，同比增长20.2%。化学纤维制造业位列第二，2011年占比为12.43%，近几年在消费品工业中的地位有明显提升。此外，同样占据重要地位的纺织服装、鞋、帽制造业，占比呈收缩状态，其他行业大体稳定（见表5-9）。

由不同子行业的发展增速看，2011年，消费品工业行业发展整体呈现平稳态势，19%的行业工业销售产值同比增长超过两成，73%的行业维持在10%-20%的增速。其中，化学纤维制造业同比增长最快，达35.44%；钟表与计时仪器制造状况最差，仅增1.34%（见图5-58）。

表5-9　2009-2011年浙江省消费品工业各行业工业销售产值占比前十名（%）

2011年		2010年		2009年	
行业排名	比重	行业排名	比重	行业排名	比重
纺织业	27.2	纺织业	27.9	纺织业	28.0
化学纤维制造业	12.4	塑料制品业	9.7	塑料制品业	9.5
塑料制品业	9.3	化学纤维制造业	9.6	化学纤维制造业	9.2
纺织服装、鞋、帽制造业	7.0	纺织服装、鞋、帽制造业	8.2	纺织服装、鞋、帽制造业	8.8
皮革、毛皮、羽毛(绒)及其制品业	6.1	皮革、毛皮、羽毛(绒)及其制品业	6.4	皮革、毛皮、羽毛(绒)及其制品业	6.6
造纸及纸制品业	5.4	造纸及纸制品业	5.3	造纸及纸制品业	5.2
医药制造业	4.1	医药制造业	3.7	医药制造业	3.9
家具制造业	2.7	家具制造业	2.7	家具制造业	2.8
电池制造	2.7	电池制造	2.7	饮料制造业	2.5
饮料制造业	2.2	照明器具制造	2.4	工艺美术品制造	2.4

数据来源：国家统计局

图5-58　2011年浙江省消费品工业各行业工业销售产值同比变化

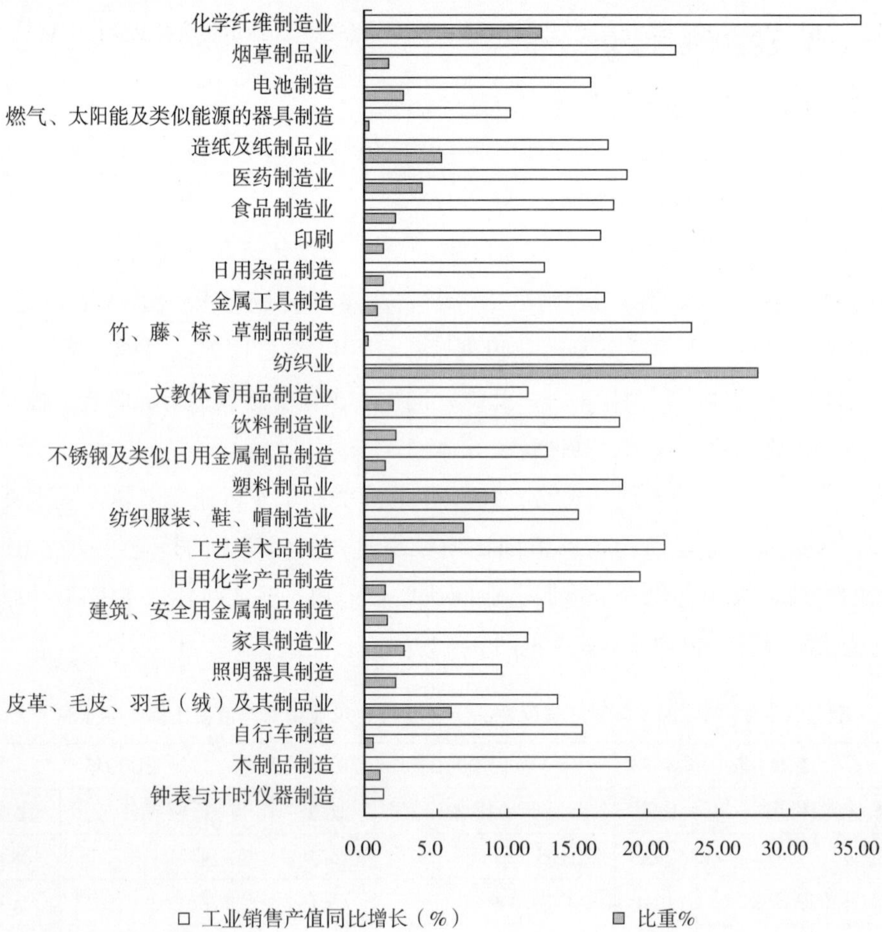

数据来源：国家统计局

2、在整个工业中的地位有所下降

2011 年，消费品工业销售产值占浙江全部工业销售产值的比重为 36.8%。近三年来，该比重呈不断下滑趋势，显示出消费品工业在浙江工业中的萎缩。在增速上，2011 年消费品工业也由领先于浙江工业的增势转变为落后工业均势的发展状况（见图 5-59）。

作为工业中极为重要的组成部分，消费品工业增幅趋缓成为浙江省工业增速下降的重要原因。不仅如此，消费品工业增速的下降将沿着产业链逐步向上传导，进而牵引能源、原材料行业和投资品行业生产增速下滑。因此，消费品工业在整个工业中的地位下降需要引起关注。

图5-59 2009-2011年浙江省消费品工业销售产值在整个工业中的地位及变化（%）

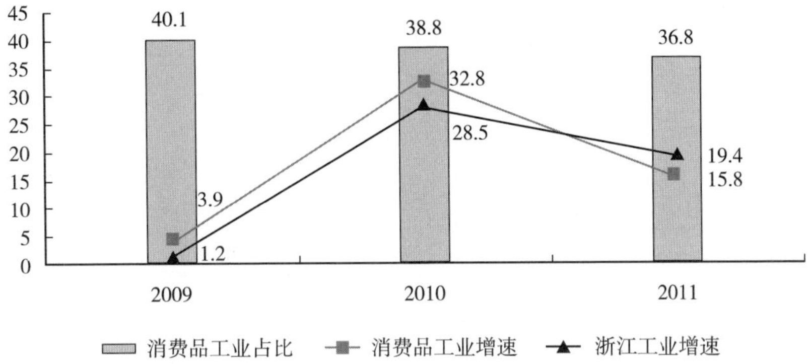

数据来源：国家统计局

3、在全国消费品工业中地位下降，但有些行业优势明显

2011 年，浙江消费品工业销售产值占全国消费品工业的 13.34%，较 2010 年下降了 1.75 个百分点，延续了近三年来的持续下滑趋势。这一情况表明，浙江省消费品工业在全国地位在下降。

与整个消费品工业在全国消费品工业中的地位变化不同的是，浙江省优势行业的发展势头仍然强劲，在全国处于领先地位。其中，化学纤维制造业优势最为明显，全国占比为 43.77%，区位熵高达 3.5，充分显示了浙江省该产业的高度专业化。此外，日用杂品制造、纺织业等 9 个行业在全国中也具有相对的专业化优势（见表 5-10）。

表 5-10 2011 年浙江省消费品工业各行业工业销售产值项下的区位熵

行业	浙江占比%	区位熵
化学纤维制造业	43.8	3.5
日用杂品制造	26.3	2.1
纺织业	18.7	1.5
照明器具制造	17.8	1.4
皮革、毛皮、羽毛(绒)及其制品业	15.0	1.2
不锈钢及类似日用金属制品制造	14.0	1.1
文教体育用品制造业	13.9	1.1

（续表）

行业	浙江占比%	区位熵
自行车制造	13.3	1.1
塑料制品业	13.1	1.0
建筑、安全用金属制品制造	13.0	1.0
家具制造业	12.1	1.0
木制品制造	11.8	0.9
纺织服装、鞋、帽制造业	11.6	0.9
金属工具制造	11.3	0.9
电池制造	11.1	0.9
日用化学产品制造	10.6	0.8
造纸及纸制品业	9.9	0.8
工艺美术品制造	9.1	0.7
竹、藤、棕、草制品制造	8.8	0.7
印刷	8.4	0.7
钟表与计时仪器制造	7.4	0.6
医药制造业	6.4	0.5
烟草制品业	5.1	0.4
燃气、太阳能及类似能源的器具制造	4.6	0.4
饮料制造业	4.3	0.3
食品制造业	3.4	0.3

数据来源：国家统计局

（二）出口交货值情况

1、出口交货值增速大幅回落

2011年，消费品工业完成出口交货值6614.18亿元，同比增长0.37%。与2010年21.58%的同比增速相比，2011年消费品工业的出口交货值增速大幅回落。

就不同子行业出口交货值的规模看，纺织业为最大的出口行业，实现出口交货值1602.36亿元，同比增长10.96%，占比达到28.78%。纺织服装、鞋、帽制造业位列第二，比重10.78%，出口交货值达为600.05亿元，同比增长仅为9.2%，延续了近三年来的萎缩趋势。不过，可喜的是医药制造业在2011年有了一定的突破（见表 5–11）。就不同子行业出口交货值增速看，2011 年消费品工业中有四成左右的行业取得了 10%–20% 的增速，但也有四成左右的行业增速在 10% 以下。各子行业中，化学纤维制造业增速最为显著，达 39.06%，烟草制造业增速也超过了 30%（见图 5–60）。食品与医药两个产业虽为浙江省的相对弱势产业，但 2011 年的出口增长明显（见表 5–12）。

就出口交货值增速大幅下降的原因看，中小企业占主体是最根本的原因。与其他行业不同，浙江省的消费品企业多为中小企业。在国际需求疲软、国家实施紧缩性货币政策、国际大宗商品价格持续走高和国内劳动力成本快速上涨的背景下，这些中小企业应对能力低下，生产和出口均受到了明显的冲击，消费品企业破产倒闭现象明显。

表 5–11　2009–2011 年浙江省消费品工业各行业出口交货值占比情况（%）

2011年		2010年		2009年	
行业	比重	行业	比重	行业	比重
纺织业	28.8	纺织业	27.4	纺织业	26.8
纺织服装、鞋、帽制造业	10.8	纺织服装、鞋、帽制造业	12.6	纺织服装、鞋、帽制造业	15.0
皮革、毛皮、羽毛(绒)及其制品业	9.8	皮革、毛皮、羽毛(绒)及其制品业	10.5	皮革、毛皮、羽毛(绒)及其制品业	10.8
塑料制品业	6.8	塑料制品业	6.4	家具制造业	6.1
家具制造业	6.3	家具制造业	5.8	塑料制品业	6.1
照明器具制造	4.5	文教体育用品制造业	4.7	照明器具制造	4.5
医药制造业	4.3	照明器具制造	4.6	工艺美术品制造	4.2
文教体育用品制造业	4.2	工艺美术品制造	4.0	文教体育用品制造业	4.1
电池制造	3.8	医药制造业	3.8	医药制造业	3.8
不锈钢及类似日用金属制品制造	3.0	电池制造	3.2	不锈钢及类似日用金属制品制造	2.9

数据来源：国家统计局

图5-60　2011年浙江省消费品工业各行业出口交货值同比变化

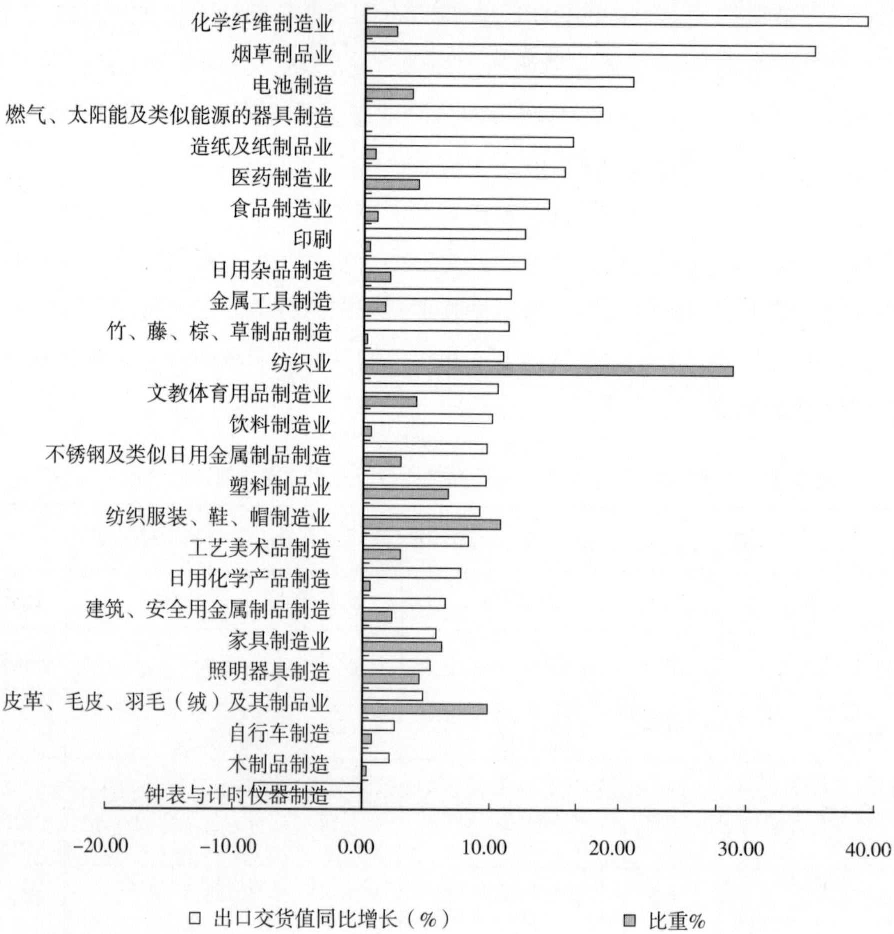

数据来源：国家统计局

表5-12　2009-2011年浙江省消费品工业各行业出口交货值同比变化（%）

2011年		2010年		2009年	
行业	增速	行业	增速	行业	增速
化学纤维制造业	39.1	电池制造	139.5	烟草制品业	44.5
烟草制品业	35.0	燃气、太阳能及类似能源的器具制造	112.9	燃气、太阳能及类似能源的器具制造	16.3
电池制造	21.0	烟草制品业	60.3	印刷	7.1
燃气、太阳能及类似能源的器具制造	18.6	化学纤维制造业	45.0	竹、藤、棕、草制品制造	6.3

（续表）

2011年		2010年		2009年	
造纸及纸制品业	16.3	日用化学产品制造	38.0	日用化学产品制造	4.9
医药制造业	15.7	照明器具制造	30.2	纺织服装、鞋、帽制造业	2.0
食品制造业	14.4	建筑、安全用金属制品制造	28.9	饮料制造业	–0.3
印刷	12.6	印刷	28.3	不锈钢及类似日用金属制品制造	–1.3
日用杂品制造	12.6	钟表与计时仪器制造	27.8	自行车制造	–2.4
金属工具制造	11.5	自行车制造	27.7	家具制造业	–2.4

数据来源：国家统计局

2、在整个浙江工业中的出口地位下降，但仍占据半壁江山

消费品工业为浙江工业中最重要的出口部门，其出口交货值占据了整个浙江工业出口交货值的半壁江山。2011 年，消费品工业的出口交货值在整个浙江省工业出口交货值中的比重为 50.9%，延续了近三年来的下降趋势，年均下滑 2% 左右（见图 5–61）。由于消费品工业的出口在浙江省出口中处于主导地位，因而消费品工业出口的回落直接导致了整个浙江工业出口交货值的增速下降。

图5–61　2009–2011年浙江省消费品工业出口交货值在浙江省整个工业中的地位及同比变化（%）

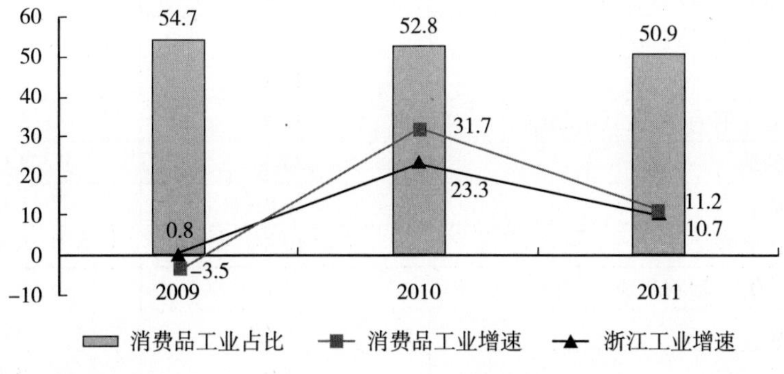

数据来源：国家统计局

就出口市场看，2011 年浙江省对欧、美、日、韩等其他主要市场进出口增长较慢，国际市场环境不容乐观，虽浙江企业利用“中国－东盟”自由贸易区开拓新兴市场，但 2011 年的拓展效果并不显著。同时，加工贸易进一步萎缩，贸易方式结构失衡的状况进一步加剧以及人民币升值的多重影响，浙江省消费品工

业的出口压力增大。

3、在全国消费品工业中的出口地位基本稳定

2011 年，浙江消费品工业的出口交货值占全国消费品工业出口交货值的比例为 24.47%。近三年中，虽然浙江消费品工业的出口在全国消费品工业出口中的地位有所起伏，但变动不大，基本维持在 25% 左右。

就各子行业来看，浙江有近四成的消费品行业在全国中拥有出口比较优势。高区位熵的化学纤维制造业、纺织业等五个行业的出口交货值占全国同行业出口交货值的比例超过了 30%。这些行业不仅是浙江省的重要出口行业，在全国同行业的出口中居于重要地位。特别值得指出的是优势的纺织业，在全国纺织业工业销售产值占比不足 19% 的情况下，贡献了全国纺织业 34.1% 的出口交货值，说明了浙江纺织业较为明显的出口导向特征（见表 5–13）。

表 5–13　2011 年浙江省消费品工业各行业出口交货值项下的区位熵

行业	占全国比%	区位熵
化学纤维制造业	36.7	1.6
纺织业	34.1	1.5
日用杂品制造	34.0	1.5
照明器具制造	32.1	1.4
家具制造业	30.3	1.3
不锈钢及类似日用金属制品制造	28.8	1.3
建筑、安全用金属制品制造	28.5	1.3
医药制造业	25.2	1.1
皮革、毛皮、羽毛(绒)及其制品业	24.4	1.1
金属工具制造	23.5	1.0
饮料制造业	20.6	0.9
日用化学产品制造	19.5	0.9
纺织服装、鞋、帽制造业	19.1	0.8
塑料制品业	18.3	0.8
自行车制造	18.0	0.8
文教体育用品制造业	17.1	0.8
竹、藤、棕、草制品制造	14.7	0.6
工艺美术品制造	12.9	0.6
电池制造	12.4	0.6
印刷	12.3	0.5
木制品制造	12.1	0.5

（续表）

行业	占全国比%	区位熵
造纸及纸制品业	9.9	0.4
烟草制品业	9.8	0.4
食品制造业	7.6	0.3
燃气、太阳能及类似能源的器具制造	6.8	0.3
钟表与计时仪器制造	4.4	0.2

数据来源：国家统计局

三、2011年浙江省消费品工业经济效益走势分析

（一）盈利能力分析

1、利润总额增速与主营业务收入增速双双下降

2011 年，浙江消费品工业完成主营业务收入约 20260.14 亿元，同比增长 14.17%，全年增幅呈下行趋势。同期，消费品工业实现利润总额 1152.49 亿元，同比增长 8.5%，增速下滑明显（见图 5-62）。

图5-62　2011年1-9月浙江消费品工业盈利能力指标同比增长变化趋势

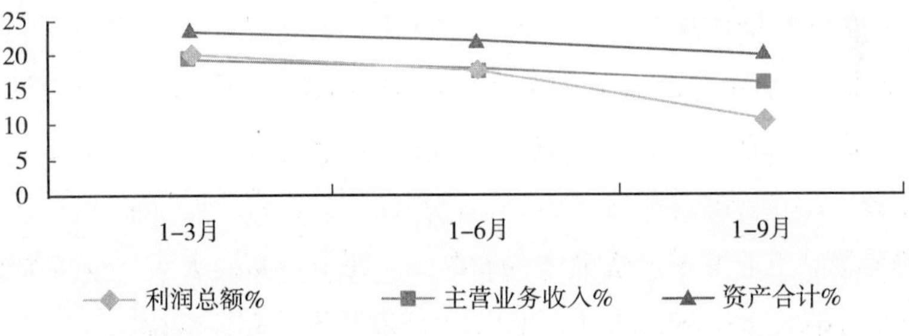

数据来源：国家统计局

就各子行业看，虽然有 19.2% 的行业利润总额同比增长超过 20%，23.1% 的行业增长超过 10%，但 23.1% 的行业出现了利润总额的同比负增长。其中，烟草制品业与饮料制造业的利润增长最多，而电池制造的经营状况最差。主营业务收入增长方面，73% 的行业维持在 10% 的同比增速。其中，化学纤维制造业的主营业务收入增长最快，达到了 35.68%。钟表与计时仪器制造业增速最慢，仅为 2.11%。

2、主营业务利润率和成本费用利润率双双上升

2011 年 1–9 月，浙江省消费品工业主营业务利润率和成本费用利润率呈双双上升趋势，两项指标都维持在 5%–6% 之间（见图 5–63），表明浙江消费品工业获利能力和成本控制能力都有所提升。

就各子行业看，医药制造业在 2011 年的盈利能力最强，其主营业务利润率和成本费用利润率都达到了两位数，分别为 12.8% 和 14%。日用化学产品制造业紧随其后，两项利润率指标都也超过了 10%，效益良好。

图5–63　2011年1–9月浙江消费品工业主营业务利润率和成本费用利润率变化情况

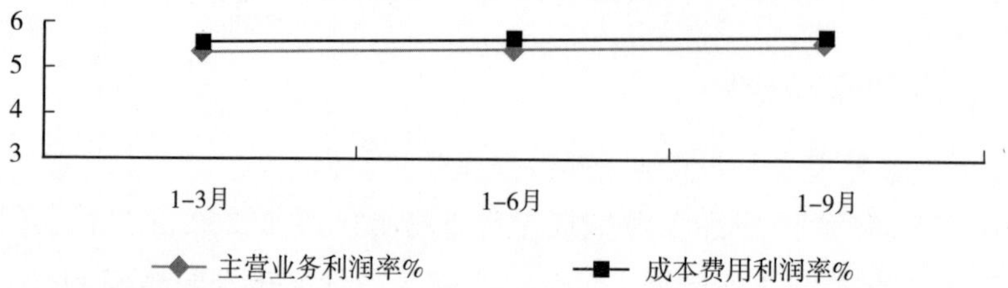

数据来源：国家统计局

（二）偿债能力分析

1、资产负债率下降

2011 年，浙江省消费品工业资产累计达到 18729.5 亿元，同比增长 16.36%，较一季度相比下降 7.28 个百分点。同期，负债合计 11251.9 亿元，同比增长 17.91%，较一季度相比下降了 9.15 个百分点。综合资产和负债两个方面，2011 年浙江省消费品工业的资产负债率为 60.1%，处于较高的水平。全年中资产负债率呈现先升后降之势，特别是 9 月份以后下降明显（见图 5–64）。

图5–64　2011年浙江省消费品工业资产负债率情况

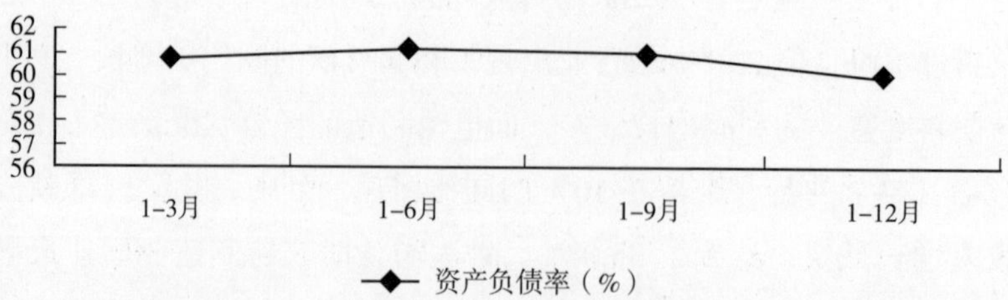

数据来源：国家统计局

图5-65 2011年1-9月浙江省消费品工业各行业资产负债率水平

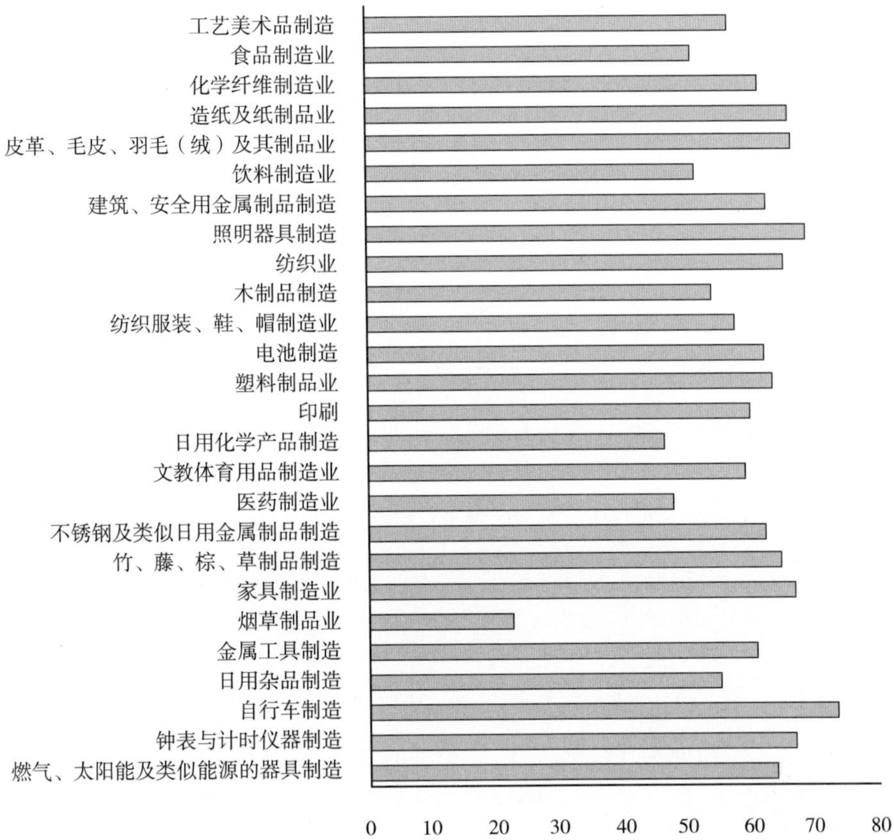

数据来源：国家统计局

就各子行业看，2011 年 1-9 月，资产负债率最低的行业为烟草制品业，仅 22.57%。资产负债率最高的行业为自行车制造业，其资产负债率超过了 70%（见图 5-65）。

2、利息保障倍数小幅增加

2011 年，消费品工业累计利息支出为 339.89 亿元，利息保障倍数为 4.4，全年中呈现出小幅增长之势。这一情况说明，浙江省消费品工业获利能力对偿还到期债务的保证程度有所提高（见图 5-66）。但与山东相比，浙江省消费品工业的利息保障倍数高了 5 个多百分点，这意味着浙江消费品工业企业运营中的偿债风险相对较大。由于中小企业是浙江省消费品工业的主体，因而该倍数的偏低情况暴露出中小企业经营面临的资金困境问题。

就各子行业看，日用化学产品制造业的利息保障倍数最高，达 17.3，远远超过浙江消费品工业的平均水平，显示出该行业具有很强的偿债能力。食品制造业、化学纤维制造业和烟草制品业的利息保障倍数也较高，但其他行业的利息保障倍数均较低。

图5-66　2011年浙江省消费品工业利息保障倍数变化

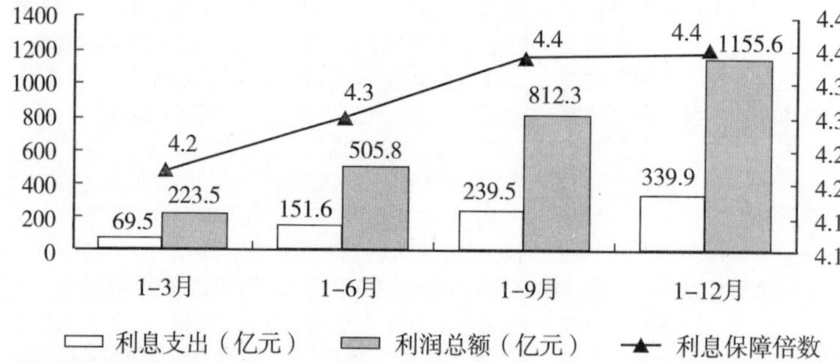

数据来源：国家统计局

3、亏损面下降，亏损程度好转

2011 年 1-9 月份，浙江消费品工业亏损程度呈持续好转态势。其中，亏损企业 2088 家，亏损面为 13.39%，较一季度的 20.87% 下降了 7.48 个百分点。亏损企业亏损金额共 40.26 亿元，亏损度为 4.96%，较年初下降了 6.51%，亏损度得到一定程度的缓解（见图 5-67）。综合亏损度和亏损面两个方面发现，虽然亏损面出现两位数，但亏损程度远低于面上水平，这与浙江以中小企业为主体的经济态势密切相关。

图5-67　2011年1-9月浙江省消费品工业企业亏损面和亏损度态势

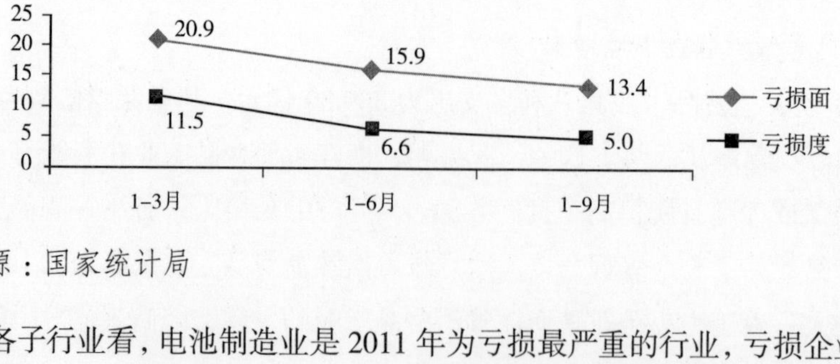

数据来源：国家统计局

就各子行业看，电池制造业是 2011 年为亏损最严重的行业，亏损企业 45 家，亏损面为21.2%,亏损企业亏损额4.3亿元,亏损度达17.1%,行业面临洗牌。此外,自行车制造和饮料制造两个行业,也呈现出亏损面和亏损度双高的情况。

（三）营运能力分析

1、应收账款占比下降明显

2011年,浙江省消费品工业应收账款净额达2498.95亿元,较年中下降了9.56个百分点,全年下降趋势明显。应收账款占主营业务收入比重为12.3%,上半年回落明显,下半年稳中有降。应收账款占比的大幅下降说明,浙江省消费品工业企业赊销在减少和资金质量在提高(见图5-68)。

就各子行业看,2011年,电池制造业应收账款占主营业务收入比重最高,达22.9%,说明该行业的盈利有相当部分体现在账面上。烟草制造业应收账款占比最低,仅有1.4%。此外,化学纤维制造业的应收账款净额控制也很有成效。

图5-68 2011年浙江省消费品工业应收账款占主营业务收入比重情况

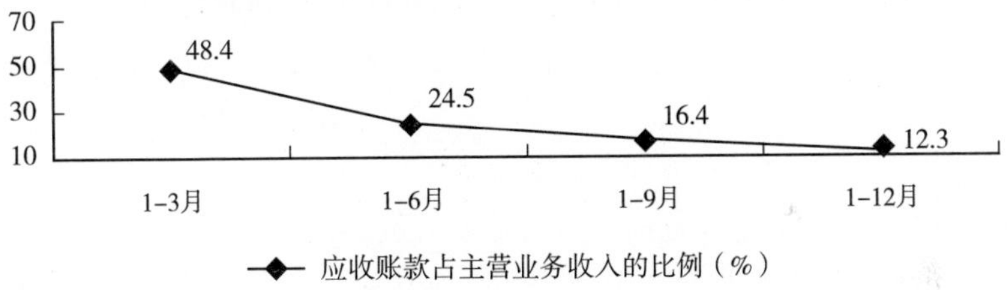

数据来源:国家统计局

2、流动资产周转率直线上升

2011年1-12月,浙江省消费品工业的流动资产合计11782.86亿元,流动资产周转率为171.9%,是一季度的4.33倍,全年呈直线上升趋势,显示出浙江消费品工业流动资产利用效率的快速提升(见图5-69)。

就各子行业看,木制品制造业的流动资产周转率最高,周转次数达到3.1次,说明该行业利用流动资产获利的能力较强。其他行业中有6个行业流动资产周转次数在2次以上,其余的均在1.5次以下。

图5-69　2011年浙江消费品工业流动资产周转率情况

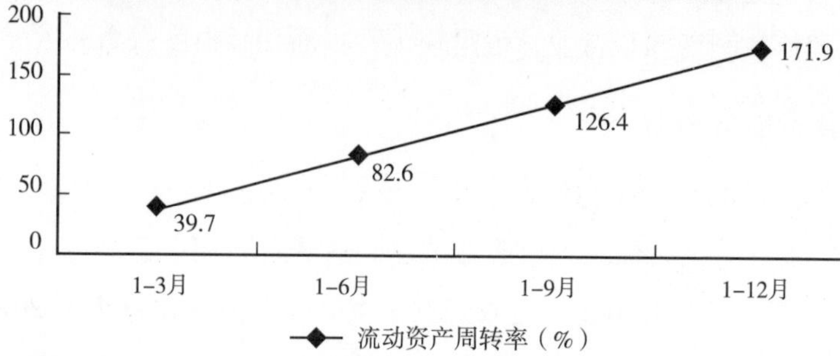

数据来源：国家统计局

（四）成长能力分析

2011年，浙江省消费品工业取得所有者权益7477.59亿元，资本积累率达到14.02%，全年呈上升态势，且增速呈不断加快。这一情况表明，浙江消费品工业具有较强的资本积累能力和业务扩张能力。

图5-70　2011年1-9月浙江消费品工业各行业资本积累率情况

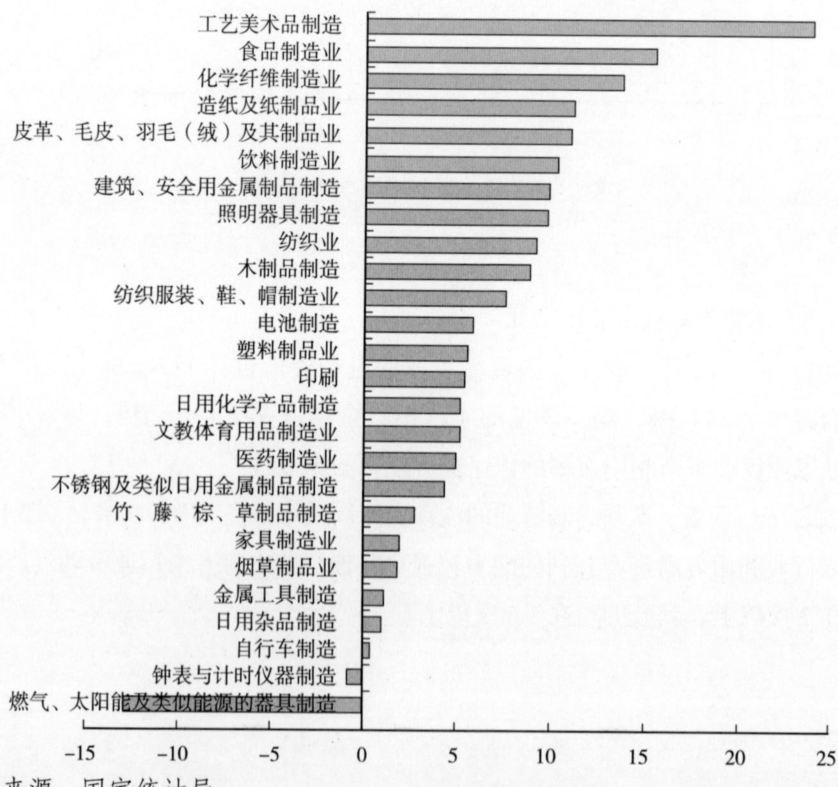

数据来源：国家统计局

就各子行业看，2011 年前三季度，23% 的行业取得了一成以上的所有者权益增长。其中，工艺美术品制造业的资本积累率最高，达 23.94%，说明这个行业的资本保全性比较强（见图 5–70）。

四、2011年浙江省消费品工业重点行业发展状况

（一）食品制造业

1、产量同比增速相对平稳

2011 年，浙江食品工业主要产品产量稳定增长。主要产品中，罐头产量最高，达到了 53.4 万吨，占整个食品工业的 31.93%，远远超过其它产品产量。这是由于罐头行业原有规模比较大，也与 2011 年罐头业持续攀升的增长态势有关（见图 5–71）。

就不同产品的情况看，2011 年糖果类增长态势最好，增速维持在 40%–50% 的区间内；方便面的状况最差，增速呈一路下行趋势（见图 5–72）。

图5–71　2011年浙江省食品工业主要产品产量

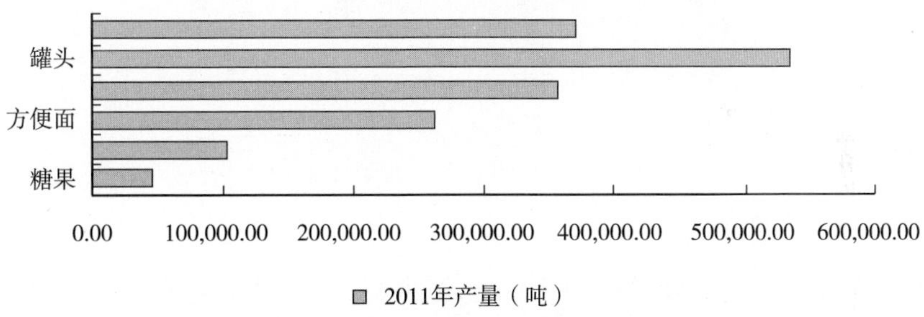

数据来源：国家统计局

图5–72　2011年浙江省食品工业主要产品产量同比增长情况

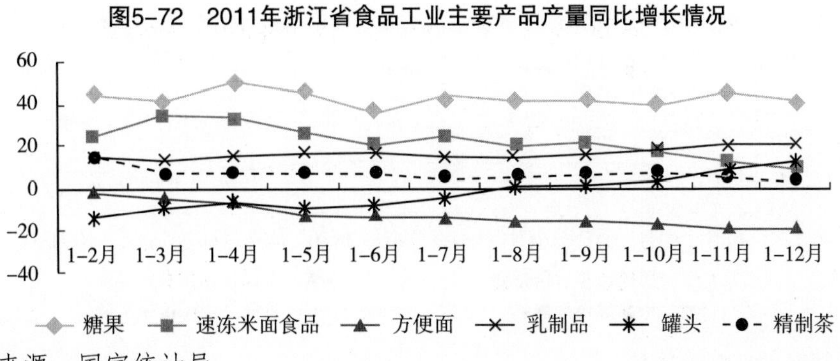

数据来源：国家统计局

2、工业销售产值平稳增长

2011 年 1–12 月，食品制造业实现工业销售产值 421.43 亿元，同比增长 17.52%，全年维持平稳增长。

就各子行业来看，2011 年工业销售产值比重最高的行业是方便食品制造业，其工业销售产值占比达到了 25.28%，成为浙江省食品工业的主导部门。增速方面，2011 年液体乳及乳制品制造成为工业销售产值同比增长最快的行业，增速达 46.01%，方便食品增长最慢，仅为 8.15%（见图 5–73）。

图5–73　2011年浙江省食品制造业各行业工业销售产值及同比变化

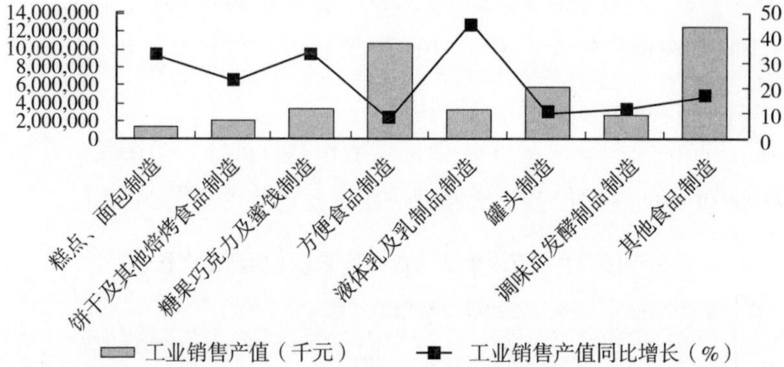

数据来源：国家统计局

3、价格指数略呈下行趋势

2011 年 1–11 月，食品类产品出厂价格指数为 103.06，全年波动呈现下行趋势。其他主要相关指数中，食品价格指数 112.32，粮食价格指数 113.05，居民消费价格指数 105.52，各指数整体上均呈平缓下行趋势（见图 5–74）。价格指数的

图5–74　2011年浙江省食品制造业相关价格指数同比变动趋势

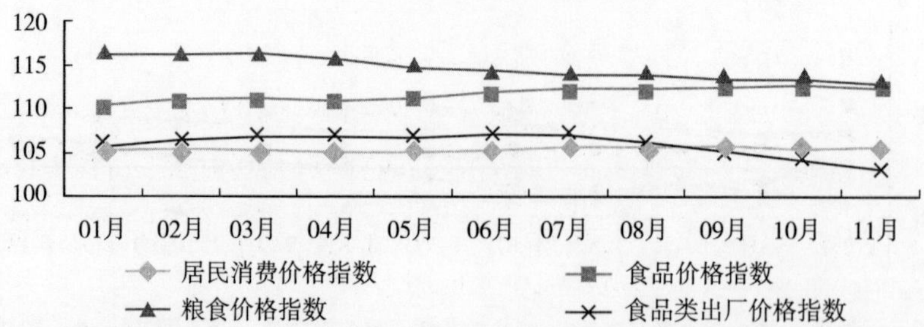

数据来源：国家统计局

变化表明，2011 年国家及浙江省的调控措施得当，且收到了明显的成效，这将对食品工业的良性发展创造较好的外部环境。

4、出口交货值增速明显下降

2011 年，食品制造业实现出口交货值 61.41 亿元，同比增长 14.44%，较年初的 27.99% 下降了近一半，全年出口增速呈下滑趋势。

就各子行业看，糖果、巧克力及蜜饯制造与液体乳及乳制品制造成为食品工业中出口交货值同比增长最快的两个行业，增速均超过 200%。此外，饼干及其他焙烤食品制造也取得了 105.7% 的速度增长。罐头制造业虽为浙江省食品工业中出口规模最大的行业，但 2011 年该行业出口交货值增速明显下降（见图 5–75）。

图5–75　2011年浙江食品制造业出口交货值及同比增长情况

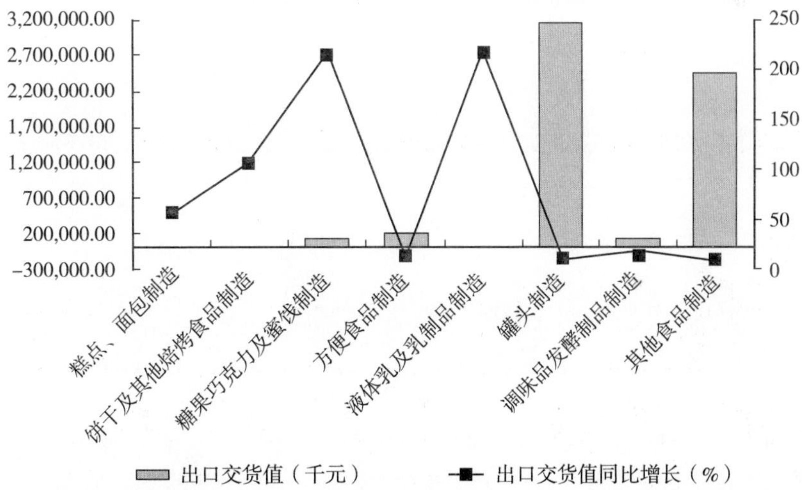

数据来源：国家统计局

5、盈利能力分析

（1）利润总额增速上扬，主营业务收入增速回落

2011 年 1–12 月，食品工业完成主营业务收入 420.22 亿元，同比增长 19.96%，全年增幅呈下降趋势。同期，实现利润总额 30.96 亿元，同比增长 7.52%，全年表现出直线上升状态。利润总额增速远低于主营业务收入增速，表明浙江食品工业在 2011 年的净盈利能力在弱化（见图 5–76）。

就各子行业看，饼干及其他焙烤食品制造业的利润总额增长幅度最大，达到了 90.7%。与其主营业务收入的同比增速相比，超出 69.46 个百分点，显示出该行业较强的获利能力。此外，液体乳及乳制品制造业的主营业务收入增速最快，为 50.34%，高于其利润总额增速，说明该行业在收入较快增长的过程中，净盈利空间受到挤压（见图 5-77）。

图5-76　2011年浙江省食品制造业利润总额与主营业务收入同比增长变化

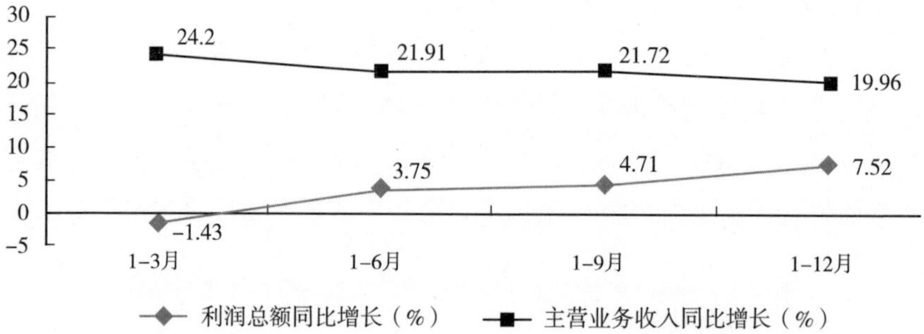

数据来源：国家统计局

图5-77　2011年浙江食品工业各行业利润总额与主营业务收入同比增长情况

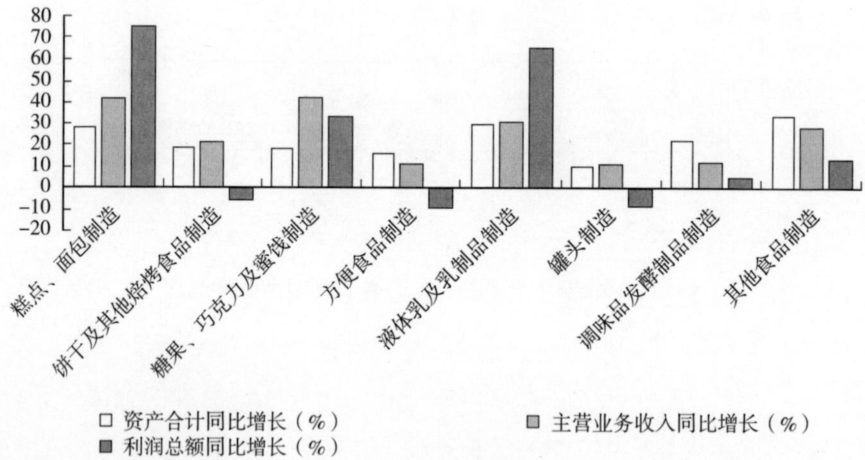

数据来源：国家统计局

（2）主营业务利润率和成本费用利润率呈 U 形变化

2011 年 1-12 月，食品制造业主营业务利润率为 7.2%，成本费用利润率为 7.6%，两个利润率指数都在年中触底，反弹后呈加速上扬的态势。这一情况表明，浙江省食品工业在 2011 年下半年的盈利情况有所改善（见图 5-78）。

就各子行业看，2011 年 1–9 月，方便食品制造业的两项利润率皆为最高，超过了整个食品制造业的平均水平。这表明该行业经营销售最好，盈利能力最强（见图 5–79）。与该行业相比，其他行业的两项利润率水平高低不一。

图5–78　2011年浙江食品工业主营业务利润率和成本费用利润率变化情况

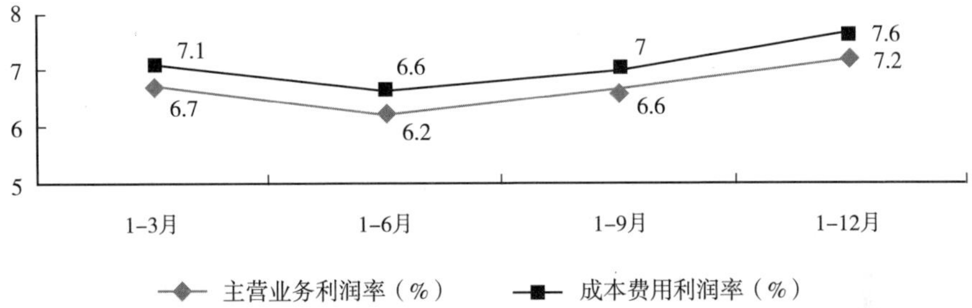

数据来源：国家统计局

图5–79　2011年1–9月浙江省各食品行业主营业务利润率和成本费用利润率变化

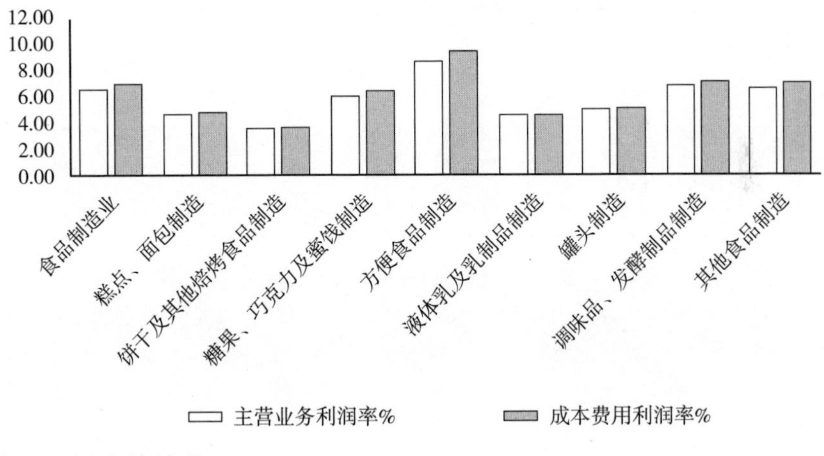

数据来源：国家统计局

6、偿债能力分析

（1）资产负债率波动下滑

2011 年 1–12 月，浙江省整个食品制造业资产总额为 388.84 亿元，同比增长 22.99%。负债总额 191.98 亿元，同比增长 13.89%，全年呈下行趋势。综合两个方面，2011 年全年浙江省食品制造业的资产负债率为 49.4%，整体结构比较合理，资产相对安全（见图 5-80）。

就各子行业来看，2011 年罐头制造等 6 个主要食品行业的资产负债率都高于食品制造业整体水平，方便食品制造业和其他食品制造业则低于食品制造业整体水平。其中，罐头制造业受猪肉和水果等原材料价格上涨的影响，资产负债率最高，达到了 70%（见图 5-81）。

图5-80　2011年浙江省食品工业资产负债率情况

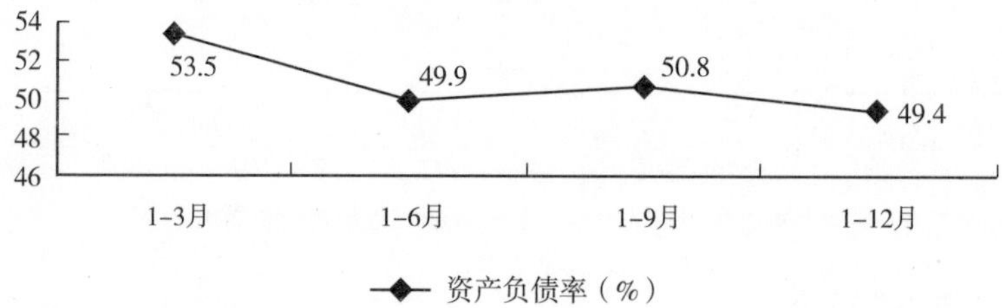

数据来源：国家统计局

图5-81　2011年浙江省食品工业各子行业资产负债率情况

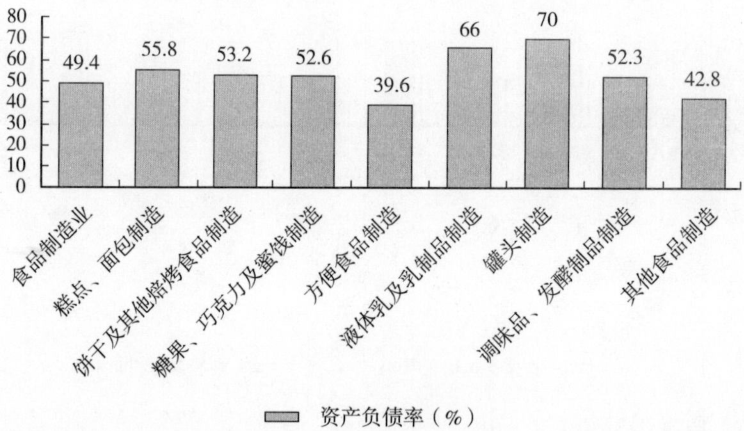

数据来源：国家统计局

（2）利息保障倍数波动上升

2011 年 1-12 月，浙江省食品制造业累计利息支出 3.43 亿元，同比增长 8.83%，较一季度相比降低了 13.26 个百分点，下行趋势明显。利息保障倍数为 10.0，全年呈波动上升状态。这一情况表明，2011 年浙江省食品制造业企业支付负债利息的能力和长期抗债能力具波动性。其中，上半年下行明显，下半年有所好转（见

图 5–82）。

就各子行业看，糖果、巧克力及蜜饯制造业的利息保障倍数最高，达 22.5，表明该业获利能力大，且获利能力对偿还到期债务的能力较强。方便食品制造业的利息保障倍数为负 17.9，表明该行业存款利息大于借款利息，说明其利息保障能力很强（见图 5–83）。

图5–82　2011年浙江省食品工业利息保障倍数情况

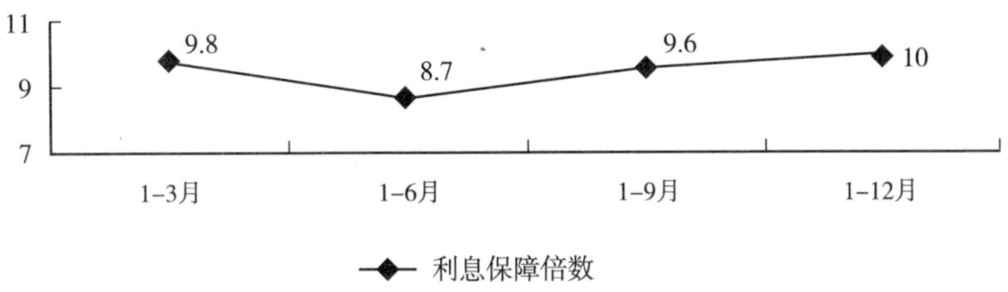

数据来源：国家统计局

图5–83　2011年浙江省食品工业各子行业利息保障倍数情况

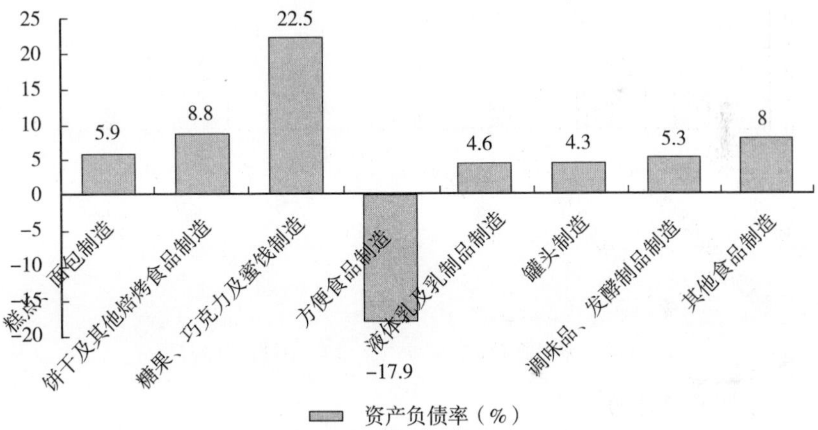

数据来源：国家统计局

（3）亏损面缩小，亏损程度缓解

2011 年，浙江省食品制造业累计亏损企业 33 家，同比减少了 2.94%，企业亏损面为 12.4%，较一季度相比下降了 9.3 个百分点。亏损企业亏损总额达 1.6 亿元，同比增长 5.26%，亏损度为 5.2%，较一季度相比下降了一倍，全年亏损程度大大减轻，整体呈现出经营好转态势（见图 5–84）。

就各子行业看，2011 年浙江省饼干及其他焙烤食品制造业亏损程度最大，亏损度达到了 22.4%，远远高出其亏损面数值，表明该业行业分化趋重。此外，液体乳及乳制品制造业的亏损情况也比较严重，这与该行业经营成本大幅度提高有关系。方便食品制造业虽亏损面较大，但程度不大（见图 5-85）。

图5-84　2011年浙江省食品工业亏损情况

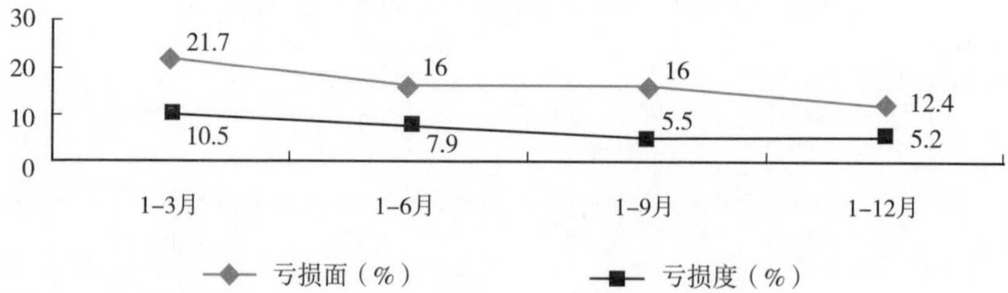

数据来源：国家统计局

图5-85　2011年浙江食品制造业各行业亏损情况

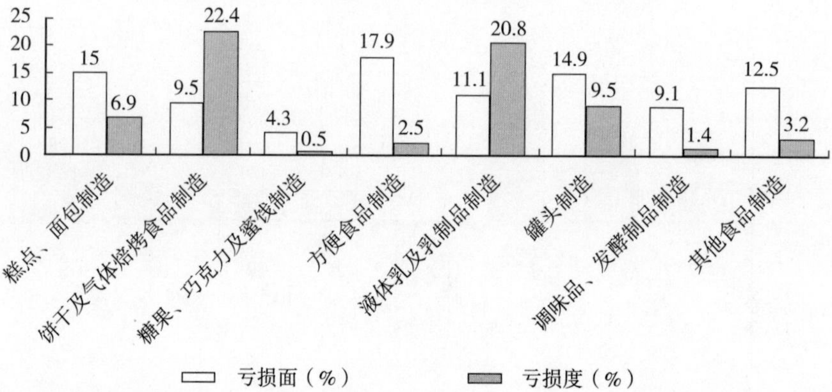

数据来源：国家统计局

7、营运能力分析

（1）应收账款占比大幅下降，但绝对水平仍较高

2011 年 1-12 月，食品制造业应收账款净额 79.67 亿元，同比增长 60.38%，增速在前三季度相对平稳，第四季度明显上扬。应收账款占主营业务收入比重为 18.5%，全年呈下行趋势，且降幅较大。不过，整体而言，18.5% 的占比数值仍不低，食品行业整体的资金质量仍然需要引起关注（见图 5-86）。

就各子行业看，2011 年方便食品制造业应收账款占比最高，为 27.6%，该行业赊销比重较大，应适当改善；乳制品及液体乳制造业应收账款的占比最小，为 9.2%，说明该行业对赊销依赖程度略低一些（见图 5–87）。

图5–86　2011年浙江省食品制造业应收账款占主营业务收入比重变化

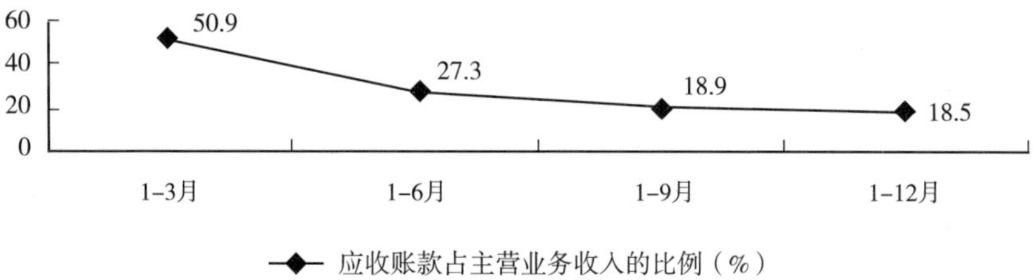

数据来源：国家统计局

图5–87　2011年浙江食品制造各子行业应收账款占主营业务收入比重

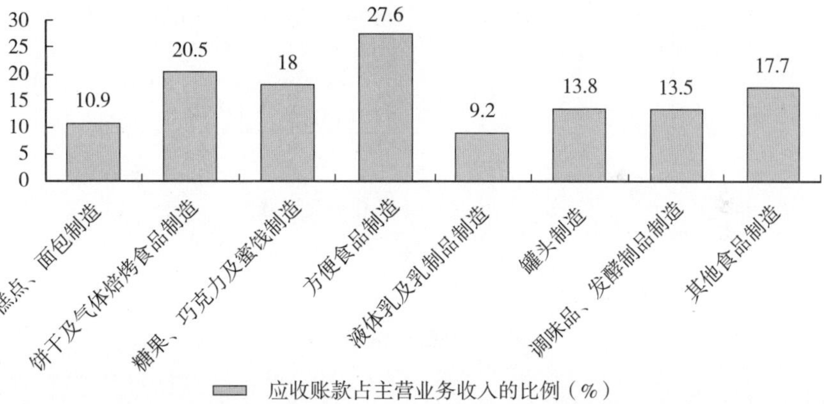

数据来源：国家统计局

（2）流动资产周转率直线上扬

2011 年 1–12 月，食品制造业流动资产合计 242.44 亿元，同比增加 28.12%，流动资产周转率为 177.5%，全年呈直线上扬趋势。在流动资产增速逐步趋缓的态势下，流动资产周转速度的加快，主要是因为主营业务收入的有效提升（见图 5–88）。

就各子行业看，糕点、面包制造业与液体乳及乳制品制造的流动资产周转率最高，周转次数约为 3 次，说明这两个行业的资产利用效率较高，盈利能力较强。

罐头制造的流动资产周转率最低，为158.3%，表明该业流动资产周转较为缓慢，资金利用效率有待提高（见图5-89）。

图5-88　2011年浙江省食品制造业流动资产周转率变化

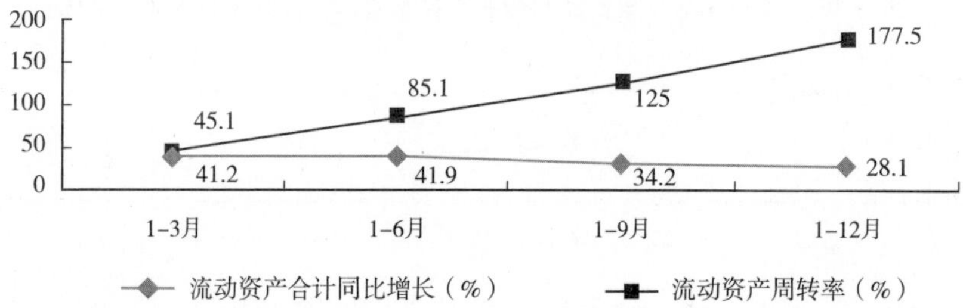

数据来源：国家统计局

图5-89　2011年浙江省食品制造业各子行业流动资产周转率情况

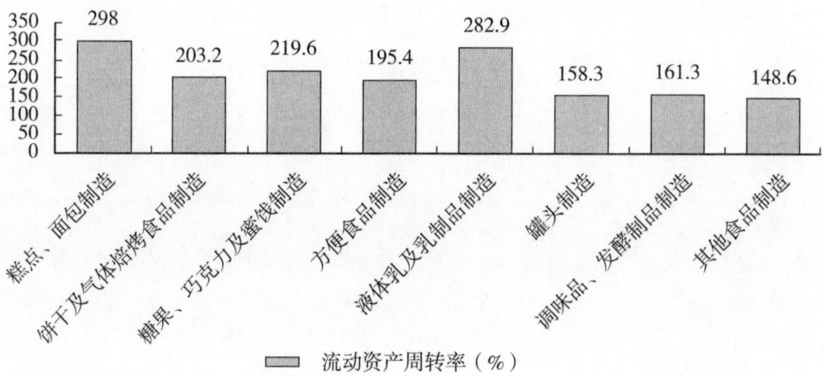

数据来源：国家统计局

8、成长能力分析

2011年1-12月，食品工业取得所有者权益196.86亿元，资本积累率为24.68%。这一比率较浙江省消费品工业的整体水平超出了10.66个百分点，说明食品工业的资本积累能力更强，扩大再生产的发展潜力更大，行业发展具有较强的持续性。

就各子行业看，糕点、面包制造业的资本积累率最高，达到了35.3%，显示出这个行业在2011年的发展势头比较好。液体乳及制品制造业的积累率已为负值，反映出该行业比较缺乏持续发展的动力（见图5-90）。

图5-90　2011年浙江省食品制造各子行业资本积累率情况

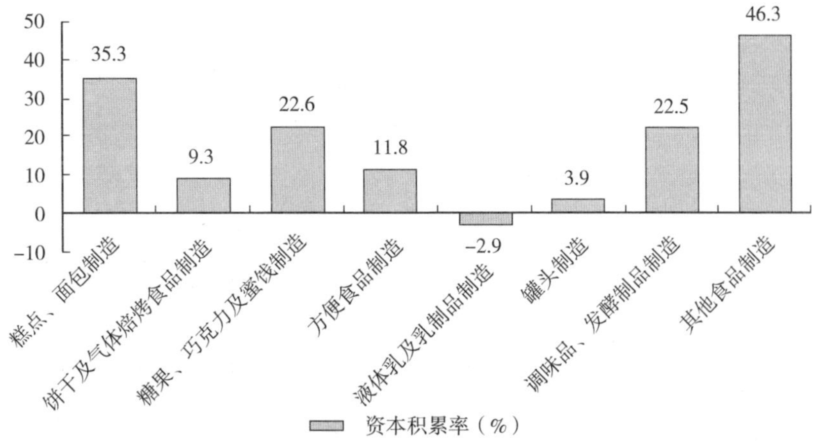

数据来源：国家统计局

（二）医药制造业

1、主要产品产量略有增长，但增速远低于全国平均水平

就绝对水平看，2011 年浙江省化学药品原药 31.8 万吨，中成药 2.14 万吨，占全国化学药品原药和中成药总产量的比仅为 10.97% 和 0.90%。就增速看，2011 年浙江省化学药品原药和中成药分别同比增长 4.71% 和 4.85%（见图 5-91）。这一增速不仅远低于全国 23.3% 和 33.9% 的增速，较 2010 年的同比增速相比也

图5-91　2011年浙江省医药工业主要产品产量同比变化

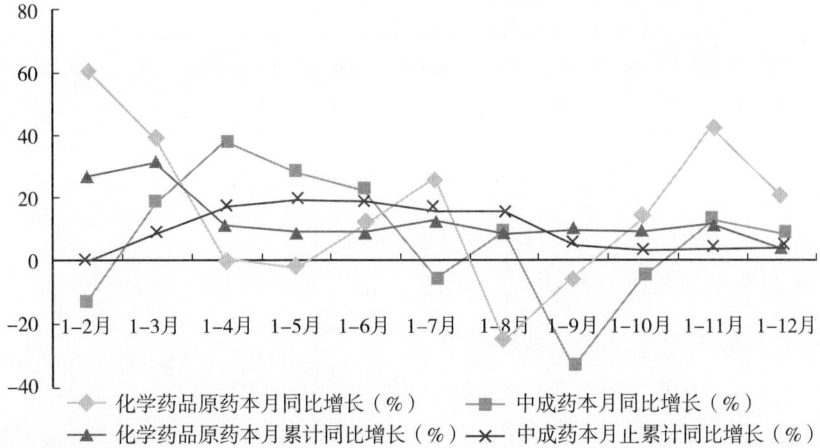

数据来源：国家统计局

分别下降了5.8个百分点和2.52个百分点。此外，在2011年1–12月，浙江省化学药品原药和中成药产量的波动也很大。其中，化学药品原药产量在2月份的同比增速超过了60%，而在8月份的同比增速竟为–25.26%。中成药也不例外，其4月份产量的同比增速达到了38.%，但9月份的同比增速竟然降至–34.1%。

2、工业销售产值平稳增长

2011年1–12月，医药制造业实现工业销售产值811.79亿元，同比增长18.5%，增速在第三季度略有回落，但全年呈上升态势。这一结果表明，2011年浙江省医药制造业整体上在稳步发展。

就各子行业看，通过计算不同子行业工业销售产值占比发现，化学药品原药制造的比重高达52.19%，占据了浙江医药的半壁江山。化学药品制剂制造业位列第二，比例为22.65%，这两个行业合计占了浙江医药整体的3/4。由此也可看出，浙江医药工业仍以基础化学制药为主，结构较为单一，产业层次有待提升。增速方面，2011年浙江省中药饮片加工业的同比增速最快，增长了29.13%。生物、生化制品的制造业增速最慢，仅为5.01%（见图5–92）。

图5–92 2011年浙江省医药制造业各行业工业销售产值及同比变化

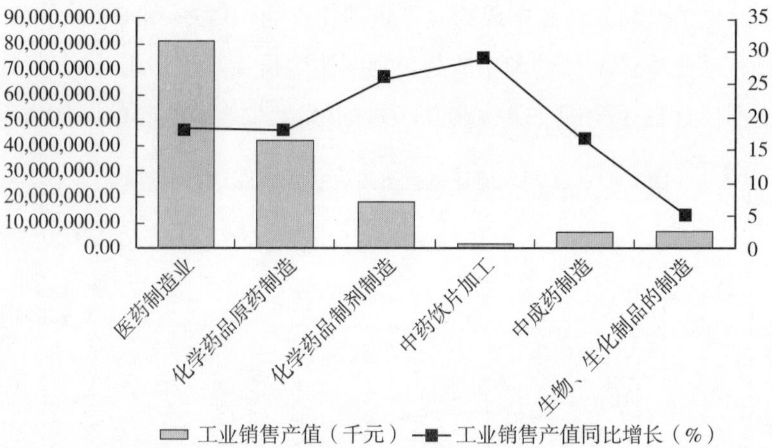

数据来源：国家统计局

3、主要相关价格指数变化差异明显

2011年1–11月，浙江省医药制造业主要相关价格指数中，医疗保健及个人用品价格指数颇为平缓，维持在102–104之间，整体呈上行态势，但幅度极低，说明该产品的整体供求相对稳定。但中西药品及医疗保健用品零售价格指数变动较大，该指数在1月份达到峰值108.11，随后迅速下滑，9月份又有攀升，在一定程度上表明市场需求的不稳定性（见图5-93）。

图5-93　2011年1-11月浙江省中西药品、医疗保健及个人用品价格指数

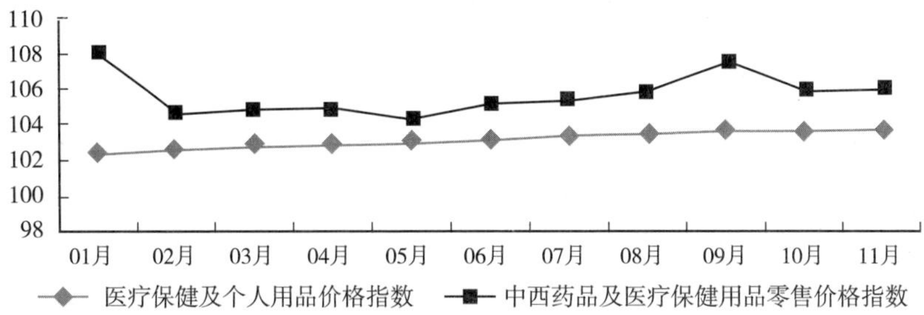

数据来源：国家统计局

4、出口交货值呈波动增长

2011年，医药制造业实现出口交货值240.61亿元，同比增长15.69%，较一季度相比超出了0.64个百分点，但较年度峰值减少了1.29个百分点，整体呈波动增长趋势。

就各子行业看，通过计算不同子行业出口交货值占比发现，化学药品原药制造业的出口交货值规模最大，占比高达77.2%，成为医药工业的绝对出口主力。增速方面，化学药品制剂制造业的出口同比增速最高，达24.58%，而中药饮品加工和中成药制造两个行业出口情况低迷（见图5-94）。

图5-94　2011年浙江省医药制造业各业出口交货值及同比变化

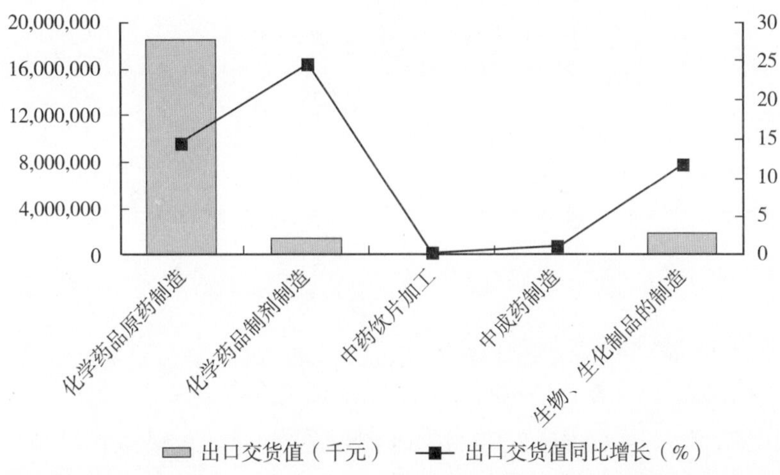

数据来源：国家统计局

5、盈利能力分析

（1）利润总额波动中增长，主营业务收入增速相对稳定

2011 年 1–12 月，浙江省医药制造业累计实现主营业务收入 833.79 亿元，同比增长 17.65%，增势在下半年出现下行趋势，但回落幅度不大。同期，实现利润总额 106.36 元，同比增长 18.66%，全年呈波动性增长（见图 5–95）。

图5–95　2011年浙江省医药制造业利润总额与主营业务收入同比变化

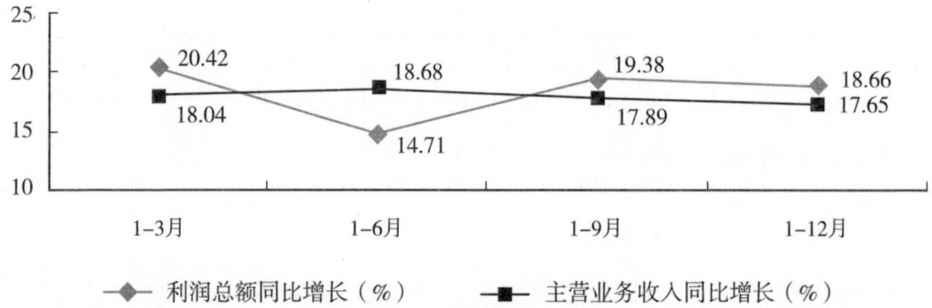

数据来源：国家统计局

就各子行业看，化学药品制剂制造的利润总额同比增长幅度最大，增速达到了 63.11%，并高出其主营业务收入增速 36.8 个百分点，说明该行业利润率比较高，具有较强的净盈利能力。中药饮片加工的主营业务收入增速最快，为 32.82%，这与中药材价格上涨有关（见图 5–96）。

图5–96　2011年浙江省医药各子行业利润总额与主营业务收入同比变化

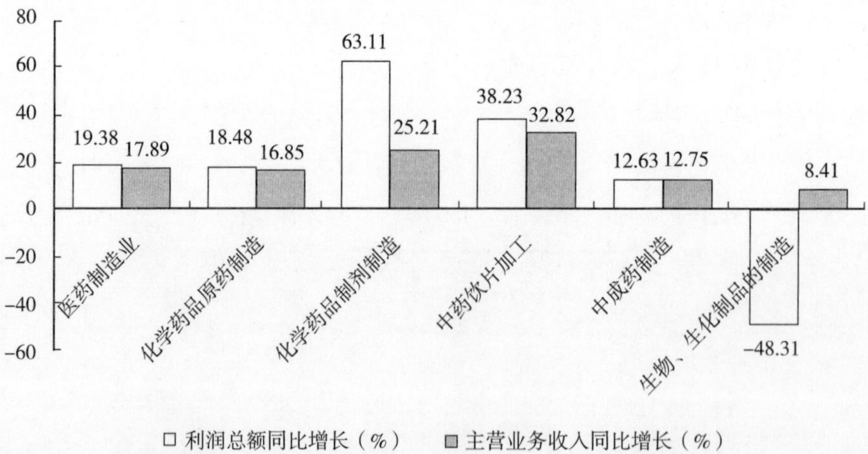

数据来源：国家统计局

（2）主营业务利润率和成本费用利润率略有回升

2011 年 1–12 月，医药工业主营业务利润率和成本费用利润率分别为 12.8% 和 14.0%，两个利润率皆呈平稳上扬趋势，变化方向基本一致，增长幅度大体相同。其中，成本费用利润率一直高于主营业务利润率，说明浙江医药工业对成本费用的控制更为有力（见图 5–97）。

图5–97　2011年浙江省医药制造业主营业务利润率和成本费用利润率同比变化

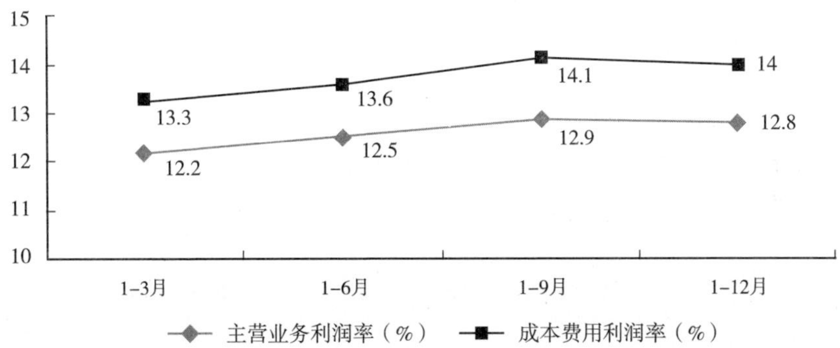

数据来源：国家统计局

就各子行业看，2011 年化学药品制剂制造的利润率仍居首位，化学药品原药制造和中成药制造这两个行业的经营效益也较好，但中药饮片加工和生物、生化药品的制造两行业的利润率偏低。

6、偿债能力分析

（1）资产负债率先升后降

2011 年 1–12 月，医药制造业资产合计 1129.17 亿元，同比增长 21.36%，全年增速相对平稳。同期，负债合计 529.3 亿元，同比增长 23.37%，较一季度上升了 4.13 个百分点。综合两个方面，资产负债率达到了 46.9%，且呈现出先升后降的态势。由于总负债增速高于总资产的增速，导致浙江省医药制造业的资产负债率略有上扬，偿债能力有所弱化。不过，46.9% 的资产负债率相对而言，资产安全度比较适当（见图 5–98）。

图5-98　2011年浙江省医药工业资产负债率情况

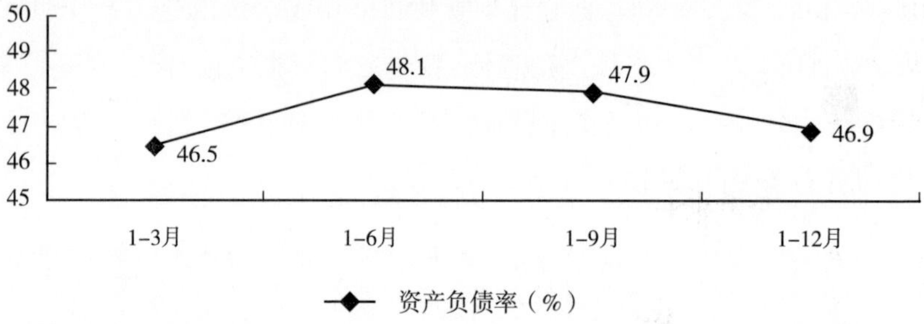

数据来源：国家统计局

就各子行业看，2011年生物、生化制品的制造业资产负债率最低，仅为38.4%，显示出该行业经营对自有资金依赖度相对较高，举债谨慎，资产更为安全。而化学药品制剂制造业的负债率最高，达到了52.8%（见图5-99）。

图5-99　2011年浙江省医药工业各子行业资产负债率情况

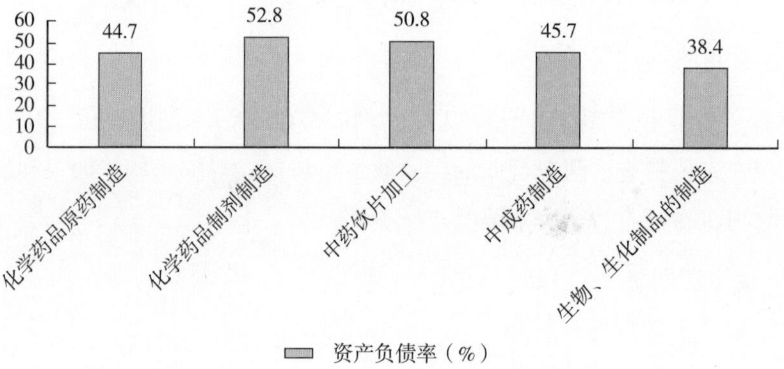

数据来源：国家统计局

（2）利息保障倍数上半年增势明显，下半年保持稳定

2011年1-12月，浙江省医药制造业利息支出总计12.2亿元，同比增长22.97%，增速在年中略有回落，但全年上升趋势比较明显。利息保障倍数为9.7，在上半年增长了1.5个百分点后，下半年稳定的维持在9.7左右。这一情况说明，浙江省医药制造企业支付负债利息的能力和长期抗债能力相当稳定（见图5-100）。

就各子行业看，中成药制造以 16.9 的利息保障倍数居于五大子行业之首，化学药品制剂制造业也取得了 15.5 的高倍数，表明这两个行业获利能力对偿还到期债务的能力较强。而生物、生化制品的制造业居末位，利息保障倍数低于整个医药制造业整体水平 2.7 个百分点（见图 5–101）。

图5–100　2011年浙江省医药工业利息保障倍数情况

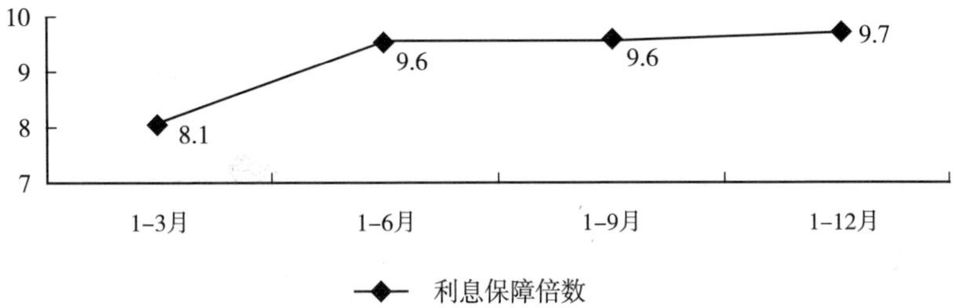

数据来源：国家统计局

图5–101　2011年浙江省医药制造业各行业利息保障倍数

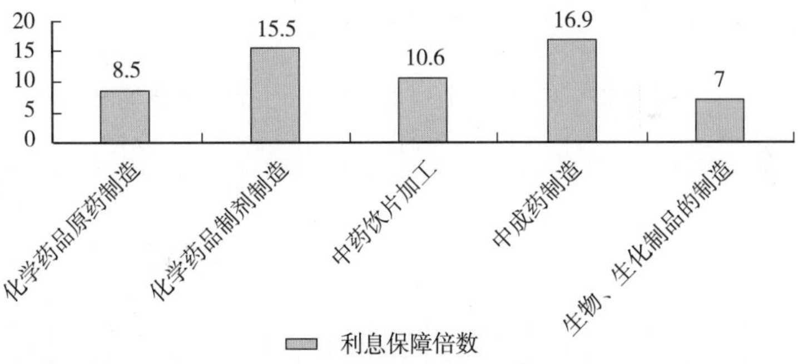

数据来源：国家统计局

（3）亏损面缩小，亏损程度明显减轻

2011 年 1–12 月，医药制造业亏损企业累计为 57 家，同比增长 54.05%，亏损面为 14.9%，全年呈下滑趋势。较一季度相比，亏损面下降了 6.7 个百分点。同期，亏损企业的亏损总额为 3.84 亿元，同比增长 39.08%，亏损度为 3.6%，较一季度相比降低了 7.8 个百分点。虽年末时微有反复，但整体仍呈现出大幅缓解的迹象（见图 5–102）。

图5-102 2011年浙江省医药制造业亏损情况

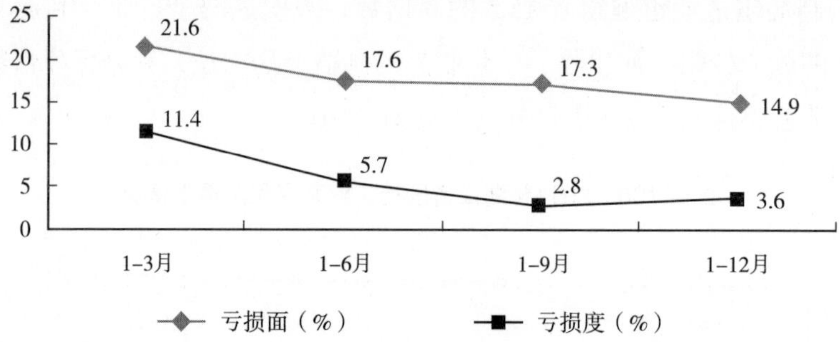

数据来源：国家统计局

就各子行业看，2011 年浙江省医药制造各子行业亏损面都不低。其中，中药饮片加工业亏损面最大，有将近 1/5 的企业都处在亏损当中。这主要与中药材价格快速上涨引起的成本激增有关。不过，该子行业的亏损程度不深，表明其整体运营受到的影响不太大。生物、生化制品的制造业亏损度则高达 28.2%，亏损企业处于深度亏损中。该子行业的亏损面为 10.7%，低于医药工业均值 4.2 个百分点（见图 5-103）。

图5-103 2011年浙江省医药制造业各行业亏损情况

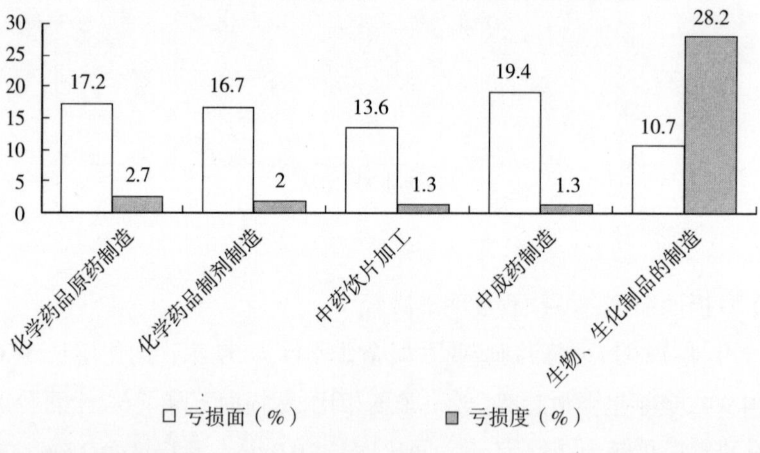

数据来源：国家统计局

7、营运能力分析

（1）应收账款占比降低且降幅明显

2011 年 1-12 月，浙江省医药制造业应收账款净额 142.7 亿元，同比增长

22.91%，应收账款占主营业务收入的比重为17.1%，较一季度相比下降了54.4%，全年下行趋势明显（见图5-104）。

图5-104　2011年浙江省医药制造业应收账款占主营业务收入比重变化

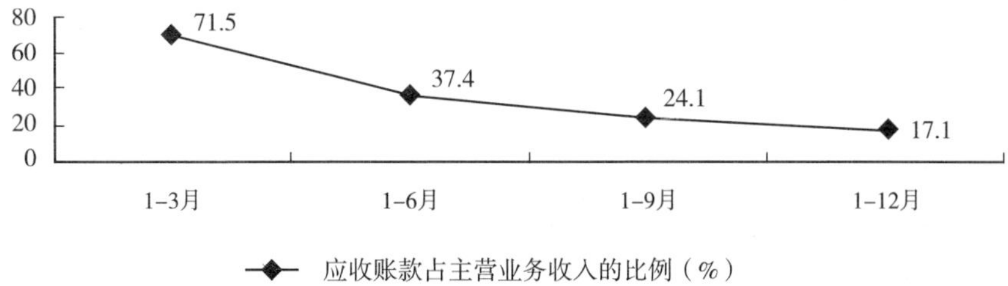

数据来源：国家统计局

就各子行业看，化学药品原药制造业的应收账款占主营业务比率最低，仅为14.0%，说明其营收中资本质量比较好。化学药品制剂制造业的应收账款占比最高，达到了23.2%，反映出该行业对赊销依赖程度较高，影响了企业的资金周转（见图5-105）。

图5-105　2011年浙江省医药制造各子行业应收账款占主营业务收入比重

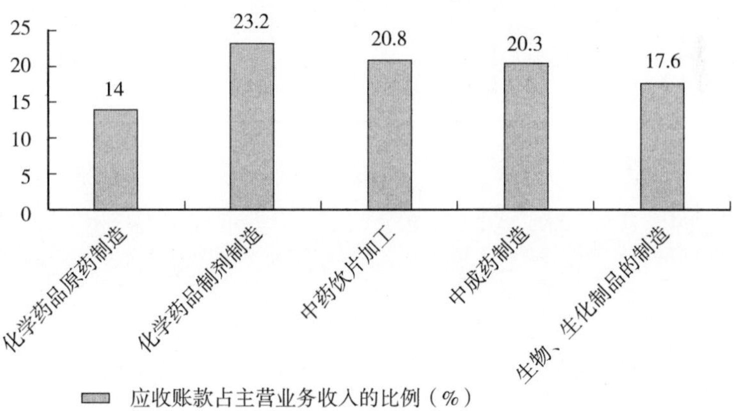

数据来源：国家统计局

（2）流动资产周转率稳步提升，但整体水平仍不高

2011年1-12月，医药制造业累计流动资产659.19亿元，同比增长24.22%，流动资产周转率为126.5%，全年呈直线上扬态势，反映出浙江医药工业流动资产利用效率有了稳步提升（见图5-106）。

就各子行业看，2011年浙江省医药制造五大子行业的流动资产周转率整体水平均不高，说明浙江医药行业资产利用效率有待提高。其中，中药饮片加工的周转次数最高，但也仅为1.5次（见图5-107）。

图5-106 2011年浙江省医药制造业流动资产周转率变化

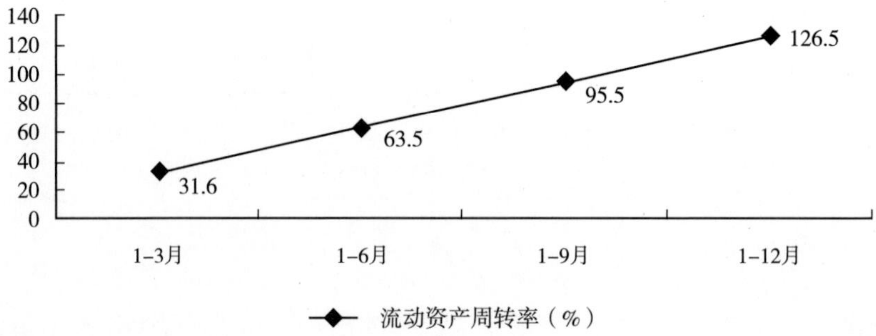

数据来源：国家统计局

图5-107 2011年浙江省医药制造各子行业流动资产周转率

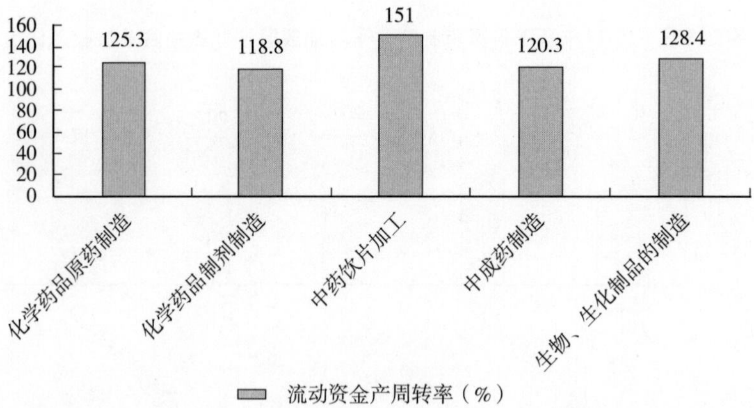

数据来源：国家统计局

8、成长能力分析

2011年1-12月，浙江省医药制造业实现所有者权益599.87亿元，资本积累率为11.47%，增速在第四季度提升较快，比前三季度增长了6.24个百分点。

就各子行业看，生物、生化制品的制造业资本积累率最高，达24.2%，远远领先于其他行业。虽然该业在2011年盈利能力并不突出，但如此高的积累率水平表现出该行业资产持续发展的能力和良好的发展前景，这与国家将生物医药列为新兴产业重点的政策也密切相关。中成药制造的资本积累率最低，仅为 2.3%（见图 5-108）。

图5-108 2011年浙江省医药制造业及各子行业资本积累率情况

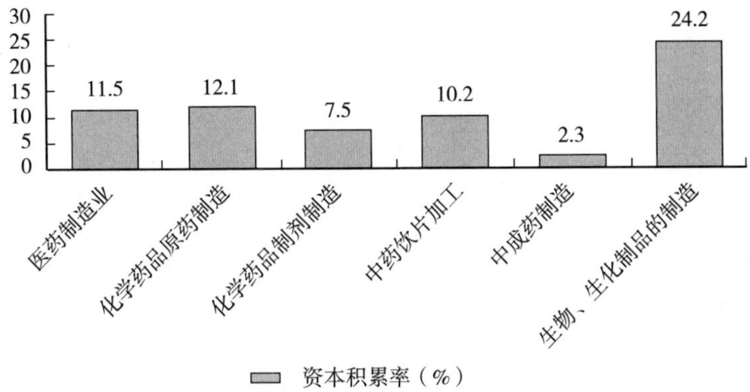

数据来源：国家统计局

第三章
江苏省消费品工业发展状况

一、2011年江苏省消费品工业发展环境分析

（一）宏观经济环境

2011年，江苏省紧紧围绕认真落实“六个注重”，大力实施“六大战略”，全面推进“八项工程”，全力以赴稳增长、转方式、抓创新、控物价、惠民生、促和谐。全省经济社会发展总体良好，科学发展取得重大成效，在完善基本经济制度、改革财税金融和环境资源价格体制、调节收入分配关系、破除城乡二元结构等方面取得了一些新的突破。

1、经济稳中求进

2011年，面对国内的宏观调控和国际需求的疲软，江苏省经济仍然实现了良好的发展态势。全年GDP超过4.8万亿元，同比增长了11%。虽然增速有所放缓，但还是超出了全国GDP的平均增速，这为消费品工业的发展创造了稳定、良好的发展环境（见图5-109）。

图5-109　2007年4季度-2011年3季度江苏GDP增长趋势

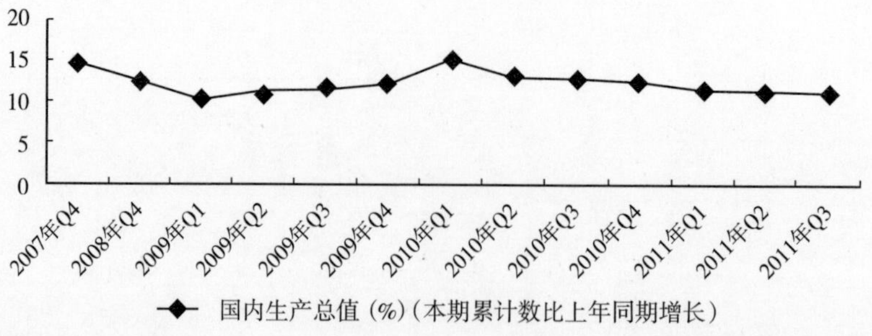

数据来源：国家统计局

2、工业增加值增速趋缓

就规模看，2011 年江苏省规模以上工业企业的产值突破 10 万亿元，工业增加值达到了 2.5 万亿元，总量居全国第一。就增速看，2011 年全年江苏省规模以上工业完成增加值同比增长 13.8%。虽然这一增幅较 2010 年的 14.6% 和全国的 13.9% 分别低了低 0.8 个、0.1 个百分点，但高于东部地区的平均值（11.7%）2.1 个百分点（见图 5-110）。

图5-110　2011年江苏省工业增加值同比变化

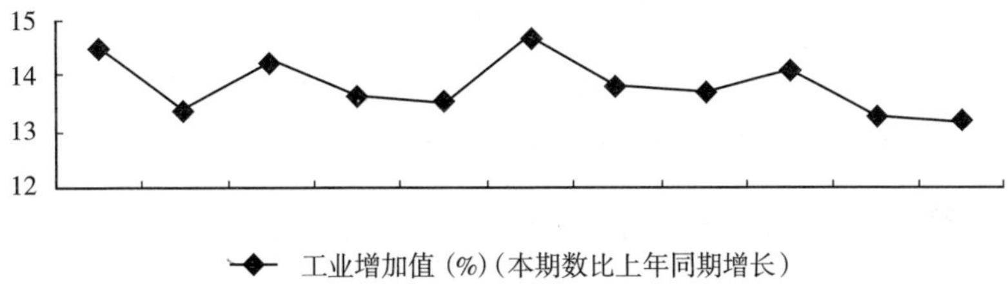

数据来源：国家统计局

3、进出口取得突破

2011 年，江苏省外贸进出口首次突破 5000 亿美元大关，达到 5397.6 亿美元，比 2010 年增长了 15.9%。其中，出口额为 3126.2 亿美元，进口额为 2271.4 亿美元，累计实现贸易顺差 854.8 亿美元，同比增长 13.5%。工业制品出口首次突破 3000 亿美元，同比增长 15.1%，占全省总商品出口总额的 98%（见图 5-111）。

图5-111　2011年江苏省进出口同比变化

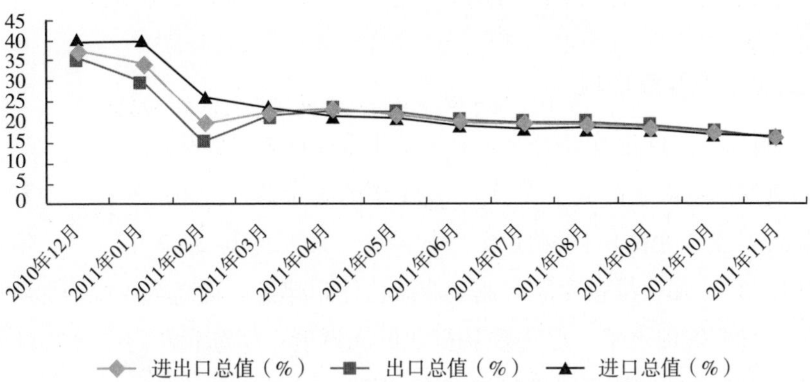

数据来源：国家统计局

就出口市场分布看，虽然2011年国际市场环境依旧复杂，但江苏省对传统市场和新兴市场的出口增长稳定。对欧盟、美国、日本、中国香港的出口额比2010年分别增长2.9%、6.3%、20.3%和31.2%，对东盟、韩国、中国台湾的出口额也分别增长23.9%、21.4%和14.8%；对拉丁美洲、非洲、俄罗斯分别增长了33%、28%和31.8%。

4、城乡居民收入快速增长

2011年，江苏城乡居民收入分别突破2.5万元和1万元，年人均纯收入2500元以下的绝对贫困人口提前一年全面脱贫。前三季度，城镇居民人均实际收入21812.87元，人均可支配收入19884.6元。城镇单位劳动报酬同比增加19.1%，平均劳动报酬同比增长13.9%（见图5–112）。

图5–112　2011年江苏城镇单位劳动报酬和城镇可支配收入情况

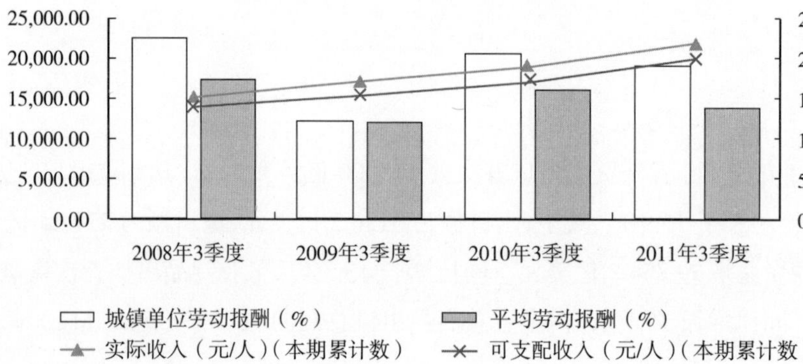

数据来源：国家统计局

（二）产业政策环境

1、制定《2011年食品工业企业诚信体系建设工作实施方案》

为贯彻国务院食品安全委员会2011年的工作部署，组织实施工业和信息化部《食品工业企业诚信体系建设工作实施方案（2010–2012年）》（工信部消费[2010]549号），加快推进食品工业企业诚信体系建设，提高企业诚信保障能力和食品质量安全管理水平，促进食品行业健康发展，江苏省制定了《2011年江苏省食品工业企业诚信体系建设工作实施方案》（下称《方案》）。

《方案》要求全省各市要从保障和改善民生、建设和谐社会的高度重视食品质量安全问题，把食品工业企业诚信体系建设作为建设食品安全长效机制的重要内容，督促企业增强诚信意识，加强企业诚信制度建设，落实食品安全主体责任。要切实履行职责，结合本地实际情况，根据省有关要求会同本地有关部门和行业协会认真制定推进本地区食品工业企业诚信体系建设的工作方案，明确目标任务，落实工作措施，加强协调配合，精心组织实施，共同推动全省食品工业企业诚信体系建设工作。

这一方案的实施，将会推动江苏食品工业企业诚信体系的建设，提升食品安全的监管水平和应对食品安全问题的反应能力，促进食品企业安全生产和诚信生产。

2、开展乳品行业开展项目（企业）审核清理工作

为贯彻落实《国务院办公厅关于进一步加强乳品质量安全工作的通知》（国办发〔2010〕42号）和《食品安全办关于加强乳品质量安全工作任务分工的通知》（食安办〔2010〕5号）的精神，以及国家工业与信息化部、发展改革委员会、质量技术监督检验检疫总局联合下发的《关于在乳品行业开展项目（企业）审核清理工作的通知》（工信部联消费〔2010〕598号），江苏省经信委、江苏省发改委和江苏省质检局联合下发了《关于在乳品行业开展项目（企业）审核清理工作的紧急通知》（苏经信消费〔2010〕第1075号，以下简称《通知》）。根据《通知》，对全省乳制品项目（企业）开展全面审核清理工作。

上述审核清理工作的主要任务集中于三个方面：一是全面清理在建、拟建乳制品工业项目，重点审查项目核准、环保、土地、城市规划、信贷审批是否符合国家有关法律法规和政策。对尚未开工的拟建项目，严格按照行业准入条件要求，重点加强对建设项目的起始规模、配套奶源基地、布局合理性、出资人必备条件等方面进行审核，防止盲目投资和重复建设，杜绝违规投资；二是对已建乳制品工业项目（企业）进行严格审核清理。根据《乳制品工业产业政策（2009年修订）》中关于工艺与装备、产品质量、能耗及水耗、环境卫生与保护、安全和社会责任等相关要求，对全省所有已建乳制品工业项目（企业）进行审核清理；三是对乳制品生产企业重新进行生产许可条件的审核。按照《关于对获得生产许可证的乳制品生产企业生产许可条件重新审核的通知》（国质检食监函〔2010〕811号）精神和《关于发布企业生产婴幼儿配方乳粉许可条件审查细则（2010版）和企业生产乳制品许可条件审查细则（2010版）的公告》（质检总局公告2010年第

119 号）相关要求，对已获得生产许可证的乳制品生产企业重新进行严格审核。

3、在食品药品行业开展“讲诚信、保质量、树新风”活动

为切实保障人民群众身体健康和生命安全，坚决纠正食品药品安全领域不正之风，落实工信部《关于在食品药品行业开展“讲诚信、保质量、树新风”活动的通知》，江苏省经信委开展了在食品药品行业开展“讲诚信、保质量、树新风”活动。为保证活动取得成效，首先，要求切实提高对保障食品药品安全重要性的认识；其次，采取积极有效措施，促进食品行业健康发展；第三，推进诚信体系建设，建立保障食品安全长效机制；最后，落实企业主体责任，全面提升质量安全水平。

（三）相关产业

1、主要农牧产品产量增加，价格平稳

2011 年，江苏省农业发展呈增长态势，主要农产品产量稳步增加。其中，小麦粉产量 788.18 万吨，全年增速持续上扬，1–9 月份同比增长达到峰值 19.3%；大米产量 548.73 万吨，增长受季节影响，有所波动；精制食用植物油产量 482.53 万吨，呈波动性增长；乳制品产量 100.25 万吨，发展相对平稳。稳定发展的农牧业为消费品工业提供了良好的原材料基础（见图 5–113）。

图5–113　2011年江苏省主要农产品、乳制品产量同比增长情况

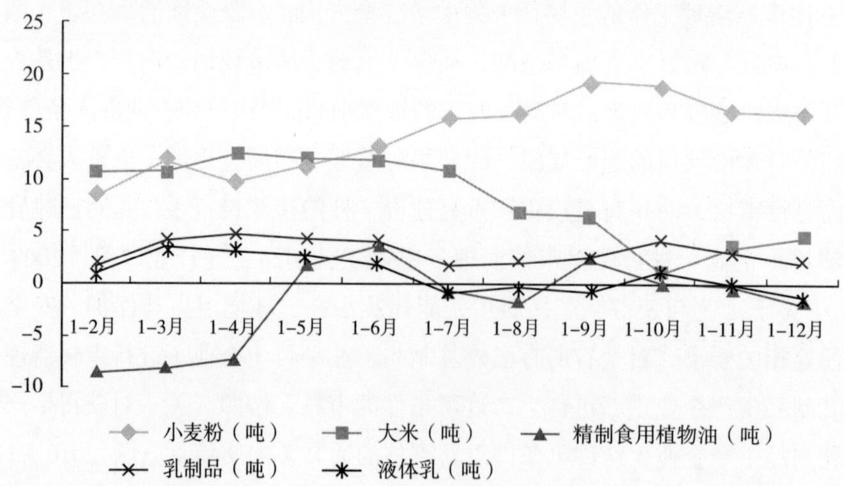

数据来源：国家统计局

就价格指数而言，2011 年前三季度，江苏省农牧业生产价格指数整体上扬，但各指数之间变化区别较大。其中，畜牧业产品价格指数呈直线增长，已经与危机前的 2007 年持平；种植业与渔业价格指数相对平稳（见图 5-114）。

图5-114　2007年4季度-2011年3季度江苏农牧业生产价格指数变化情况

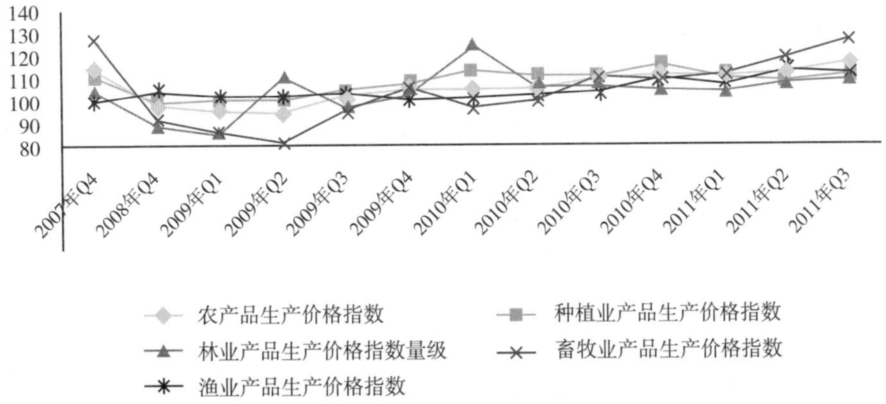

数据来源：国家统计局

2、装备制造业高位运行

2011 年，江苏省装备制造业整体发展态势良好，工业总产值突破 4 万亿元，增长 26.2%，高于江苏全省工业平均增速 1.2 个百分点，占全省规模以上工业总产值的比重达到 42.0%，较上年提高 0.9 个百分点。主营业务收入同比增长了 24.9%，利税和利润也分别同比增长了 25.9% 和 23.6%。出口交货值 16034.89 亿元，同比增长 20.4%，增速高于全省工业平均出口交货值增速 1.7 个百分点。

就各子行业看，通信设备、计算机及其他电子设备制造业占比最高。工业销售产值占整个工业销售产值的比达到了 30.98%，出口交货值占比更是高达 65.72%，是江苏省装备制造业和整个工业的绝对主力。增速方面，集装箱及金属包装容器制造业工业销售产值同比增长最快，达到了 42.4%。搪瓷制品制造业的出口交货值同比增速最高，达到了 110.44%（见图 5-115）。

图5–115　2011年江苏装备制造业工业销售产值和出口交货值同比增长变化

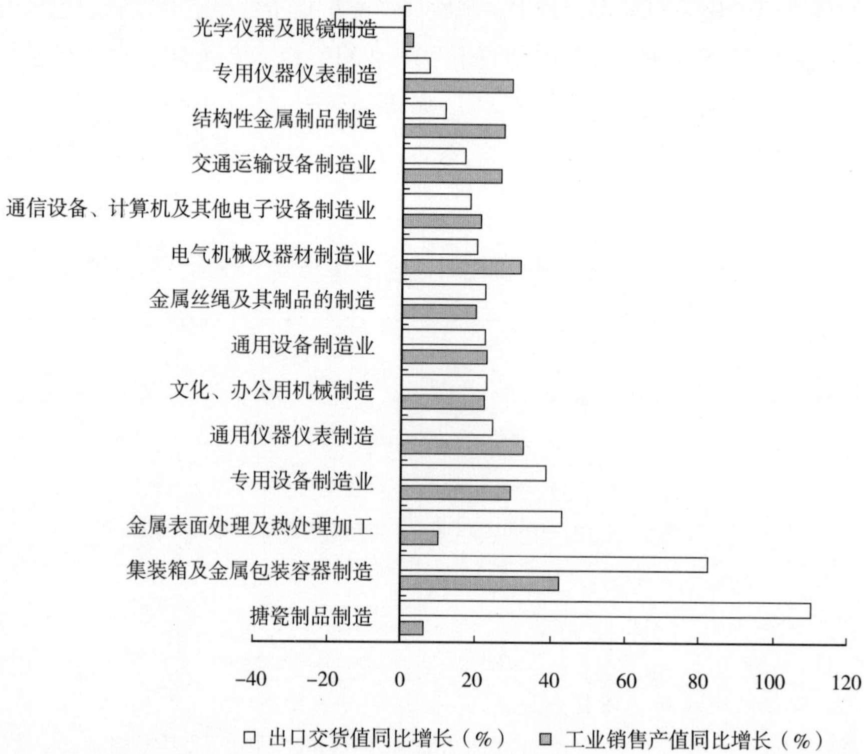

数据来源：国家统计局

二、2011年江苏消费品工业发展状况分析

（一）发展及地位变化

1、生产快速发展，行业变化各异

2011年，江苏省消费品工业实现实现工业总产值超过2.5万亿元，同比增长23.3%，生产呈快速发展态势。

就各子行业看，不同行业在整个消费品工业中的地位各不相同。其中，纺织业居于龙头地位，2011年实现工业销售产值6229.16亿元，在整个消费品工业中所占的比重最大，占比达到了27.62%。纺织服装、鞋、帽制造业位列第二，占整个消费品工业的比重为12.17%。地位变化方面，近三年来消费品工业各行业所占比重有所改变，纺织业与纺织服装、鞋、帽制造业的比重逐年降低；化学纤维制造、医药制造与电池制造三个行业的比重逐年走高，其他行业保持相对稳定。

其次，由不同子行业的增速看，2011 年 22% 的行业工业销售产值同比增速超过 30%。除采盐业外，约 6 成的行业增速在 20% 以上。其中，采盐业更是取得了 53.46% 的高增长率（见图 5–116）。此外，纺织业是江苏省消费品工业的支柱产业，连续三年工业销售产值排名前列（见表 5–14），医药制造业也始终维持着 30% 左右的增长（见表 5–15）。

图5–116　2011年江苏消费品工业各行业工业销售产值同比增长情况

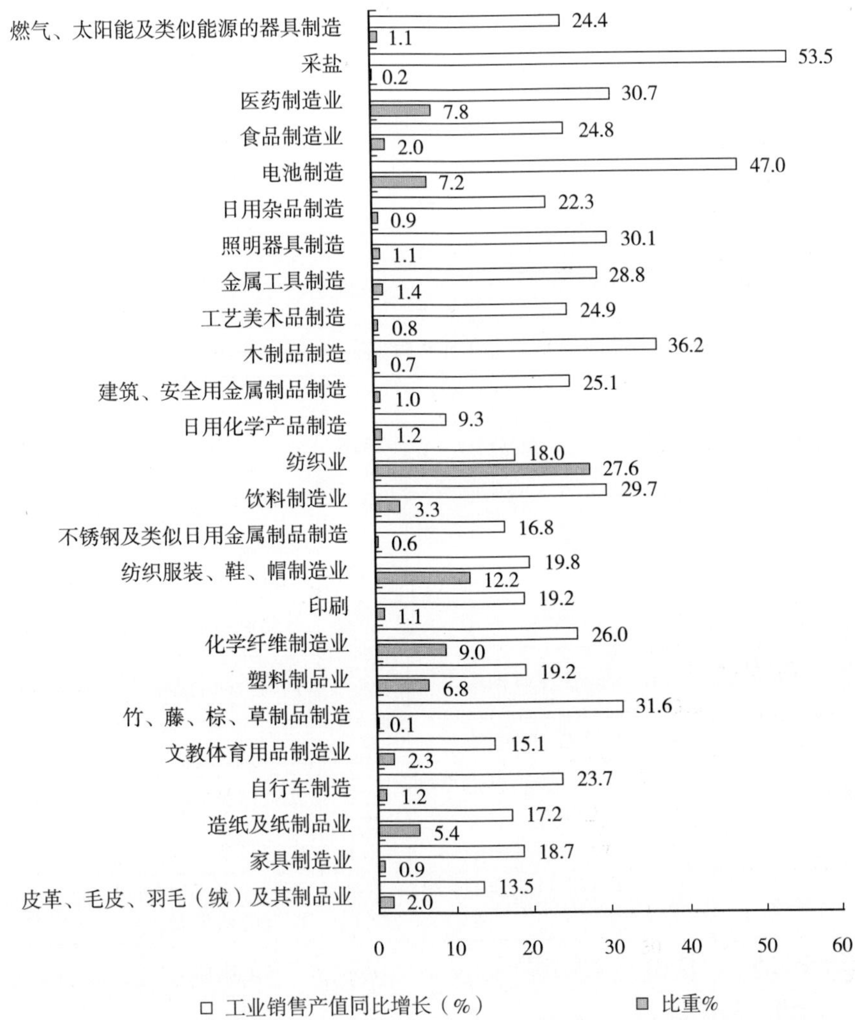

数据来源：国家统计局

表 5-14　2009-2011 年江苏省消费品工业各行业工业销售产值前十名（%）

2011年		2010年		2009年	
行业	比重	行业	比重	行业	比重
纺织业	27.6	纺织业	28.8	纺织业	29.8
纺织服装、鞋、帽制造业	12.2	纺织服装、鞋、帽制造业	13.2	纺织服装、鞋、帽制造业	13.6
化学纤维制造业	9.1	化学纤维制造业	8.2	化学纤维制造业	7.8
医药制造业	7.8	塑料制品业	7.4	塑料制品业	7.4
电池制造	7.2	医药制造业	6.7	医药制造业	6.4
塑料制品业	6.8	电池制造	5.9	造纸及纸制品业	5.7
造纸及纸制品业	5.4	造纸及纸制品业	5.6	电池制造	5.2
饮料制造业	3.3	饮料制造业	3.0	饮料制造业	3.0
文教体育用品制造业	2.3	文教体育用品制造业	2.6	文教体育用品制造业	2.6
皮革、毛皮、羽毛(绒)及其制品业	2.1	皮革、毛皮、羽毛(绒)及其制品业	2.3	皮革、毛皮、羽毛(绒)及其制品业	2.4

数据来源：国家统计局

表 5-15　2009-2011 年江苏省消费品工业各行业工业销售产值同比增长前十名（%）

2011年		2010年		2009年	
行业	增速	行业	增速	行业	增速
采盐	53.5	燃气、太阳能及类似能源的器具制造	65.5	医药制造业	29.4
电池制造	47.0	采盐	52.1	竹、藤、棕、草制品制造	28.2
木制品制造	36.2	电池制造	47.6	饮料制造业	24.2
竹、藤、棕、草制品制造	31.6	金属工具制造	43.7	日用杂品制造	18.5
医药制造业	30.7	日用杂品制造	36.8	印刷	17.7
照明器具制造	30.1	竹、藤、棕、草制品制造	32.6	文教体育用品制造业	15.6
饮料制造业	29.7	照明器具制造	30.1	电池制造	15.6
金属工具制造	28.8	饮料制造业	29.7	燃气、太阳能及类似能源的器具制造	15.2
化学纤维制造业	26.0	塑料制品业	29.0	木制品制造	13.4
建筑、安全用金属制品制造	25.1	医药制造业	28.3	食品制造业	12.6

数据来源：国家统计局

2、在江苏省整个工业中的地位有所下降

2011 年，消费品工业销售产值发展态势良好，并连续两年领先于江苏工业的增速，尽管近三年来，随着结构调整和消费品工业产业转移的加快，消费品工业在江苏整个中的地位有所下降，但下降幅度不大，所占比重仍维持在 21%-23% 之间（见图 5-117）。

图5-117　2009-2011年江苏省消费品工业销售产值在整个工业中的地位及其变化（%）

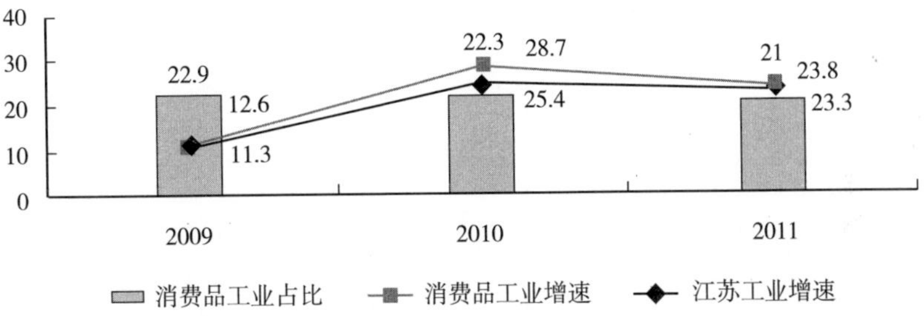

数据来源：国家统计局

3、在全国消费品工业中的地位略有下降

2011 年，江苏省消费品工业销售产值占全国消费品工业销售产值的比为 16.89%，较 2010 年和 2009 年分别降低了 0.38% 和 0.68%，呈现出逐步下滑的迹象，但幅度不大。

就各子行业看，化学纤维制造业居首，占全国该行业的达到了 35.9%，区位熵为 2.54。电池制造为江苏的优势产业，工业销售产值占全国该行业的比接近 1/3。自行车制造以 2.02 的区位熵跻身江苏消费品工业三强。此外，江苏省的燃气、太阳能及类似能源的器具制造等 7 个行业同样具有较高的专业化水平（见表 5-16）。

表 5-16　2011 年江苏省消费品工业各行业工业销售产值项下的区位熵

行业	江苏占比%	区位熵
化学纤维制造业	35.9	2.5
电池制造	33.0	2.3
自行车制造	28.6	2.0
燃气、太阳能及类似能源的器具制造	24.9	1.8
纺织服装、鞋、帽制造业	22.7	1.6

（续表）

行业	江苏占比%	区位熵
纺织业	21.0	1.5
日用杂品制造	20.8	1.5
金属工具制造	20.6	1.5
文教体育用品制造业	17.6	1.3
采盐	16.0	1.1
医药制造业	13.7	1.0
造纸及纸制品业	11.1	0.8
塑料制品业	10.8	0.8
照明器具制造	10.0	0.7
日用化学产品制造	9.6	0.7
木制品制造	9.2	0.7
建筑、安全用金属制品制造	9.1	0.6
印刷	8.0	0.6
饮料制造业	7.2	0.5
烟草制品业	7.0	0.5
不锈钢及类似日用金属制品制造	6.2	0.4
皮革、毛皮、羽毛(绒)及其制品业	5.7	0.4
家具制造业	4.5	0.3
工艺美术品制造	4.3	0.3
食品制造业	3.6	0.3
竹、藤、棕、草制品制造	3.0	0.2
钟表与计时仪器制造	0.4	0.03

数据来源：国家统计局

（二）出口交货值情况

1、出口交货值平稳增长

2011 年 1–12 月，消费品工业实现出口交货值 4074.22 亿元，同比增长 13.9%，整体状况趋好。

就各子行业看，纺织业的出口情况最好，2011 年实现出口交货值 957.95 亿元，同比增长 12.02%。占比也最大，其所占比重达到 23.51%。增速方面，22% 的行业取得了两成以上的增速，37% 的行业以 10%–20% 的速度增长。其中，燃气、太阳能及类似能源的器具制造业 2011 年的出口交货值同比增长高达 218.67%，此外，采盐业的出口也增长了45.65%。但钟表与计时仪器制造业出口表现较差，出口交货值同比负增长97.16%（见图5-118）。

图5-118 2011年江苏省消费品工业各子行业出口交货值同比增长变化

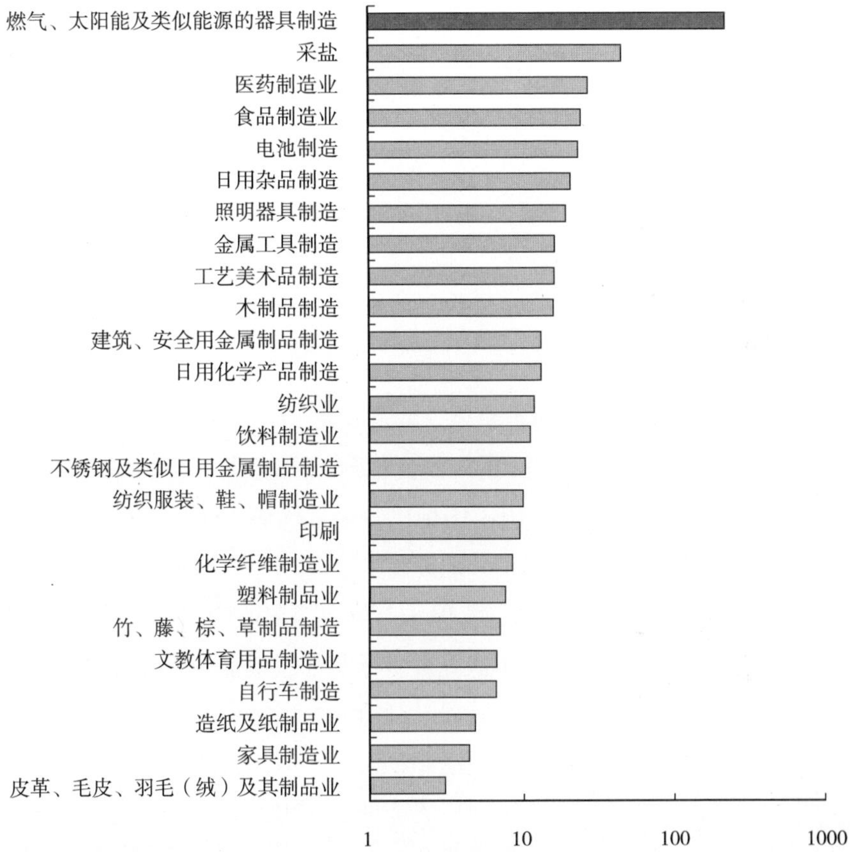

数据来源：国家统计局

2、在江苏省整个工业中的出口地位略有下降

近年来，在江苏整个工业中，消费品工业出口交货值占比约为20%左右。进入2011年，这一比重有所下降，降至19.1%（见图5-119）。

不过，消费品工业的出口交货值增速依然领跑于江苏工业。2011年，消费品工业作为传统的优势出口部门，在外贸出口困难重重的环境下，积极应对农产品、中药原材料、棉花等原料价格持续上涨、用工成本上升、融资难度加大、国际突发事件等不利影响，保持平稳增长态势，实现了“十二五”的良好开局。

图5-119　2009-2011年江苏省消费品工业出口交货值在整个工业中的地位及同比增长（%）

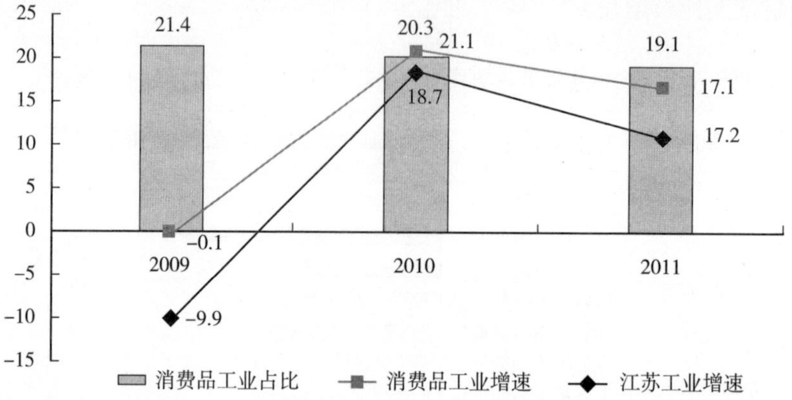

数据来源：国家统计局

3、在全国消费品工业中的出口地位略有提高

2011年，江苏省消费品工业出口交货值占全国消费品工业出口交货值比为20.6%，与其工业销售产值的全国占比相比，更具优势。而且，近三年来该比重呈上升状态，较2010年和2009年分别提高了0.5%和0.42%。

就各子行业看，化学纤维制造业仍居首位，纺织业的出口发展势头也较好。此外，日用杂品制造、照明器具制造等8个行业也达到了一定的发达水平。值得注意的是燃气、太阳能及类似能源的器具制造业。虽然该行业的地区专业化程度比较高，工业销售产值项下的区位熵达到了1.77，但却是江苏省出口表现最差的行业，反映出该业发展的内需主导型特征（见表5-17）。

表5-17　2011年江苏省消费品工业出口交货值项下的区位熵

行业	江苏占比%	区位熵
化学纤维制造业	36.7	1.6
纺织业	34.1	1.5
日用杂品制造	34.0	1.5
照明器具制造	32.1	1.4
家具制造业	30.3	1.3
不锈钢及类似日用金属制品制造	28.8	1.3
建筑、安全用金属制品制造	28.5	1.3
医药制造业	25.2	1.1

（续表）

行业	江苏占比%	区位熵
皮革、毛皮、羽毛(绒)及其制品业	24.4	1.1
金属工具制造	23.5	1.0
饮料制造业	20.6	0.9
日用化学产品制造	19.5	0.9
纺织服装、鞋、帽制造业	19.1	0.8
塑料制品业	18.3	0.8
自行车制造	18.0	0.8
文教体育用品制造业	17.1	0.8
竹、藤、棕、草制品制造	14.7	0.6
工艺美术品制造	12.9	0.6
电池制造	12.4	0.6
印刷	12.3	0.5
木制品制造	12.1	0.5
造纸及纸制品业	9.9	0.4
烟草制品业	9.8	0.4
食品制造业	7.6	0.3
燃气、太阳能及类似能源的器具制造	6.8	0.3
钟表与计时仪器制造	4.4	0.2

数据来源：国家统计局

三、2011年江苏省消费品工业经济效益走势分析

（一）盈利能力分析

1、利润总额增速高于主营业务收入增速

2011 年 1–12 月，消费品工业完成主营业务收入超过 23000 亿元，同比增长 21.5%。同期，实现利润总额超过 1600 亿元，同比增长 26.0%，高于主营业务收入增速 4.5 个百分点。利润增速高于主营业务收入增速，表明 2011 年江苏省消费品工业的盈利能力增强。

就各子行业看，2011 年江苏省饮料制造业以 76.06% 的高利润增速位居榜首，并高出行业自身主营业务收入增速 45.09 个百分点。木制品制造与竹藤棕草制品制造两个行业的利润总额同比增速也超过了 50%，电池制造业获得了 41.18%

的利润增长。此外，14.8% 的行业利润增长了 30%–40%，29.6% 的行业增长了 20%–30%。总体而言，除钟表与计时仪器制造业利润总额同比负增长 545.3% 之外，江苏消费品主要行业盈利状况均较好。

2、主营业务利润率和成本费用利润率年末明显上扬

2011 年 1–2 月，消费品消费品工业的主营业务利润率为 6.9%，成本费用利润率为 7.3%，两个利润率在前三季度大体保持稳定，年末时上扬态势明显。这一变化表明，江苏消费品工业在第四季度的经营状态不错，主要原因在于国家宏观调控政策的松动（见图 5–120）。

就各子行业看，烟草制造业主营业务利润率和成本费用利润率皆为最高，分别为 17.0% 和 20.7%，饮料制造业盈利能力次之。此外，医药制造业、日用化学产品制造和印刷业这几个行业的利润率也大体维持在 10% 以上。

图5–120　2011年江苏省消费品工业主营业务利润率和成本费用利润率变化

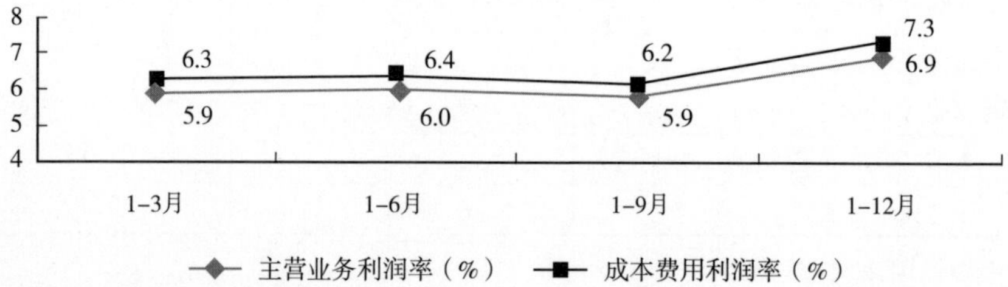

数据来源：国家统计局

（二）偿债能力分析

1、资产负债率相对稳定，但各子行业差异很大

2011 年 1–12 月，江苏省消费品工业的资产总额为 15559.57 亿元，同比增长 21.5%，全年呈下行趋势。同期，负债总额为 8635.07 亿元，同比增长 23.7%。综合两个方面，江苏省消费品工业 2011 年的资产负债率为 55.5%。相对于山东和浙江，江苏省消费品工业的资产负债结构更易于平衡债权人、股东和经营者等各方权益（见图 5–121）。

就各子行业看，钟表与计时仪器制造业的资产负债率最高，达 74.1%。这一比率高出同期全国该行业资产负债率 11.8 个百分点。电池制造与竹藤棕草制品制造两个行业，虽然利润增速不错，但资产负债率较高。烟草制品业是比率最低

的行业，仅 13.5%。

图5-121　2011年江苏省消费品工业资产负债率情况

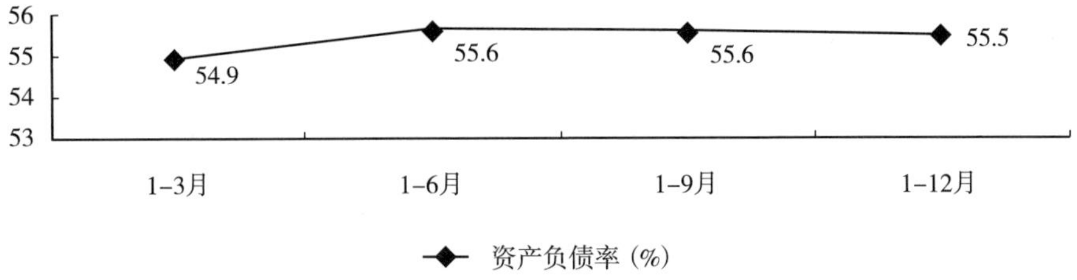

数据来源：国家统计局

2、利息保障倍数波动增加

2011 年 1-12 月，江苏省消费品工业累计利息支出 191.97 亿元，同比增长 36.6%，全年增速波动很大，年中时利息负担最重。利息保障倍数为 9.0，较一季度相比增长了 0.6 个百分点，全年呈波动性增长。这说明消费品工业长期抗债能力略显不稳定（见图 5-122）。

就各子行业看，饮料制造业的利息保障倍数最高，达到了 23.2，而且医药制造业也超过了 20 倍。这表明，这两个行业对利息支付能力最强。值得注意的是，烟草制造业的利息保障倍数为 -28.0，结合该行业极低的资产负债率可知，该行业的存款利息大于借款利息，显示出非常强的利息保障能力。但是，利息保障倍数同样为负数的钟表与计时仪器制造业则因其过高的资产负债率，显现出行业偿债的安全性与稳定性偏低（见图 5-123）。

图5-122　2011年江苏省消费品工业利息保障倍数变化

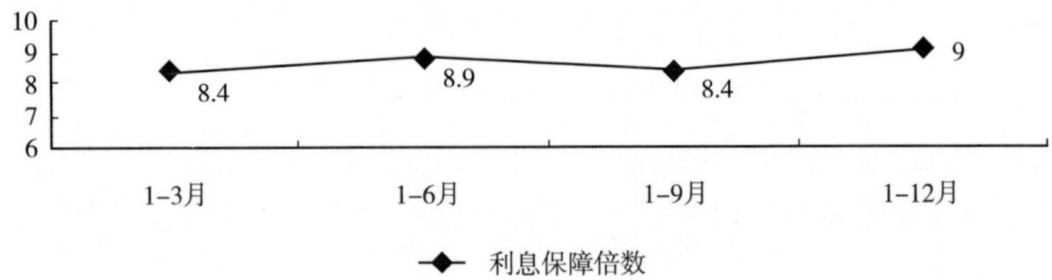

数据来源：国家统计局

图5-123　2011年江苏省消费品工业各子行业利息保障倍数

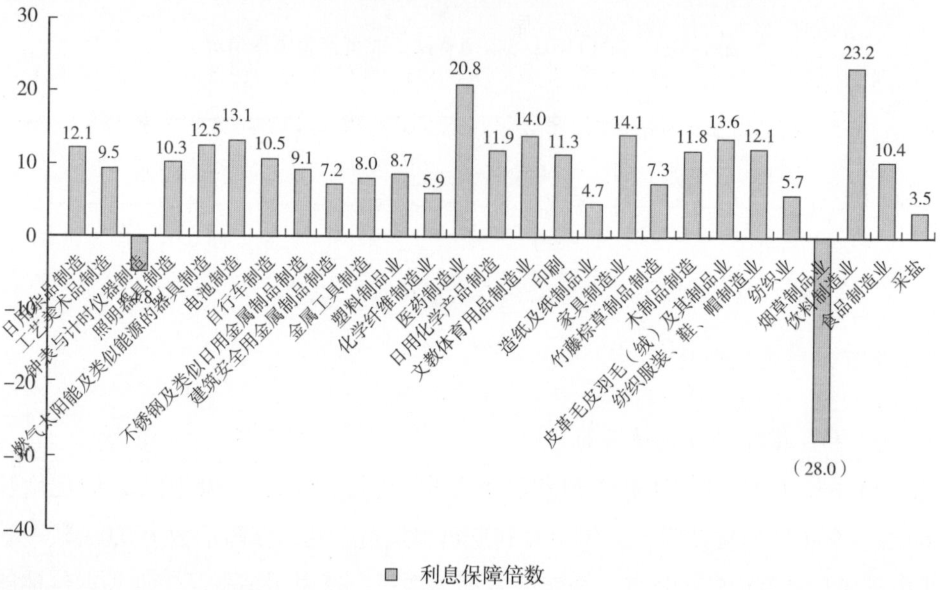

数据来源：国家统计局

3、亏损面缩小，亏损程度减轻

2011 年 1-12 月，江苏省消费品工业亏损企业累计 1496 家，亏损面为 10.4%，较一季度相比降低了 5.4 个百分点，呈逐步缩小状态。亏损企业亏损金额共计 63.95 亿元，亏损度为 4.2%，较年初下降了 2.7 个百分点，整体呈现出经营向好的局面（见图 5-124）。

图5-124　2011年江苏省消费品工业企业亏损面和亏损度变化

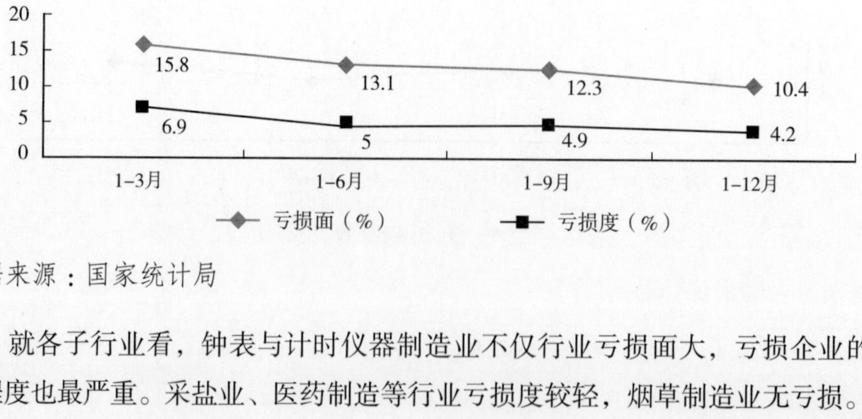

数据来源：国家统计局

就各子行业看，钟表与计时仪器制造业不仅行业亏损面大，亏损企业的亏损程度也最严重。采盐业、医药制造等行业亏损度较轻，烟草制造业无亏损。

（三）营运能力分析

（1）应收账款占比下行趋势明显

2011 年 1–12 月，消费品工业累计应收账款净额为 2115.52 亿元，同比增长 18.5%，较一季度相比下降了 9.1 个百分点，应收账款占主营业务收入比重为 9.4%。全年中，应收账款净额同比增速一直低于主营业务收入的增速，应收账款占比的下行趋势明显（见图 5–125）。

图5–125　2011年江苏省消费品工业应收账款占主营业务收入比变化

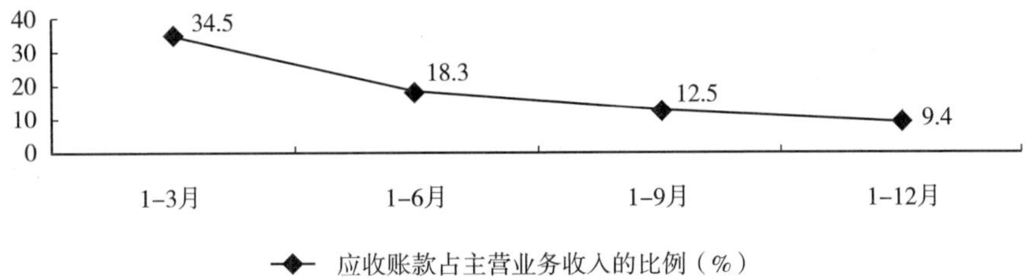

数据来源：国家统计局

就各子行业看，烟草制造业应收账款占比最低，仅为 1.4%。饮料制造业与化学纤维制造业的赊销比重也不大，但钟表与计时仪器制造显示出比较差的资本境况。电池制造与印刷两个行业也应加强对应收账款风险的管理（见图 5–126）。

图5–126　2011年江苏省消费品工业各子行业应收账款占主营业务收入比

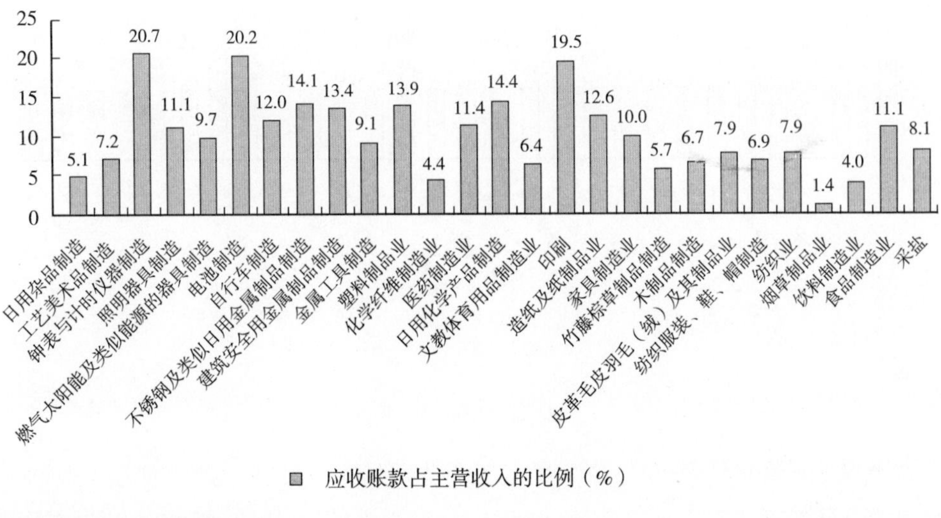

数据来源：国家统计局

（2）流动资产周转率增势明显

2011 年 1–12 月，消费品工业流动资产合计 8860.39 亿元，同比增长 22.3%，增速在上半年有所下滑，但下半年相对稳定；流动资产周转率为 252.8%，全年增势明显，表明江苏消费品工业资本利用效率在提高（见图 5–127）。

分行业来看，日用杂品制造的流动资产周转次数最高，达 5.52 倍；文教体育用品制造业也达到了 4.35 倍。此外，18.5% 的行业流动周转次数在 3 倍以上。采盐业的资本利用效率最低，仅为 104%（见图 5–128）。

图5–127　2011年江苏消费品工业流动资产周转率情况

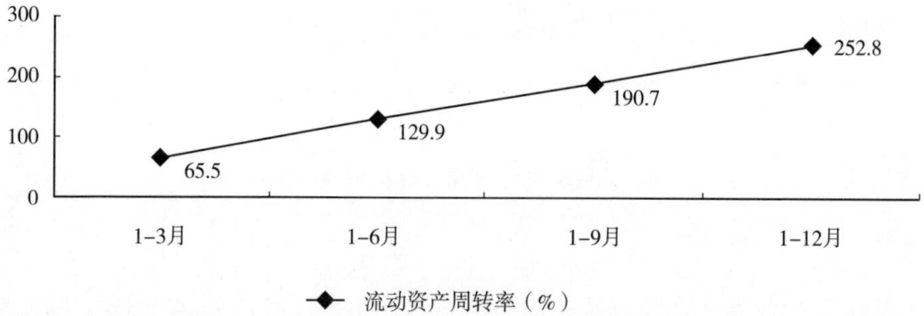

数据来源：国家统计局

图5–128　2011年江苏消费品工业各子行业流动资产周转率情况

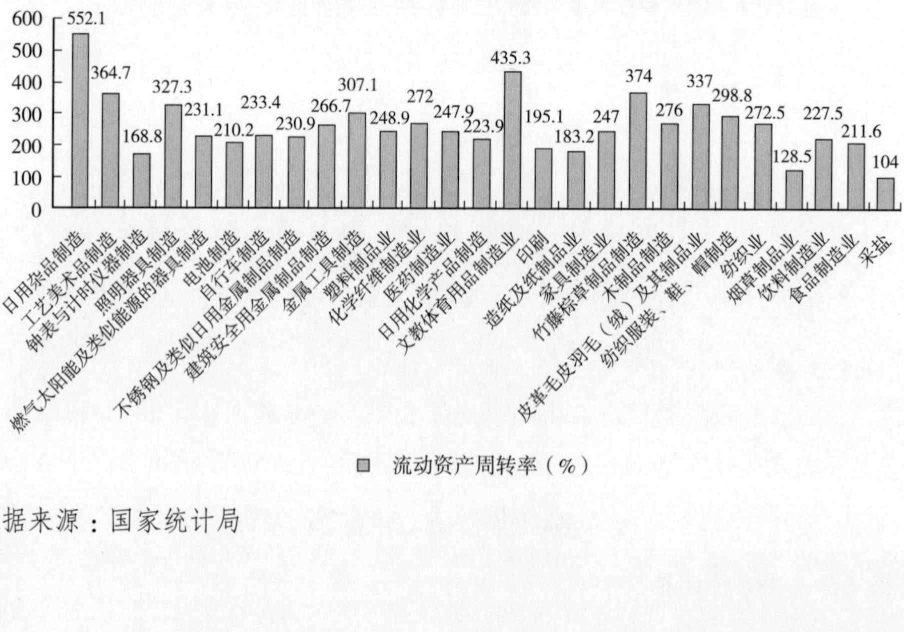

数据来源：国家统计局

（四）成长能力分析

2011 年 1–12 月，江苏省消费品工业累计所有者权益为 6924.5 亿元，资本积累率为 15.05%，较年中增长了 10.38 个百分点，增速明显。这表明江苏消费品工业企业下半年的业务扩张能力和资本积累能力逐步加强。

就各子行业看，资本积累率最高的为燃气、太阳能及类似能源的器具制造业，积累率达 61.0%。饮料制造业和木制品制造以 47% 的比率位列第二，这两个行业体现出了较强的应付风险能力。钟表与计时仪器制造和采盐业出现了负积累率的情况，说明这两个行业资本受到侵蚀，所有者权益受到损害，应予以充分重视。尤其是钟表与计时仪器制造业，多项指标皆显示该行业在 2011 年的惨淡经营（见图 5–129）。

图5–129　2011年江苏省消费品工业各行业资本积累率

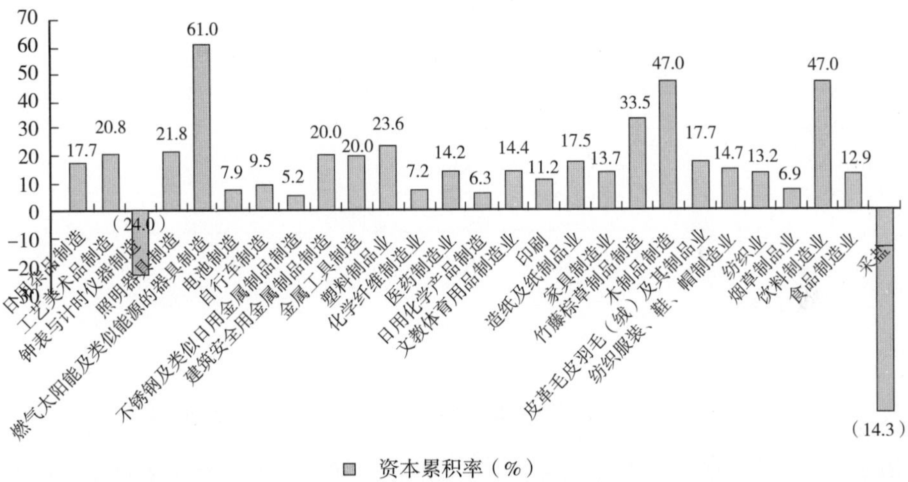

数据来源：国家统计局

四、2011年江苏省消费品工业重点行业发展状况

（一）食品制造业

2011 年，江苏省食品工业健康发展，保持平稳良好增长态势，产品结构趋于优化，市场竞争力持续上升，经济效益不断提高，多种主要产品产量在全国位居前列，食品工业规模总量稳居全国第六，继续保持食品工业大省“第一方阵”位置。

1、产量波动增长

2011 年 1–12 月，江苏省食品制造业的主要产品产量在波动中增长。主要产品中，乳制品为绝对主导，2011 年产量 10.02 万吨，是江苏食品制造中最重要的行业部门，其增长也最为平稳。其他行业中，速冻米面食品产量增长最高，但波动性较大。精制茶行业状况极为糟糕，由年初的 154.55% 的同比增速一路下滑到年底近六成的负增长，且无止跌迹象（见图 5–130 和图 5–131）。

全部食品工业中，江苏省有 15 个主要产品产量位居全国前 10 位。其中，精制植物食用油第 3 位、原盐第 3 位、发酵酒精第 4 位、白酒第 5 位、小麦粉第 5 位、啤酒第 6 位、冷冻水产品第 6 位、大米第 7 位、饮料酒第 7 位、速冻米面第 9 位、乳制品第 9 位、酱油第 9 位、卷烟第 9 位、碳酸饮料第 10 位、果蔬汁饮料第 10 位。

图5–130　2011年江苏省主要食品工业产品产量

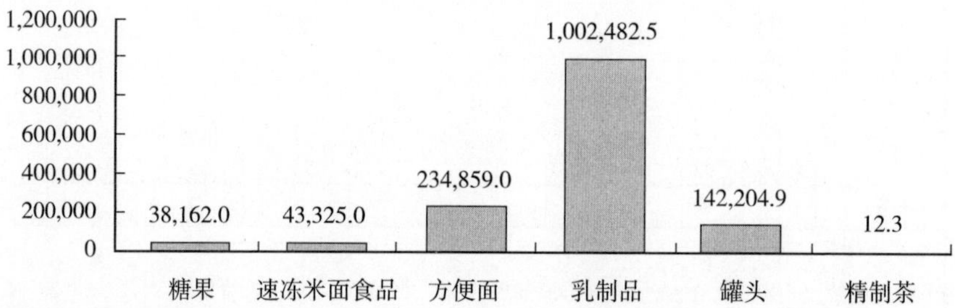

数据来源：国家统计局

图5–131　2011年江苏食品工业主要产品产量同比增长情况

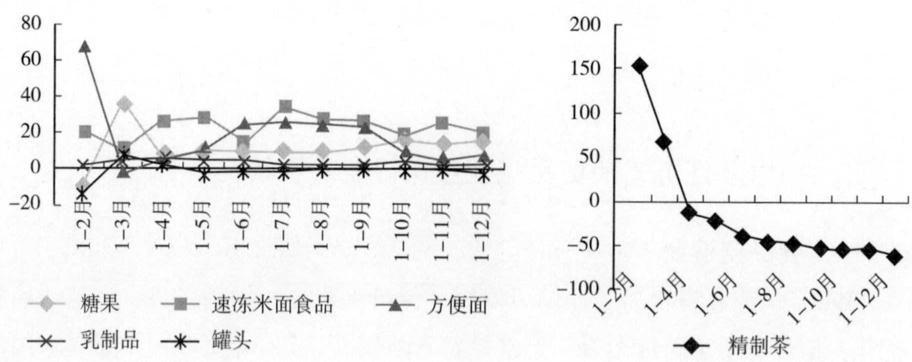

数据来源：国家统计局

2、工业销售产值增长势头良好

2011 年 1–12 月，江苏省食品制造业实现工业销售产值 454.13 亿元，同比增长 24.81%，发展态势良好。

就各子行业看，计算食品制造业不同子行业销售产值占比发现，方便食品制造业工业销售产值所占比重最高，达 20.9%，糕点、面包制造业比重最低，仅 3.14%，其他各业分布较为平衡。增速方面，不同子行业间差异较大。其中，饼干及其他焙烤食品制造业成为工业销售产值同比增长最快的行业，增速高达 84.82%。糖果、巧克力及蜜饯制造增长最慢，仅 3.89%（见图 5–132）。

图5–132 2011年江苏省食品制造业各行业工业销售产值及同比增长

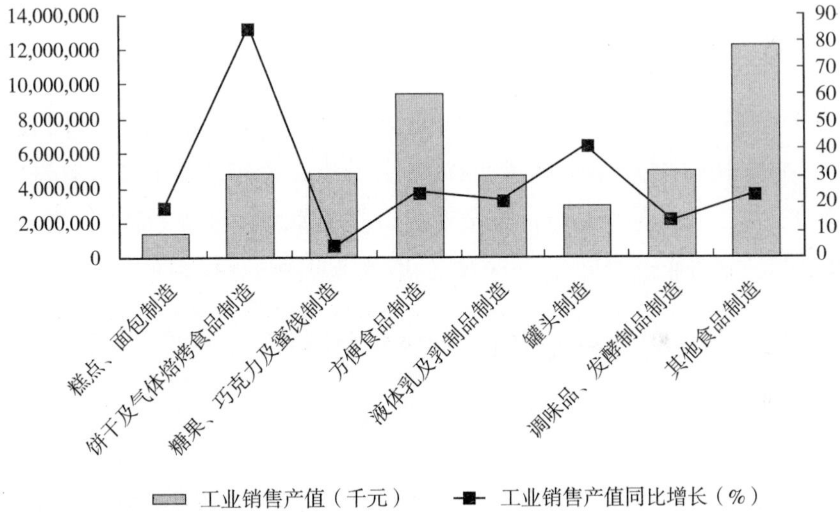

数据来源：国家统计局

3、价格指数下行趋势明显

2011 年 1–11 月，食品工业主要相关价格指数整体呈平缓下行趋势。其中，食品类出厂价格指数为 104.07，下行趋势明显。食品价格指数为 112.1，略有上升。粮食价格指数为 111.58，下滑明显。居民消费价格指数为 105.49，基本稳定（见图 5–133）。

图5-133 2011年江苏省食品制造业相关价格指数同比变化

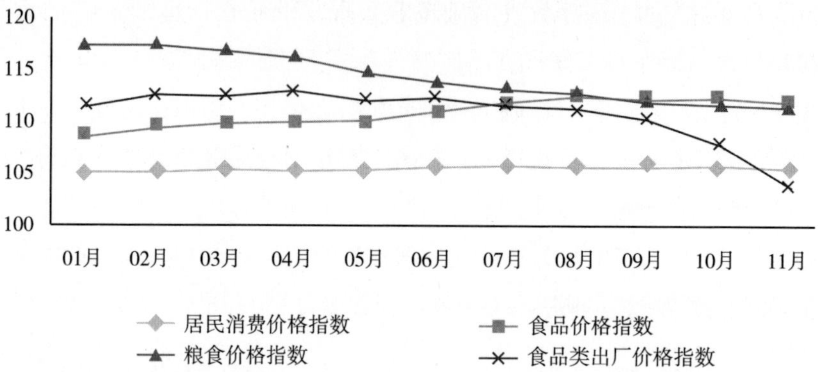

数据来源：国家统计局

4、出口交货值下滑

2011 年 1–12 月，食品制造业实现出口交货值 49.67 亿元，同比增长 24.97%，较年初的 45.68% 下降了 20.71 个百分点，全年呈现出口下滑趋势。各子行业中，饼干及其他焙烤食品制造业出口交货值增速最快，高达 144.1%，液体乳及乳制品制造业也取得了 139.97% 的增速（见图 5–134）。

图5-134 2011年江苏省食品制造业及各子行业出口交货值及同比增长

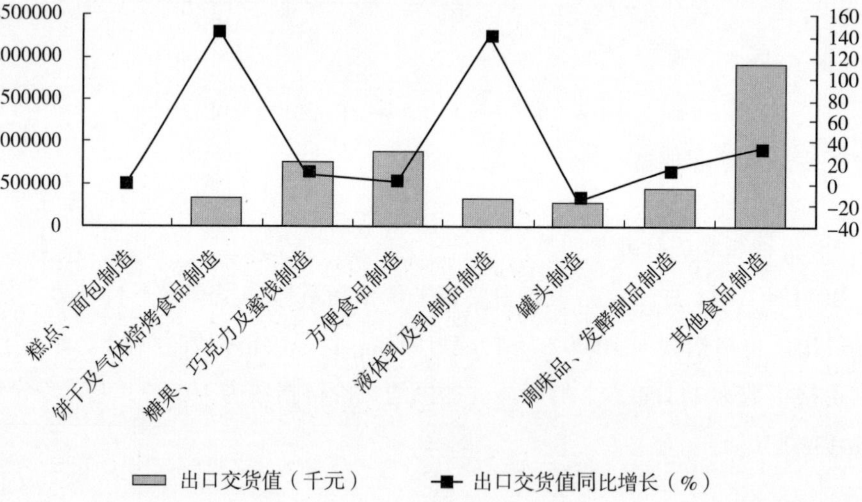

数据来源：国家统计局

5、盈利能力分析

（1）利润总额增长显著，主营业务收入增速相对稳定

2011 年 1–12 月，江苏省食品制造业完成主营业务收入 456.54 亿元，同比增长 23.63%，年中取得增速峰值，但整体变化不大。同期，实现利润总额 33.8 亿元，同比增长 30.5%，增长显著，高出主营业务收入增速 6.87 个百分点，显示出逐步增强的净盈利能力（见图 5–135）。

就各子行业看，2011 年江苏省饼干及其他焙烤食品制造盈利能力强劲，其利润总额增速和主营业务收入增速皆为行业第一，分别为 186.8% 和 82.8%，利润总额增速更是高出主营业务增长的一倍有余，表现出了该业蓬勃发展的良好势头。其他行业中，液体乳及乳制品制造、罐头制造、糕点与面包制造这几个主要行业，也都取得了不错的成绩。不过，糖果、巧克力及蜜饯制造业出现逆势情况，该业利润总额增速全年都呈负增长状态，年中虽有好转，但年底又趋恶化，这与年底时糖果类商品消费需求增长的规律不符，值得关注。

图5–135　2011年江苏省食品制造业利润总额和主营业务收入同比增长变化

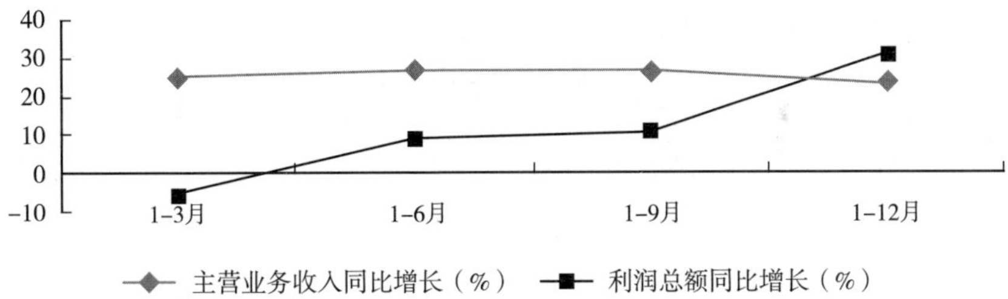

数据来源：国家统计局

（2）主营业务利润率和成本费用利润率年底增幅显著

2011 年 1–12 月，江苏省食品制造业主营业务利润率为 7.4%，成本费用利润率为 7.8%，两个利润率都呈现出前三个季度平稳增长，年底增速明显加快的态势（见图 5–136）。

就各子行业看，糖果、巧克力及蜜饯制造业的两项指标皆为最高，主营业务利润率和成本费用利润率分别为 11.2% 和 12.4%，表明该行业在食品工业中，盈利能力最强。方便食品制造、罐头制造、液体乳及乳制品制造这几个行业的利润率低于食品工业均值。

图5-136　2011年江苏省食品工业主营业务利润率和成本费用利润率变化

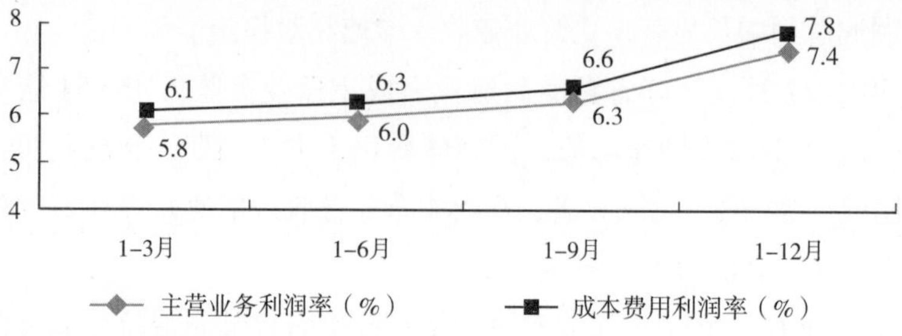

数据来源：国家统计局

6、偿债能力分析

（1）资产负债率略有波动

2011 年 1-12 月，江苏省食品制造业资产合计 365.91 亿元，同比增长 19.01%。负债合计 198.37 亿元，同比增长 22.01%。综合两个方面，资产负债率为 54.2%，全年略有起伏，但幅度不大（见图 5-137）。

图5-137　2011年江苏省食品制造业资产负债率变化

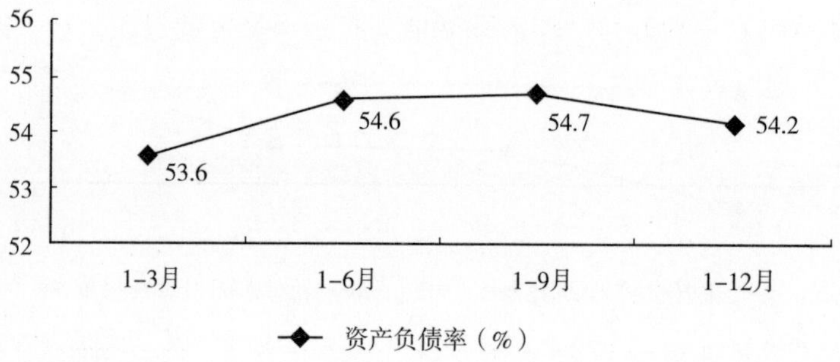

数据来源：国家统计局

就各子行业看，2011 年江苏省糖果、巧克力及蜜饯制造业的资产负债率最低，为 32.6%，远低于食品行业均值。该业资产增速并不快，只是负债在上半年处于负增长状态。其他主要食品行业中，罐头制造与调味品、发酵制品制造两个行业资产负债率超过了 70%，负债比率偏高，经营风险加大（见图 5-138）。

图5-138 2011年江苏省食品制造各子行业资产负债率

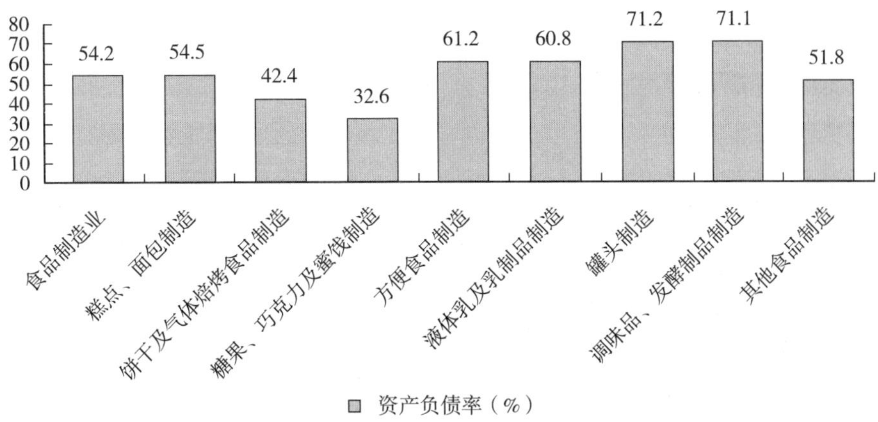

数据来源：国家统计局

（2）利息保障倍数稳中有升

2011年1-12月，江苏省食品制造业累计利息支出3.6亿元，同比增长54.01%，增速波动较大。利息保障倍数为10.4，上半年平稳，下半年略有提升，表明江苏食品工业获利能力对偿还到期债务有相当稳定的保证，且长期抗债能力有所增强（见图5-139）。

图5-139 2011年江苏省食品制造业利息保障倍数变化

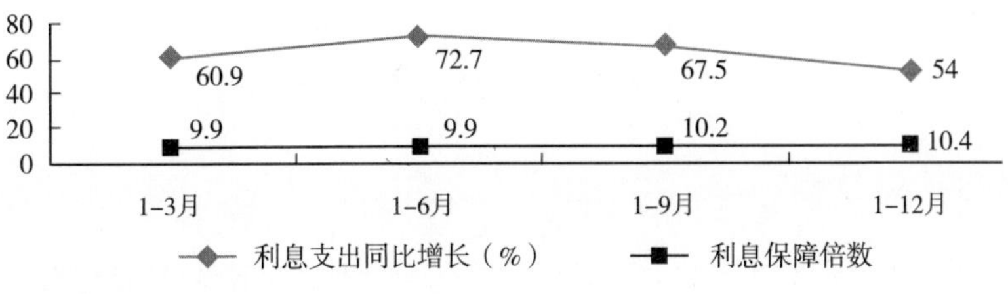

数据来源：国家统计局

就各子行业看，2011年江苏省糕点、面包制造、饼干及其他焙烤食品制造和糖果、巧克力及蜜饯制造这三个行业都取得了超过20倍的利息保障倍数，表明这些行业获利能力大，长期抗债能力较强，这三个行业也直接提升了食品工业整体的偿债水平。此外，在主要食品行业中，调味品、发酵制品制造和液体乳及乳制品制造两个行业的利息保障倍数低于食品工业均值，偿债能力表现不佳（见图5-140）。

图5-140　2011年江苏省食品制造各子行业利息保障倍数

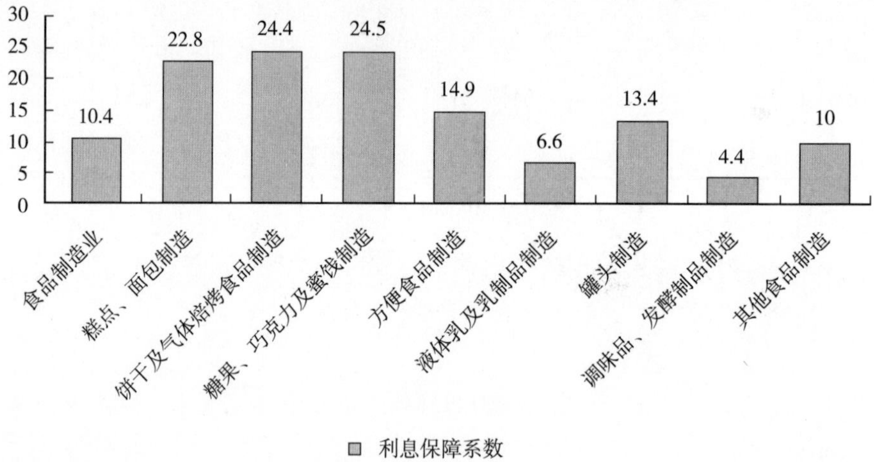

数据来源：国家统计局

（3）亏损面缩小，亏损程度缓解

2011年1-12月，江苏省食品制造业亏损企业累计为35家，同比减少了5.41%，亏损面为11.6%，较一季度减少了6.2个百分点，亏损面明显缩小。亏损企业亏损总额为1.25亿元，同比增长4.38%。亏损度3.7%，全年稳步下降，亏损程度逐步改善（见图5-141）。在各子行业中，液体乳及乳制品制造业亏损面最大，且亏损企业的亏损程度深，罐头制造业的亏损程度最轻（见图5-142）。

图5-141　2011年江苏省食品制造业亏损情况

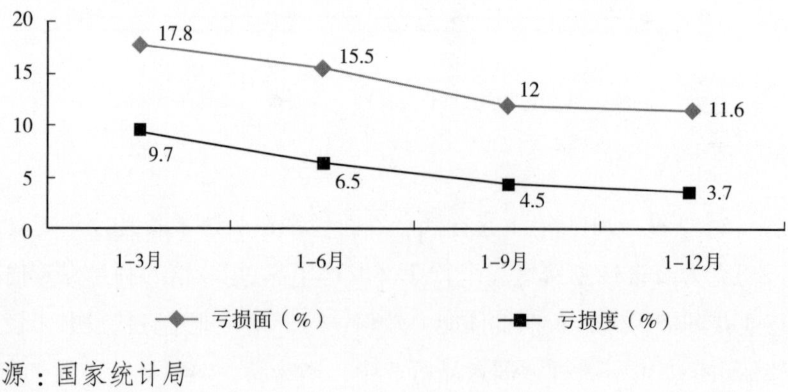

数据来源：国家统计局

图5-142 2011年江苏省食品制造业各行业亏损情况

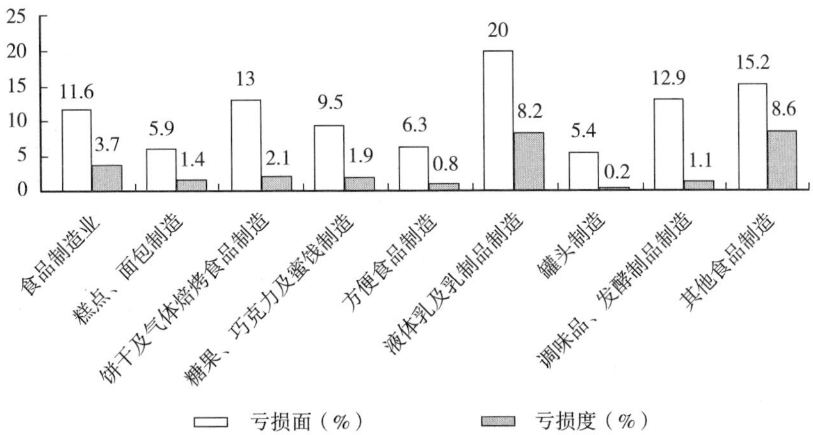

数据来源：国家统计局

7、营运能力分析

（1）应收账款占比显著降低

2011年1-12月，江苏省食品制造企业应收账款净额50.68亿元，同比增长16.95%，增长波动比较大。应收账款占主营业务收入的比重为11.1%，全年显著降低，经营质量明显改善（见图5-143）。就各子行业看，应收账款占比都不高，尤其是罐头制造业，比率仅为4.2%，这说明该业对赊销依赖程度比较小（见图5-144）。

图5-143 2011年江苏声食品制造业应收账款占主营业务收入比变化

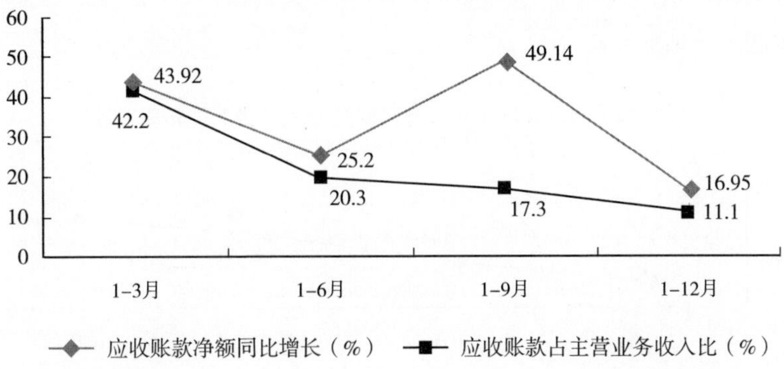

数据来源：国家统计局

图5-144　2011年江苏省食品制造业各行业应收账款占主营业务收入比

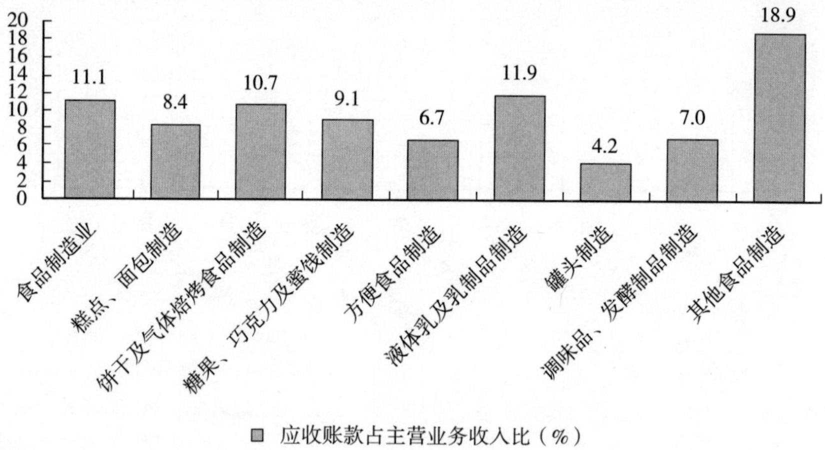

数据来源：国家统计局

（2）流动资产周转率稳步上升

2011年1-12月，江苏省食品制造业流动资产合计215.75亿元，同比增长16.85%，全年增速波动较大。流动资产周转率为211.6%，增速呈稳步上升态势，说明食品工业主营业务收入的增势在一定程度上抵消了流动资产波动性带来的影响（见图5-145）。

就各子行业看，2011年江苏省方便食品制造业的流动资产周转率最高，达到了399.7%，糕点、面包制造和罐头制造两个行业也都超过了300%，反映出这三个行业的资产利用效率较高，盈利能力较强。糖果、巧克力及蜜饯制造和调味品、发酵制品制造两个行业的流动资产周转较为缓慢，效率偏低，资金利用效率不高（见图5-146）。

图5-145　2011年江苏省食品制造业流动资产周转率变化

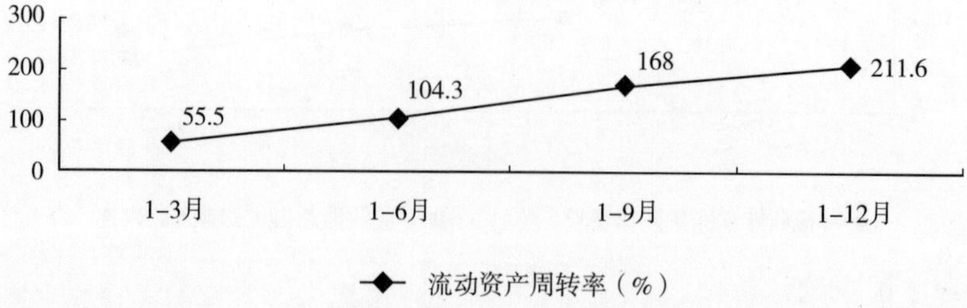

数据来源：国家统计局

图5-146 2011年江苏省食品制造业各行业流动资产周转率

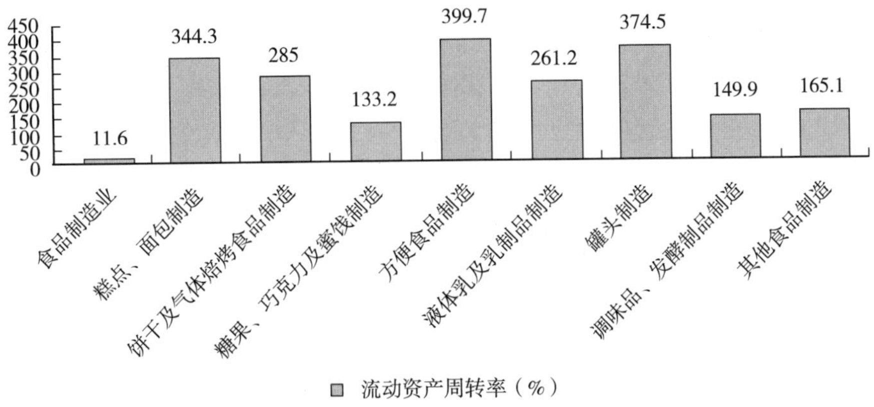

数据来源：国家统计局

8、成长能力分析

2011 年 1–12 月，江苏省食品制造业实现所有者权益 167.54 亿元，资本积累率为 12.92%，较前三季度相比增加了 3.1 个百分点，表现出较好的行业发展势头。各子行业中，罐头制造业的资本积累率最高，达 24.5%，并远远超过其他行业的比率，显示出这个行业较高的业务扩展能力和行业发展潜力。方便食品制造业的资本积累率最低，行业资本吸纳能力有所弱化（见图 5–147）。

图5-147 2011年江苏省食品制造业资本积累率

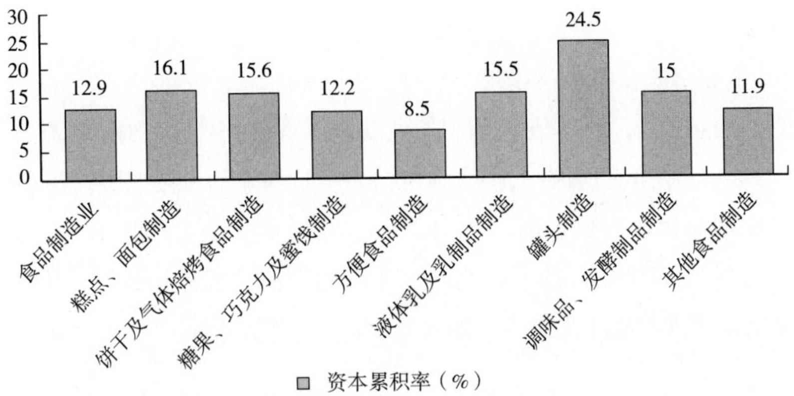

数据来源：国家统计局

（二）医药制造业

1、产量波动增长

2011年1–12月，江苏省主要医药工业产品产量呈波动增长。其中，化学药品原药产量为8.39万吨，同比增长9.87%。中成药产量1.04万吨，同比增长为–0.87%。不仅如此，这两种产品当月同比增长波动都较大，发展较为不稳定（见图5–148）。

图5–148　2011年江苏省主要医药产品产量同比增长变化

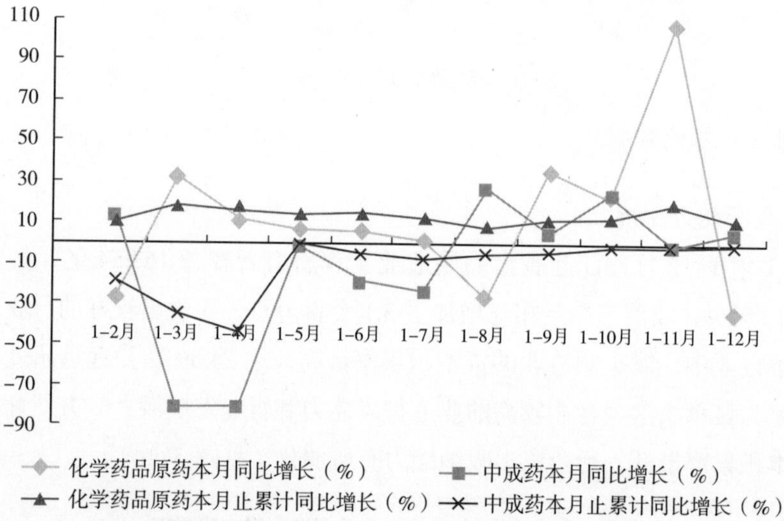

数据来源：国家统计局

2、工业销售产值平稳快速增长

2011年1–12月，江苏省医药制造业实现工业销售产值1571.88亿元，同比增长30.72%。年中虽有所波动，但大体维持着平稳快速的发展态势。各子行业中，化学药品制剂制造业占比最高，达48.08%，几近半壁江山。此外，化学药品原药制造业占据了20.99%。各子行业的工业销售产值均增势均较好，中药饮片加工业更是增长了近六成（见图5–149）。

图5-149 2011年江苏省医药制造业各行业工业销售产值及同比增长

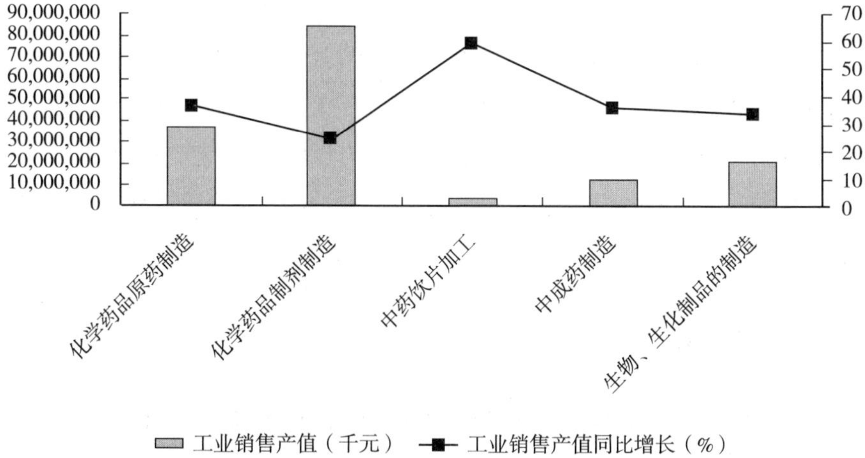

数据来源：国家统计局

3、主要产品价格指数相对平稳

2011年1-11月，江苏省医药工业主要相关价格指数变化相对平稳。其中，医疗保健及个人用品价格指数变化很小，大体维持在103%上下，微有波动，整体呈平稳走势。中西药品及医疗保健用品零售价格指数变动略大，年初较高，随后下滑平稳运行，至9月份达到峰值102.9%（见图5-150）。

与山东和浙江两省不同的是，江苏医疗保健及个人用品价格指数要高于中西药品及医疗保健用品零售价格指数，前一指数各省大体相仿，而后一指数，江苏相对偏低。

图5-150 2011年1-11月江苏省中西药品、医疗保健及个人用品价格指数

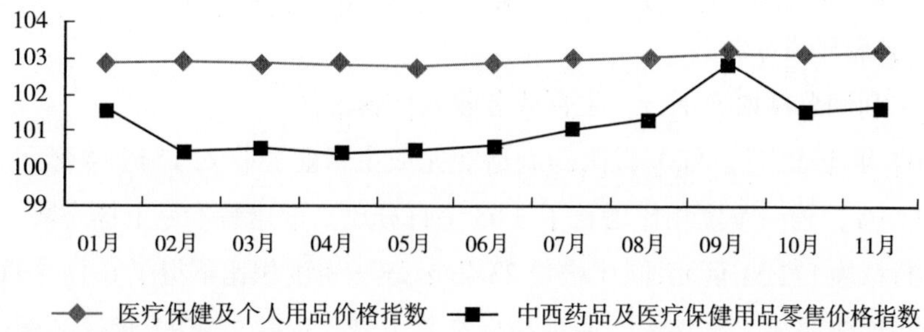

数据来源：国家统计局

4、出口交货值平稳快速增长

2011 年 1–12 月，江苏省医药制造业实现出口交货值 185.69 亿元，同比增长 27.77%。全年增长态势相当平稳，且下半年情况优于上半年。

就各子行业看，化学药品原药制造与生物、生化制品的制造两行业在江苏省医药制造业中居于主导地位，出口交货值占比分别为 32.99% 和 31.87%。这里体现了江苏医药工业的一个特点，即生物、生化制品的制造业优势比较明显，反映出江苏医药结构优化的趋向。增速方面，2011 年江苏省中药饮品加工业的出口交货值同比增速最高，达到了 39.11%。其他行业也都呈两位数增长，整体呈快速发展的良好状况（见图 5–151）。

图5–151　2011年江苏省医药制造业各业出口交货值及同比增长

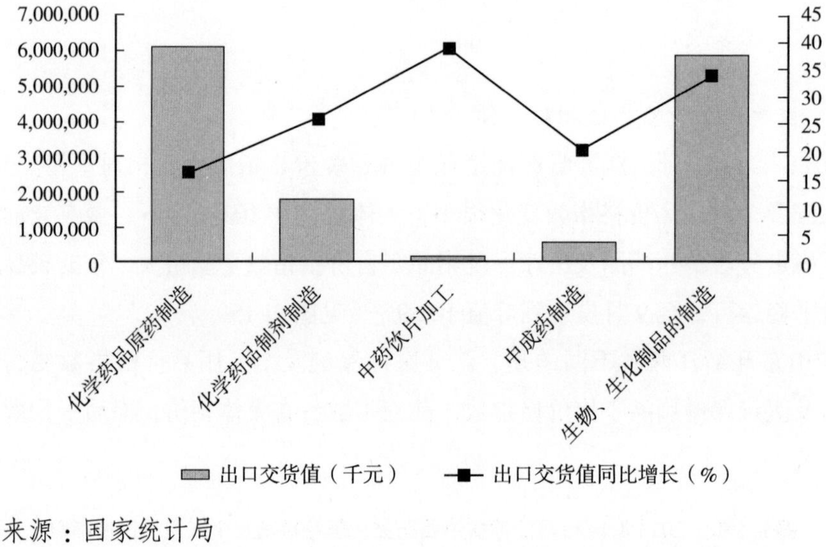

数据来源：国家统计局

5、盈利能力分析

（1）利润总额增速下行，主营业务收入增速上扬

2011 年 1–12 月，江苏省医药制造业完成主营业务收入 1746.84 亿元，同比增长 28.63%，较一季度相比增长了 3.03 个百分点，增速基本呈上扬态势。同期，实现利润总额 172.31 亿元，同比增长 23.43%，较一季度相比下滑了 6.37 个百分点，下行趋势比较明显。全年中，两项指标交替上升，反映出 2011 年江苏医药制造业净盈利能力有所弱化（见图 5–152）。

各子行业中，中药饮片加工业的经济效益最好，其利润总额同比增长高达92.7%，超出该业主营业务收入增速51个百分点。此外，生物、生化制品的制造业盈利情况也较好（见图5-153）。

图5-152　2011年江苏省医药制造业利润总额和主营业务收入同比增长变化

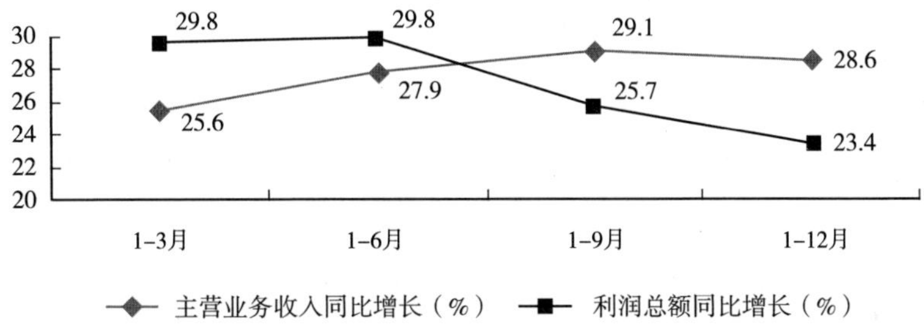

数据来源：国家统计局

图5-153　2011年江苏省医药制造业各行业盈利指标同比增长

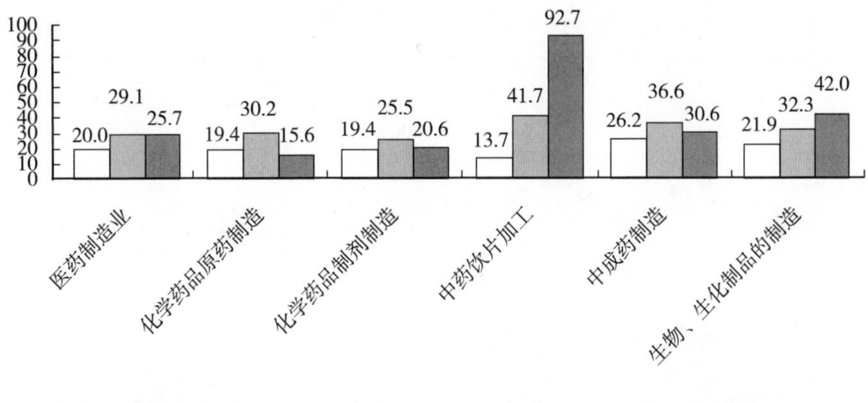

数据来源：国家统计局

（2）主营业务利润率和成本费用利润率先降后升

2011年1-12月，江苏省医药制造业主营业务利润率为9.9%，成本费用利润率10.9%，两个利润率皆呈现出先降后升的状况（见图5-154）。各子行业中，中药饮品加工仍是获利能力最强、效益最好的行业，而化学药品原药制造业略显不足（见图5-155）。

图5-154 2011年江苏省医药制造业主营业务利润率和成本费用利润率变化

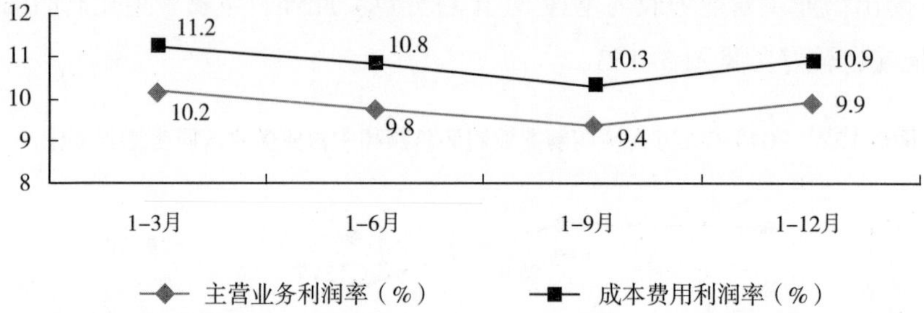

数据来源：国家统计局

图5-155 2011年江苏省医药制造业各行业成本费用利润率

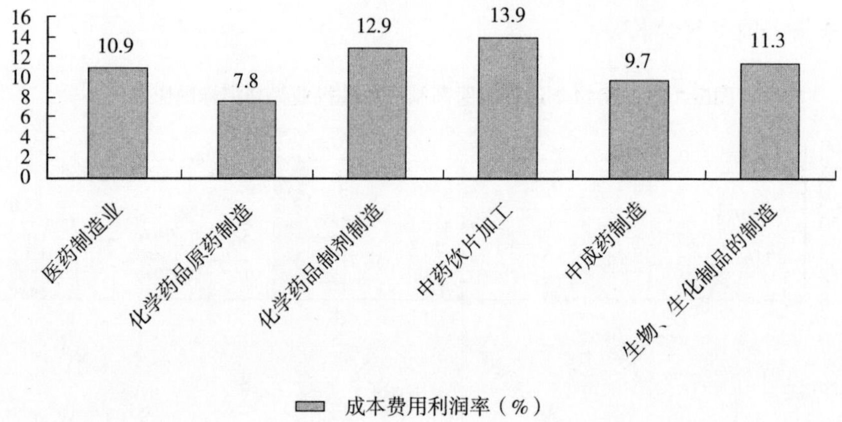

数据来源：国家统计局

6、偿债能力分析

（1）资产负债率呈波动增长

2011年1-12月，江苏省医药制造业资产合计1174.4亿元，同比增长23.56%。负债合计485.49亿元，同比增长27.01%。综合两个方面，资产负债率为41.3%，全年基本稳定，年末略有增长。整体而言，资产安全度较高（见图5-156）。各子行业中，化学药品制剂制造的资产负债率最低，仅为33.6%；化学药品原药制造的资产负债率最高，达到了53.9%（见图5-157）。

图5-156 2011年江苏省医药制造业资产负债率变化

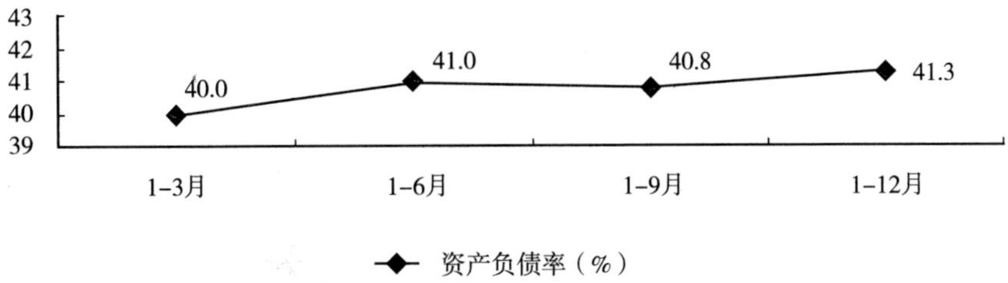

数据来源：国家统计局

图5-157 2011年江苏省医药工制造业各子行业资产负债率

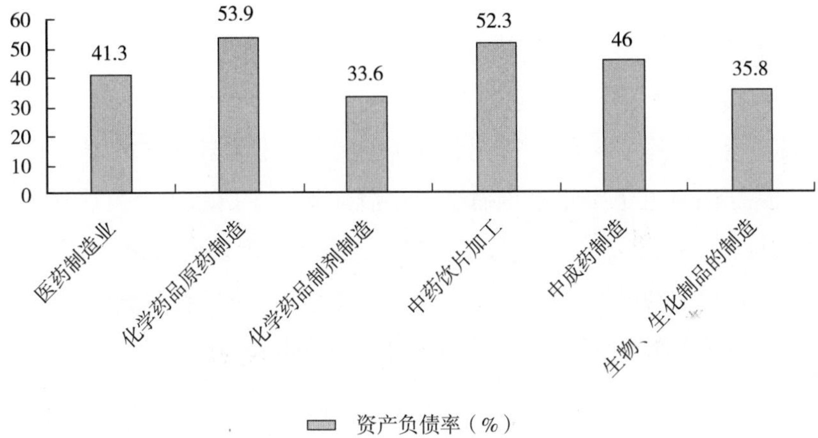

数据来源：国家统计局

（2）利息保障倍数略有波动，但整体比较高

2011年1-12月，江苏省医药工业利息支出共计8.69亿元，同比增长50.16%，利息负担在下半年明显加重。利息保障倍数高达20.8，显示出医药工业具有很强的偿债能力。各子行业中，化学药品制剂制造以62.0的高倍数列首位，反映出该行业具有相当强的获利能力和偿还到期债务的能力，这一高倍数也直接提升了医药工业整体水平。而中成药制造、化学药品原药制造和生物及生化药品制造业三个子行业的利息保障倍数均较低，说明其偿还到期债务的能力较弱（见图5-158）。

图5-158　2011年江苏省医药制造业各行业利息保障倍数

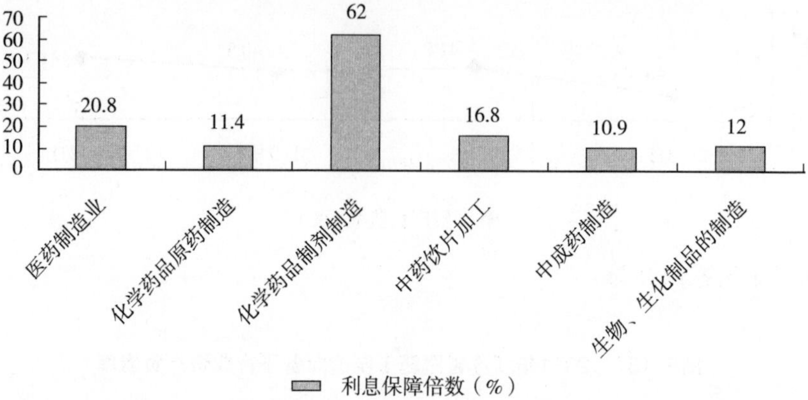

数据来源：国家统计局

（3）亏损面缩小，亏损程度略有缓解

2011年1-12月，江苏省医药制造业亏损企业累计为559家，同比增长40%，亏损面8.8%，下半年逐步缩小。亏损企业的亏损总额为3.33亿元，同比增加78.52%，亏损度为1.9%。与年初相比，亏损状况略有缓解（见图5-159）。各子行业中，化学药品原药制造亏损情况最为严重，中成药制造面上亏损最多，生物、生化制品的制造亏损企业亏损情况最轻（见图5-160）。

图5-159　2011年江苏省医药制造业亏损变化

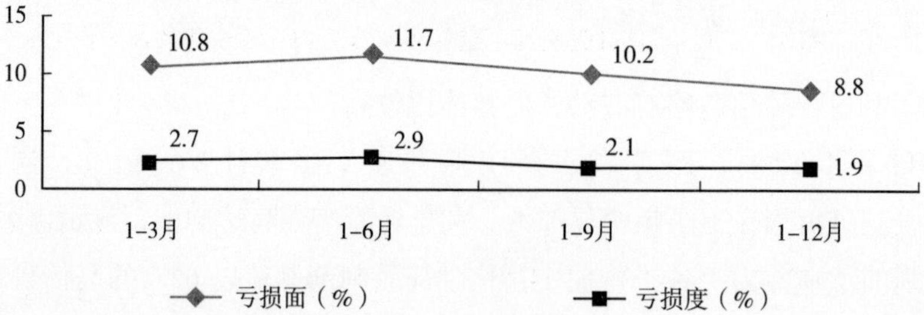

数据来源：国家统计局

图5-160　2011年江苏省医药制造业各行业亏损情况

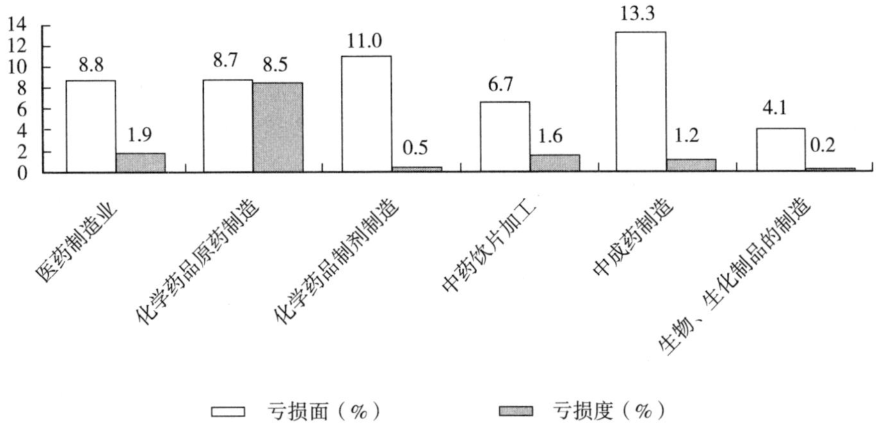

数据来源：国家统计局

7、营运能力

（1）应收账款占比下行趋势明显

2011 年 1-12 月，江苏省医药制造业应收账款净额 199.19 亿元，同比增长 20.64%，应收账款占主营业务收入的比重为 11.4%，全年下行趋势明显，反映出江苏医药工业营务资本质量的提高（见图 5-161）。各子行业中，中成药制造应收账款占比最高，为 17.9%，说明该业对赊销依赖度比较高。生物、生化制品的制造业的比率最低，表明该行业具有良好的盈利质量（见图 5-162）。

图5-161　2011年江苏省医药制造业应收账款占主营业务收入比变化

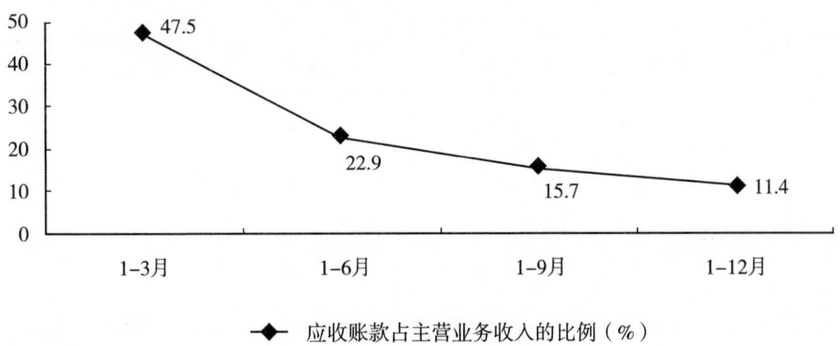

数据来源：国家统计局

图5-162　2011年江苏省医药制造业各子行业应收账款净额占主营业务收入比

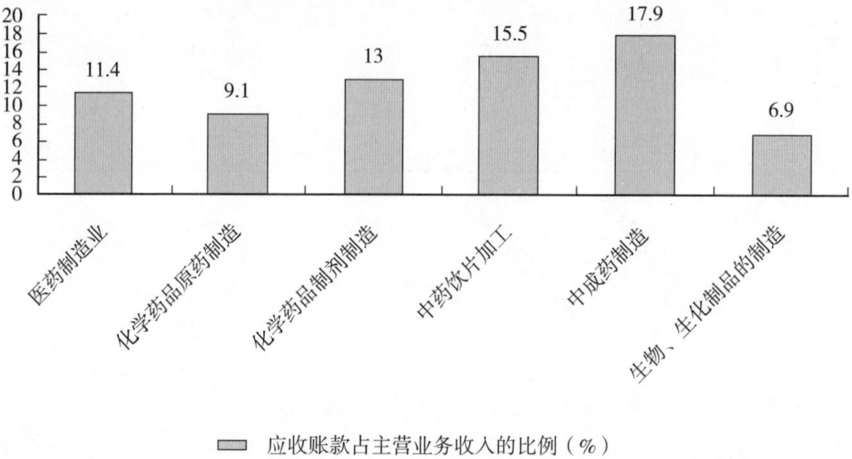

数据来源：国家统计局

（2）流动资产周转率稳步增长

2011 年 1-12 月，江苏省医药制造业流动资产合计 704.62 亿元，同比增长 26.9%，流动资产周转率为 247.9%，增速呈稳步增长态势（见图 5-163）。各子行业中，中药饮片加工的流动资产周转率最低，为 155.4%；中成药制造也低于 200%，其他行业周转速度相差不大。整体而言，五大子行业的流动资产利用效率均较好（见图 5-164）。

图5-163　2011年江苏省医药制造业流动资产周转率变化

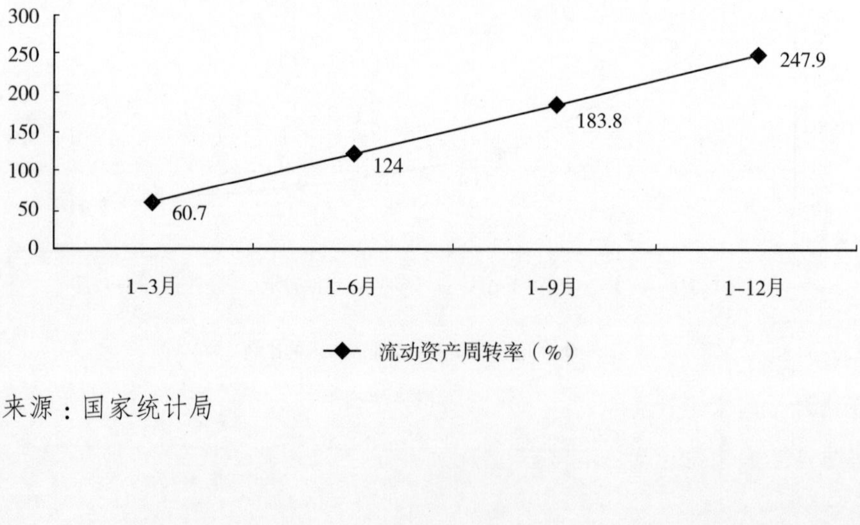

数据来源：国家统计局

图5-164　2011年江苏省医药制造业各行业流动资产周转率

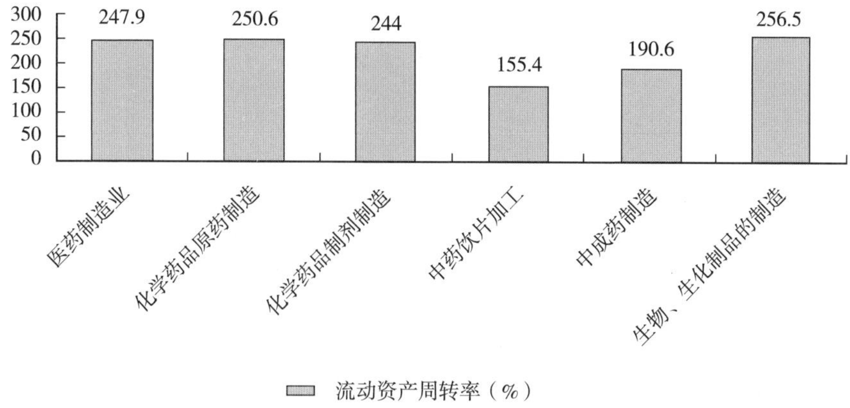

数据来源：国家统计局

8、成长能力分析

2011年1–12月，江苏省医药制造业实现所有者权益688.91亿元，资本积累率为14.17%，体现出相对适度的行业持续发展能力。各子行业中，中药饮片加工业以51.5%的高积累率，显示了行业发展强劲的续航能力。此外，生物、生化制品的制造业也有24.5%的资本积累率。这两个行业也是2011年江苏医药工业经济效益良好的行业，表现出比较大的发展潜力。化学原药制造仍旧表现欠佳，该业2011年运营整体状况一般，值得关注（见图5–165）。

图5-165　2011年江苏省医药制造业及各子行业的资本积累率

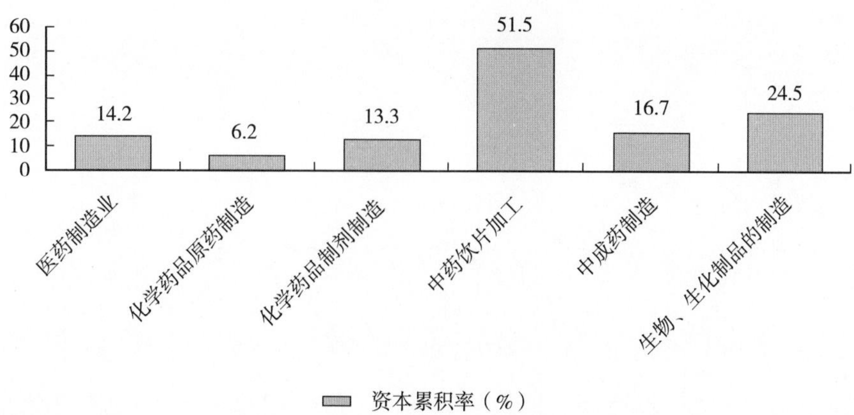

数据来源：国家统计局

企 业 篇

第一章
吉林化纤集团

一、企业基本情况

吉林化纤集团有限责任公司（下称吉林化纤）是集化纤生产、商业贸易、建筑安装等于一体的大型、综合性的企业集团。公司于 1995 年 9 月 27 日成立，1996 年 7 月 23 日在深圳交易所挂牌上市，占地面积 200 公顷，现有员工万余名，总资产 68 亿元。目前，集团旗下有股份公司（深圳上市）和奇峰公司（香港上市）两家上市公司。公司主导产品包括：粘胶短纤维、粘胶长丝、腈纶纤维、化纤浆粕、纱线和纸制品六大系列 450 多个品种，产品质量位居同行业前列。“白山”牌商标被认定为“中国驰名商标”，“白山”牌粘胶短纤维、粘胶长丝被评为“中国名牌产品”。

二、生产经营状况

（一）主要业务领域

公司主营业务主要包括两个方面：一是生产销售粘胶纤维合成纤维及其深加工产品；二是工业控制系统组态安装、粘胶纤维销售业务兼营。

（二）国内地位

吉林化纤于 1995 年底进入我国企业 500 强行列，2002 年“白山”牌商标被国家工商总局批准认定为中国驰名商标，2003 年底荣获全国信息化 500 强称号，在全国纺织行业中排名第一。

（三）生产运行

目前，吉林化纤综合生产能力 44.6 万吨，其中粘胶纤维 16 万吨，腈纶纤维

23.6 万吨，化纤浆粕 5 万吨，产品市场广阔，除热销国内 20 几个省、市外，还销往日本、韩国、美国、欧洲等 10 多个国家和地区。2001 年，公司的“白山牌”三大系列产品（粘胶长丝、粘胶短纤、腈纶纤维）成功通过了国际性“环保纺织标准 100 认证。2004 年，又在全国同行业首家通过了质量、环境、管理三体系整合认证。

至 2002 年来，公司根据市场变化不断调整发展战略，克服化纤行业产能扩增、原材料涨价等多种不利因素影响，经济总量逐年快速递增。2006 年 10 月，公司与世界著名的腈纶生产企业意大利蒙特公司合资建设的 15 万吨腈纶项目一期工程 10 万吨试车成功，投入生产，使腈纶生产能力达到 30 万吨，成为世界最大的腈纶生产基地，占国内腈纶总产量的 30% 以上，占世界腈纶总产量的 10% 以上。同年，公司还与世界著名的五大粘胶长丝生产企业之一的德国恩卡公司合资建设年产 5000 吨粘胶长丝项目，引进恩卡公司在全球唯一拥有的高延伸连续纺长丝专有技术，产品定位世界一流，一期工程已于 2007 年 4 月 28 日顺利投产。

（四）经济效益

2002 至 2007 年，吉林化纤实现销售收入增长 242%，利税增长 67.8%。近年来，受全球金融危机的影响，化纤行业面临需求萎缩的困境。2009 年归属于母公司的净利润为 1768 万元，虽然从 2008 年的亏损局面中回暖，但 2010 年没有持续这一良好势头，全年归属于母公司的净利润亏损 7898 万元，基本每股收益 –0.2088 元。虽然原材料价格及产品价格均呈现下降趋势，但产品价格下降幅度远大于原材料价格的下降幅度。2011 年前三季度，归属于母公司的净利润亏损 14937 万元，同比下降 54.25%，基本每股收益为 –0.395 元。

三、经营战略

（一）技术创新战略

公司在不断的引进技术与自主创新中，拓宽了产品技术发展的领域，提升了产品的市场占有率。一是引进先进生产技术。2001 年，公司从日本可乐丽公司引进了粘胶长丝的先进技术，对粘胶长丝 B 线实施了技术改造，提升了公司出口丝产品在国际市场的竞争力。经过近两年的“精耕细作”，改造后的“白金马”牌粘胶长丝，质量达到国际先进水平，能与世界著名品牌——日本“金山马”牌粘胶长丝媲美。二是实施技术改造。2004 年，公司先后开展了 18000 千瓦自备电站建设、1.5 万吨粘胶短丝异地改造、1400 吨、2950 吨、5600 吨粘胶长丝技术改造、吉林化纤分厂扩能等 14 项大型技改项目，创造了令人瞩目的辉煌成就。三是产品研发差别化。为了实现产品升级换代，公司实施了 4 万吨腈纶差别化纤维项目，这项工程将差别化率提高了 20%，可创利税 1.9 亿，产品全部是市场短缺的阻燃纤维、抗菌纤维、扁平纤维等异性纤维和超高收缩纤维，它的建成进一步扩大了公司产品的市场占有率，巩固了公司在国内外市场的地位。

（二）市场拓展战略

公司紧紧围绕“调整产品结构，提高产品附加值，不断提升装备水平，建设具有国际竞争力的化纤基地”的发展战略，以提升装备为突破口，使公司现有生产线可以生产竹纤维、阻燃纤维、黑色纤维等差别化纤维，提高产品差别化率。近年来，为了尽快走出亏损，公司采取了一系列措施：（1）全力以赴、通力合作，确保公司定向增发工作成功。公司将充分发挥在竹浆粕和竹纤维生产领域的技术优势、原材料优势和产业链优势，利用上市公司非公开发行股票政策募集资金，完成四川天竹年产 9.5 万吨竹浆粕项目和短纤 B 线年产 5 万吨竹纤维提升改造项目，进一步提高竹浆粕和竹纤维生产能力；（2）采取新技术、新工艺使湖南拓普公司竹浆粕生产能力进一步放大；（3）中试厂改造项目要进一步填平补齐，申请专利，并投入规范使用；（4）进一步巩固竹纤维领域的盟主地位。利用天竹纤维专利的优势，开发有意愿和能力的棉纺、毛纺、麻纺企业以拓展圣麻纤维市场；利用“天竹生活馆”平台，联合纺、织、染及成品制造商做好竹纤维终端拉动工作。

第二章 中纺投资发展股份有限公司

一、企业基本情况

中纺投资发展股份有限公司（下称中纺投资）组建于 1996 年，1997 年 5 月在上海证券交易所挂牌上市。公司主要从事纺织品、纺织原材料、化轻材料和新产品的开发、生产和销售，动物纤维及其他纺织纤维的生产、销售，信息咨询服务等业务。公司控股、参股北京同益中特种纤维技术开发有限公司、上海中纺物产发展有限公司、无锡华燕化纤有限公司、包头中纺山羊王实业有限公司、上海纺通物流发展有限公司、上海萨瓦多毛纺有限公司等多家公司。2007 年 11 月，随着其大股东中国纺织物资总公司整体划转到国家开发投资公司，中纺投资实际上成为国家开发投资公司的子公司。

二、生产经营状况

（一）主要业务领域

公司主要经营纺织原材料、纺织新型材料、纺织品、特种纤维、工程塑料行业新材料的研究开发、生产、销售以及自营和代理进出口业务、保税业务、实业开发和投资，主要产品包括锦纶单丝、高强 PE 纤维、热塑性弹性体树脂、海岛超细纤维、无纬布、涤纶长丝、羊毛、羊绒制品等。

（二）国内地位

中纺投资致力于开发、研究、生产特种纤维，引进进口设备规模化生产超高分子量聚乙烯纤维。该纤维与碳纤维、芳纶纤维并列为当今世界的三大高性能特种纤维。并且，公司是目前国内规模较大的锦纶和涤纶单丝生产企业，产品广泛应用于各领域。在自身壮大的同时，也为社会、股东和广大员工创造了财富和机遇，在国内纺织类上市公司中名列前茅。

（三）生产运行

中纺投资高强 PE 纤维年生产能力达到 600 吨、高强 PE 纤维制品 200 吨、锦纶和涤纶长丝 35000 吨(其中单丝 10000 吨)、以及热塑性弹性体 3000 吨。除了化纤外，公司的毛纺业务业发展迅猛，已形成了羊绒粗纺 180 吨，精纺、半精纺 100 吨，羊绒制品 30 万件的生产加工和销售能力。

上市多年来，中纺投资十分注重研发投入和人才培养。公司与国内多家知名的高校和研究机构建立了合作关系。如在上海成立了中纺新型合成材料研发中心，在北京成立了中纺复合材料研发中心，在上海与东华大学合作成立了中纺——东华联合研发中心。同时引进各类专业技术人才，建成一支以国内各名牌高校毕业的博、硕士研究生为主体的研发队伍。

（四）经济效益

中纺投资始终坚持以市场为导向，不断开拓国内国际市场，在自我完善和扩张中逐步实现经济效益的提升。但自 2008 年全球性金融危机爆发后，中纺投资的生产经营受到了明显的影响，营业收入出现了自 2005 年以来的首次负增长。这一局面一直延续到 2009 年年末。自 2010 年开始，中纺投资的生产经营回暖，当年实现营业收入 18 亿元，较 2009 年相比增长了近 50%，利润更是实现了 400% 的增长。进入 2011 年，公司前 3 季度生产经营仍然维持了良好态势，但进入第 4 季度后，生产和销售出现了下滑，营业收入增速下滑。2011 年全年，中纺投资实现营业收入 30.13 亿元，较 2010 年相比增长了 63.31%，但利润仅为 1675.71 万元，较 2010 年相比下降了 20%。

三、经营战略

（一）业务拓展

中纺投资的主要产品包括超高分子量聚乙烯纤维（高强 PE 纤维）及其制品、锦纶单丝、涤纶单丝、锦纶复丝、涤纶复丝、海岛超细纤维、热塑性弹性体、羊毛及羊绒制品等。经过多年的业务扩建，涉足经营进料加工和三来一补业务、开展对外贸易和转口贸易、以及与上述产品相关的技术服务、咨询服务和信息服务。目前，该公司已经建立了遍及全国的市场销售网络，与日、美、土耳其、印度、韩国、澳洲、欧洲、中国香港等国家和地区有广泛的进出口业务关系。

（二）市场战略

公司始终以“立足纺织，超越纺织”为产业升级方向，坚持以研发和服务为基础，以高(技术)、新(材料)、特(种纤维)作为产品定位，加大科技投入，加快创新步伐，以规模化、效益化、专业化为目标，逐步形成了以特种功能性纤维为核心，以差别化纤维和贸、工、技一体化毛纺业务为基础、以热塑性弹性体业务为新的效益增长点的产业布局。

第三章

伊利集团

一、企业基本情况

内蒙古伊利实业集团股份有限公司（下称伊利集团）是目前我国规模最大、产品线最全的乳业领军者，也是唯一一家同时符合奥运及世博标准、先后为奥运会及世博会提供乳制品的国内企业。1993年2月18日，经呼和浩特市体改委批准，呼市回民奶食品总厂整体进行股份制改造，成立“内蒙古伊利实业股份有限公司”。1996年3月，伊利股票在上海证券交易所挂牌交易，成为全国乳品行业首家A股上市公司。1997年2月5日，内蒙古伊利集团正式成立。伊利集团由液态奶、冷饮、奶粉、酸奶和原奶五大事业部组成，全国所属分公司及子公司130多个，旗下拥有雪糕、冰淇淋、奶粉、奶茶粉、无菌奶、酸奶、奶酪等1000多个产品品种。

二、生产经营状况

（一）主要业务领域

液态奶、冷饮、奶粉、酸奶和原奶等乳品的研发、生产和销售。

（二）国内地位

伊利集团是全国乳品行业龙头企业之一，是国家520家重点工业企业和国家八部委首批确定的全国151家农业产业化龙头企业之一，是北京2008年奥运会唯一一家乳制品赞助商，也是我国有史以来第一个赞助奥运会的食品品牌。伊利集团连续五次入围“我国企业500强”，并连续八次入选“中证·亚商我国最具发展潜力上市公司50强”。2004年，作为国内仅有的两家企业，伊利和海尔跻身我国市场人气最旺十强品牌。在“我国500最具价值品牌”评选中，伊利以152.36亿元的品牌价值连续三次蝉联我国食品业首位。2005年，在中央电视台举办的“我最喜爱的我国品牌”评选活动中，伊利以较高的得票数获得消费者的青睐，成为我国食品行业的第一品牌。

（三）生产运行

为保证产品的天然品质，伊利集团建立了全国最大的优质奶源基地——内蒙古呼和浩特市、呼伦贝尔大草原和黑龙江杜尔伯特大草原。为保证奶源的充足，伊利集团先后进行了一系列开创性举措，率先实行“公司＋农户”的经营模式，实行“分散饲养、集中挤奶、优质优价、全面服务”，中国食品工业协会将此举作为成功经验在全国行业内进行推广。伊利集团先后为奶源基地投入近10亿，建标准奶站、奶牛小区、牧场园区，大力推进“个体牧场＋养殖小区＋牧场园区＋现代化奶站”的奶牛饲养模式，引进了国际一流的现代化全自动挤奶机和原奶质量检测分析系统，实现了奶牛饲养业向科学化、规范化、集约化、现代化经营模式的转变，为我国乳业的奶牛养殖、优质奶源基地建设开创了全新的模式。

为确保产品质量的稳定性，伊利集团采取了一系列的措施：为避免生产过程中的污染，劳动强度较大的工序采用机器人操作；引进了世界一流、具有极强识别记忆的全自动立体仓储系统，容量20000多吨，实行STV无人驾驶自动穿梭小车运输管控；采用了从原奶收购、成品出库到进入市场的MES产品完善追踪链，包装过程中实行信息中央管理和自动采集样品检测，有效实现产品追溯的安全防范系统；应用了从奶车进入、清洗、原奶化验、过泵、收奶、车体内部洗浴刷卡的“一卡通”安全保证系统；通过互联网实现了多媒体会议及视听系统、公共广播系统、公众信息发布与查询系统，有效节约了能源和人力，实现了开放性、高效性、实用性、可靠性的特点。

（四）经济效益

伊利生产的具有清真特色的“伊利”牌雪糕、冰淇淋、奶粉、奶茶粉、无菌奶、酸奶、奶酪等1000多个品种通过了国家绿色食品发展中心的绿色食品认证，伊利雪糕、冰淇淋连续十一年产销量居全国第一，伊利超高温灭菌奶连续八年产销量居全国第一，伊利奶粉、奶茶粉产销量2005年跃居全国第一位。

2002年，伊利荣登年度我国上市公司经营业绩百强榜首。从2003年至2006

年，伊利集团主营业务收入高居行业第一，一直以强劲的实力领跑我国乳业。2008年，金融危机引发的全球性经济危机和“三聚氰胺事件”致使消费需求下降，乳制品消费市场受到了巨大冲击。但伊利仍然坚挺增长势头，全年完成主营业务收入215.38亿元，较上年增长12.13%。2009年全年实现主营业务收入242.08亿元，较上年同期增长12.40%；实现归属于母公司所有者的净利润6.48亿元，实现基本每股收益0.81元。2010年，国内乳品行业进入恢复增长期，乳品市场规模逐步扩大，全年完成主营业务收入295.45亿元，较上年增长22.05%；归属于母公司所有者的净利润为7.77亿元；实现基本每股收益0.97元；奶粉收入超过46亿元，同比增长近17%，以奶粉为代表的高附加值乳制品占比超过40%。在超过46亿元的业绩当中，金领冠婴幼儿奶粉增幅超过126%，婴幼儿奶粉以13%的销量份额领衔国产品牌。2011年，伊利集团实现营业收入372.66亿元，同比增长26.13%，超额完成既定经营目标。归属于母公司所有者的净利润为18.09亿元，实现基本每股收益1.13元。

三、经营战略

（一）技术创新战略

首先，引进国际先进技术，实施技术改造。1999年以来，伊利集团先后投资8个多亿，全面启动乳业技术改造工程。投资2.6亿元建立了国内规模最大、技术水平最高的超高温灭菌奶生产基地，全套引进了当前世界先进水平德国GEA牛奶无菌加工设备和瑞典利乐超高温灭菌奶包装线，全部生产过程实现了自动化生产；投资2.5亿元在黑龙江杜尔伯特县新建目前我国单线生产能力最大、技术最先进的高档奶粉生产基地；引进德国、丹麦、瑞典和日本的先进设备和工艺，投资3.5亿元在呼和浩特建成亚洲最大的乳制品生产基地，日处理鲜奶能力1800吨，投资完成后，伊利集团实现了从收奶标准化、无菌灌装、机械手包装及出库的工业全自动化控制。

（二）市场拓展战略

首先，建立全国性物流配送体系和现代化营销体系，实现企业规模化发展。近年来伊利集团通过收购、兼并、资产重组、托管等方式先后在内蒙古中西部地区，北京、天津、上海、广东、黑龙江、河北、山东、陕西、湖北、安徽、新疆等地建立了自己的生产基地，实现了企业规模化发展。

其次，致力于奶源基地建设，树立全国品牌。2010年，在国内乳品市场恢复增长时，伊利发起了“为消费者而变”的品牌升级行动，全面升级优质产品和服务标准进行，不断提升品牌形象，进行产品技术创新，优化奶源管理模式，提升渠道与终端管理水平，进一步提高公司的运营能力，全面推进品牌升级计划，打造领先品牌优势。

第四章 华北制药集团有限责任公司

一、企业基本情况

华北制药集团有限责任公司（下称华北制药）是我国大型制药企业之一，公司前身华北制药厂是我国“一五”计划期间的重点建设项目，由前苏联援建的156项重点工程中的抗生素厂、淀粉厂和前民主德国引进的药用玻璃厂组成。华北制药的建成，开创了我国大规模生产抗生素的历史，结束了我国青霉素、链霉素依赖进口的历史，缺医少药的局面得到显著改善。公司现为冀中能源集团有限责任公司的旗下企业，现有员工约15000人，其中工程技术人员4000余人，中高级技术职称占一半以上，研发人员占三分之一左右，国家突出贡献专家2人，享受国务院特殊津贴专家8人，河北省管优秀专家4人，河北省有突出贡献专家13人。华北制药集团旗下有37家公司，其中包括一家上市公司和多家外商投资企业。

二、生产经营状况

（一）主要业务领域

医药化工产品的生产、销售；植物提取物的生产、销售(国家另有规定的除外)；经营本企业自产产品及技术的出口业务和本企业所需的机械设备、零配件、原辅材料及技术的进口业务等。

（二）国内地位

华北制药是我国最大的化学制药企业。1986年，华北制药获得医药行业“国家质量管理奖”称号，1991年，组建新药研发中心，成为同行业首家国家级企业技术中心，同年入选国务院首批55家试点企业集团。1997年，入选国家经贸委首批6家技术创新试点企业，成为医药行业唯一一家入选的企业。过去的五十多年中，华北制药通过稳健经营，规模逐渐扩大，业务范围不断拓展，主要经济指标始终处于国内同行业前列，连续多年跻身全国最大工业企业500强和最佳经济效益工业企业行列。

医药化工方面，华北制药是目前我国最大的抗生素生产基地，抗生素产量原料药产量约占全国总产量的15%，粉针剂年产量也达到22亿支，产能规模居全国首位。依托传统抗生素工业基础，华北制药通过研发创新，目前已经形成抗生素、半合成抗生素、医药中间体、维生素、基因工程要、保健品、农药、兽药等多类别数百个品种。产品还远销世界30多个国家和地区，在国际市场上享有盛名。

（三）生产运行

1958–1978年二十年间，华北制药依靠挖掘内涵发展，通过开拓创新和技术引进，紧抓菌种选育、发酵以及提炼工艺条件的改革和优化，努力提升抗生素生产水平。成功将产品种类由建厂时的5种增加至75种，年产量增长近20倍。1981年，华北制药狠抓产品质量，成立全面质量管理办公室引进和推广全面质量管理，不断提高企业综合素质。截至1990年年底，华北制药共发展起紧密型联营企业25家，累计投资达5360万元。1991年3月10日，华北制药取得外贸进出口权和外事审批权，并先后组建财务公司及先要研发中心。自此，华药制药积极适应市场经济新形势，深化企业改革，并根据公司发展战略的需要先后收购兼并12家企业，租赁经营2家企业，生产经营和各项事业均取得了较大的发展。1996年1月,华北制药改组为华北制药集团有限责任公司。几十年的发展历程中，华北制药多措并举，挖潜降耗，努力降低生产成本；加大技术创新力度，努力实现现有产品的技术升级；优化公司治理结构，构建适应当代竞争的营销模式和物流体系。目前，华北制药已被建设成为紧密型、高效能、可持续的国内领先世界一流现代制药企业。

（四）经济效益

建成五十多年来，华北制药稳健经营，逐步壮大，经营范围不断拓展，销售额持续增长，业绩保持优良，主要经济指标始终处于国内同行业前列。2008年，公司实现主营业务收入 491096 万元，归属于母公司的净利润 26910 万元，同比分别增长了 16% 和 345%。2009 年，公司实现主营业务收入 48 亿元，公司于 2009 年三季度末计提资产减值准备 6.3 亿元，导致归属于母公司的净利润为 –3.82 亿元，扣除计提资产减值准备影响后为 2.47 亿元。2010 年，公司继续深化体制机制改革，加快推进内部资源整合和重点项目建设，强化全面预算管理及经营管控，积极探索营销机制创新，狠抓质量管理和关键技术突破，不断完善支撑保障体系，使公司的各项工作取得较好成效。全年实现销售收入 102.3 亿元，净利润 2.4 亿元。2011 年前三季度，公司已经实现营业收入 102.3 亿元，同比增长 55.25%，实现净利润 1695.57 万元。

三、经营战略

（一）业务拓展

建成五十多年来，华北制药稳健经营，逐步壮大，销售额持续增长，经营范围不断拓宽。公司与投产时相比，经营范围由单纯的制药拓展到了生物、化工、农药、商贸等领域，主要产品由 5 个增加到目前的包括抗生素原料药（中间体）、维生素及营养保健品、生物农兽药、现代生物技术药物、制剂五大系列 700 余个品种；由一家产权结构单一的工厂发展为拥有四十多家子、分公司的特大型企业集团。

（二）市场战略

华北制药一贯坚持“统筹整合、自主创新、优化升级、做精做强”的发展战略，力争把华药建设发展成为紧密型、高效能、可持续的国内领先世界一流的现代制药集团。近年来，为了促进企业的快速发展，制定了一系列措施：

（1）公司从降低采购成本，提高生产技术水平，节能降耗等多个方面着手，努力挖潜降耗。灵活调整产销策略，努力实现效益最大化。积极推进搬迁和新园区建设，加快产品结构战略转型。

（2）公司长期以来积极推进体制机制改革，注重营销创新。

（3）公司利用现代生物技术改造传统工艺，加强技术平台建设。应用生物转化工艺替代部分化学合成工艺，建设公司生物转化技术研发平台，进一步强化生物技术在生产、环保等环节的应用，不断提升企业在质量、成本、节能、环保等方面的综合竞争优势。

（4）抢占生物制药技术制高点，加快新品研发。围绕抗肿瘤、心血管、抗耐药菌、免疫抑制剂、生物药等领域，确定了一批重点研发产品，并按照规划目标积极推进。

近年来，公司以创新为突破口，加大研发投入，向高技术、高附加值产品为主导的高科技企业的方向迈进。目前，已建成一支以国内各名牌高校毕业的博、硕士研究生为主体的研发队伍，并与国内多家知名的高校和研究机构建立了密切合作关系。

第五章

河南羚锐制药股份有限公司

一、企业基本情况

河南羚锐制药股份有限公司（下称羚锐制药）于1992年6月由南省信阳羚羊山制药厂和香港锐星企业公司合资组建而成。目前，羚锐制药在北京、上海、武汉等地拥有十多家控股参股企业以及多个科研和生产基地。截至2009年，羚锐制药共有总资产10亿元，年创利逾亿元，成为支撑当地经济发展的龙头企业。

二、生产经营状况

（一）主要业务领域

羚锐制药主营业务包括中药、天然药品、化学药品、生物药品以及半成品和原料药的研发、生产和销售；保健产品、医疗器械的研究、生产和销售。经过多年发展，公司已研制出包括橡胶膏剂、片剂、胶囊剂、颗粒剂等在内的十大剂型百余种产品系列。

（二）国内地位

羚锐制药是国家火炬计划的重点高新技术企业，也是橡胶膏剂药业中首家上市公司。公司先后被评为“全国中药50强企业”、“全国中药系统先进集体”、“全国医药优秀企业”、“全国精神文明建设工作先进单位”等。“羚锐”商标被国家工商行政管理总局认定为“中国驰名商标”，成为橡胶膏剂药业中首件驰名商标。

（三）生产运行

成立以来，羚锐制药通过改革创新，提升了产品的市场竞争力，打造起羚锐品牌优势和规模优势，经济效益快速增长。2001 年 6 月，公司橡胶膏剂、胶囊剂和颗粒剂三个主导产品车间顺利通过国家 GMP 认证，通络祛痛膏、壮骨麝香止痛膏两个主导产品连年销售收入超亿元，成为国内外贴膏剂产品总的领先品牌。公司还先后参股武汉健民药业集团有限公司和控股北京羚锐伟业科技有限公司等十余家企业，形成集团化经营态势。同时，为了扩大经营规模，公司还建成了羚锐信阳科技园，先后完成了羚锐新县生态工业园区的橡胶膏剂热压法生产线的技改和丹鹿通督片产业化等一系列重大科技攻关项目，使羚锐新县生态工业园年生产贴膏剂产品达 20 亿贴，进一步扩大了自己的中医药特别是膏剂药品生产能力。

（四）经济效益

自“十一五”以来，虽然羚锐制药的生产经营整体呈现出良好态势，但因中药材价格的波动，羚锐制药的生产经营波动较大。在 2006–2011 年的 6 年中，有 3 年营业收入都出现了负增长现象。其中，2010 年的表现最为明显。与 2009 年相比，2010 年公司的营业收入下降了 17%。进入 2011 年以后，公司的生产经营有所改观。2011 年全年，公司实现营业收入 4.48 亿元，较 2010 年相比增长了 17.7%。但利润却出现了明显的下降，由 2010 年的 4855.77 万元降至 2985.14 万元，下降了近 40 个百分点。

三、经营战略

（一）业务拓展

为实现公司的扩张和壮大，羚锐制药不断开拓业务，培育新的增长点。1997 年，羚锐兼并原信阳地区中药厂。2000 年，注资重组了信阳商城制药厂，组建了河南羚锐商城制药有限公司。公司上市后，投入数千万元扩建了新县羚锐生态工业园区，引进国内一流生产设备，兴建信阳羚锐科技园作为内服药生产基地。2001 年 4 月，羚锐公司与北京化工大学和中医研究院中药研究所共同组建北京羚锐伟业科技有限公司，并在中关村建立药物研发基地，使企业向产、学、研一体化方向迈出了一大步，从而形成了羚锐公司的“三大基地”。2001 年，羚锐制药收购武汉健民药业集团 22% 的股份，成为其第二大股东。同年与北京卫生材料厂共同组建了北京羚锐卫生材料有限公司。2002 年，公司投资组建河南羚锐生物药业有限公司，开发治疗烧、烫伤软膏产品。为强化主业，羚锐制药于2003年控股重组河南绿达保健品股份有限公司、组建河南羚锐保健品股份有限公司、在郑州组建了羚锐郑州制药、在信阳组建了信瑞公司。羚锐公司还通过积极组建河南羚锐投资发展有限公司、河南羚锐房地产有限公司等措施，使企业在强化制药主业的同时，生产经营得以向制药相关产业延伸，进一步完善了自己的生产能力，提高了市场占有率。

为了打造国际化的市场品牌，羚锐制药在自主进出口经营的同时还积极开拓海外代理业务，利用专业外贸公司广泛的销售渠道和各种信息扩大自己的外贸领域。在为羚锐公司产品出口提供有力保障的同时，也为羚锐牌系列产品打入国际医药市场羚锐公司融入全球经济一体化奠定了坚实的基础。

（二）市场战略

羚锐制药始终坚持走“科技兴企、质量创优”的发展道路，实施名牌战略，致力于打造我国医药乃至世界医药的优秀企业。1993年开始，公司年销售收入的5%–8%用于科研专项资金，全力投入科技创新和科研开发工作，积极推进名牌战略的实施。近年来，公司更进一步明确以透皮贴剂为特色，提升固体制剂运营效益的发展战略方向，以价值管理为主线，将公司5年战略目标分解落实到每一年和每一个运营单位，以明确各部门和下属企业在公司的战略位置和未来的发展目标。公司以营销为龙头，不断优化营销资源的配置，加大对主导产品、重点产品、重点市场、营销资源的倾斜，适时调整营销策略，注重产品结构调整，严格营销团队的业绩考核，不断提升营销人员的专业素养和执行力，确保公司营销工作的有效进行。

第六章

TCL 集团股份有限公司

一、企业基本情况

TCL 集团股份有限公司（以下简称 TCL）创立于 1981 年，是中国最大的、全球性规模经营的电子企业集团之一，旗下拥有三家上市公司：TCL 集团（SZ.000100）、TCL 多媒体科技（HK.1070）、TCL 通讯科技（HK.2618）。集团旗下主力产业在中国、美国、法国、新加坡等国家设有研发总部和十几个研发分部，在中国、波兰、墨西哥、泰国、越南等国家拥有近 20 个制造加工基地，在全球 40 多个国家和地区设有销售机构，主要产品包括 TCL、Thomson 等品牌彩电以及 TCL、Alcatel 品牌手机。

二、生产经营状况

（一）主要业务领域

目前，TCL 已形成多媒体、通讯、华星光电和 TCL 家电四大产业集团，以及系统科技事业本部、泰科立集团、新兴业务群、投资业务群、翰林汇 TCL 集团、房地产六大业务板块。

（二）国内地位

经过三十年的发展，TCL 迅速发展成为中国电子信息产业中的佼佼者，获得多项荣誉，先后被评选为“中国最具生命力企业”、“全国企业自主创新十大杰出企业”、“财富 2007 年最受赞赏的中国公司”、“中国品牌百强榜最具影响力品牌 60 强”、“2010 中国最有价值品牌”等。1999 年，TCL 开始了国际化经营的探索，在新兴市场开拓推广自主品牌，在欧美市场并购成熟品牌，成为中国企业国际化进程中的领头羊。

在发展壮大中，TCL 确立了自主创新方面的优势和能力，诞生了中国第一台免提式按键电话、第一台 28 寸大彩电、第一台钻石手机、第一台国产双核笔记本电脑等很多具有划时代意义的创新产品。2011 年 TCL 品牌价值达到了 501.18 亿元人民币，继续蝉联中国彩电业第一品牌。

（三）生产运行

为更好适应中国经济呈现的新产业快速成长、传统产业需要升级的特点，2011 年 TCL 完善了新的立体战略价值模型，着眼于工业能力、技术能力和全球化运营能力，全面提升企业面对未来的综合竞争能力。TCL 集团“4+6”新业务架构中的各产业以速度、效率和成本控制为基础，持续优化生产工艺，推进卓越绩效管理准则的应用以及加强对关键部品的开发与创新，增强在产业价值链上的纵深整合能力，以实现产业的有效升级。同时，加强对新材料、新技术的开发和应用，创造出更多高附加值产品，保证集团盈利能力的持续改善。

根据各产业发展阶段的不同，TCL 在多媒体、通讯、华星光电和家电四大主导产业积极推进了全球化运营能力建设，强化全球化布局和供应链能力，提升整体竞争力。2011 年，从各产业经营表现来看，多媒体电子业务（TCL 多媒体）坚持以“速度和效率”为主导的营运和营销策略，注重提升产品的竞争力，加强对营销渠道和运营周转的管理，纵使面对极具挑战性的经济环境，仍然实现了电视机销量的大幅增长和盈利能力的突破，实现扭亏为盈。通讯业务（TCL 通讯）在产品结构上贯行“保持在低端机型的优势、巩固在中端机型的强势、提升 3G Android 产品的研发能力”，在销售上执行“提升在优势市场的地位，积极突破中国市场”的策略，确保了销售的持续稳定增长。家电业务在 2011 年有效推进了新产品的开发和销售渠道的拓展，空调、冰箱、洗衣机等主要产品销量都有较大幅度的增长。2011 年 8 月初投产的华星光电 8.5 代液晶面板生产线项目，爬坡期进展顺利，良品率快速提升，与多媒体（整机组装）联动，在新品推出、技术引进以及成本控制等方面都有所突破，液晶产业链垂直一体化的优势开始显现。此外，TCL 的房地产、翰林汇等其他六个业务加强了管理能力的提升、产品优化和销售的拓展，实现了生产运营的平稳增长。

2011 年，TCL 累计获得国家、省部级以上奖励 183 项，累计承担国家级项目 63 项、省级项目 169 项。累计申请专利 5832 项，其中国外专利 404 项；累计授权专利 2688 项；累计参与制订国际标准 6 项、国家标准 39 项、行业标准 51 项、地方标准 14 项。

（四）经济效益

2011 年，TCL 实现营业总收入 608.34 亿元，同比增长 17.28%，销售收入 594.48 亿元，同比增长 18.30%。其中：多媒体电子产业实现销售收入 272.52 亿元，占 45.84%；移动通讯产业实现销售收入 88.13 亿元，占 14.83%；家电产业实现销售收入 65.03 亿元，占 10.94%；华星光电在 2011 年 10 月开始进入量产，实现销售收入 1.31 亿元，占 0.22%。此外，六大业务群中的翰林汇实现销售收入 122.93 亿元，占 20.68%。就国内外市场看，TCL 国内实现销售收入 371.29 亿元，占 62.46%，海外实现销售收入 223.19 亿元，占 37.54%。

2011 年，TCL 实现净利润 16.71 亿元，同比增长 253.73%，扣除非经常性损益后的净利润为 8.70 亿元。其中，归属于上市公司股东的净利润 10.13 亿元，同比增长 134.24%；归属于上市公司股东的扣除非经常性损益后的净利润为 3.97 亿元。

三、经营战略

（一）业务拓展

1、TCL 业务拓展历程

1981 年，惠阳地区电子工业总公司与港商合资成立“TTK 家庭电器有限公司”，主营录音磁带的生产和销售业务。1985 年，TCL 根据对通讯行业未来发展的准确判断，成立“TCL 通讯设备有限公司”，进军电话机领域。1986 年，TCL 商标在国家工商管理局正式注册，同年推出第一部免提式按键电话，凭借过硬的产品质量独步市场，带来了第一次事业腾飞，并且树立了 TCL 的品牌地位和口碑。加上初逢中国城乡用户需求大幅增长，TCL 电话在全国迅速铺开。TCL 用了三年时间，就实现了电话机产销量全国第一，国内市场的占有率近 50%，成为国内名副其实的电话机大王。

20 世纪 90 年代，TCL 以品牌为纽带，进行了一系列的资产并购重组，以低成本扩张，不断扩大企业的经营规模，驶入了高速发展的快车道。90 年代初，

TCL 抓住国内彩电行业相对饱和，但大屏幕彩电需求在迅速扩大的市场机会，集中有限资源从大屏幕彩电切入彩电业。1992 年，TCL 研制生产出 TCL 王牌大屏幕彩电并成功投放市场。1999 年 3 月，TCL 移动通信有限公司成立，仅用两年时间，成为国产手机第一强。同时，TCL 还不断将业务拓展至空调、洗衣机、电冰箱、电脑、小家电以及照明电器等领域，并迅速跻身全国同行业前列。

2、TCL 业务拓展策略

由上述历程可见，TCL 几次重要的业务拓展都以成熟市场的特定细分市场为切入点（见表 6–1）。

表 6–1　TCL 几次典型的新业务拓展策略

业务类别	市场状况	在细分市场上选择的突破口
彩电业务	进口品牌占大屏幕彩电百分之八十几的市场份额，价格奇贵； 第一批拥有电视机的家庭需要更新换代； 大屏幕彩电市场的销售升幅比中小屏幕更快。	以大屏幕彩电作为市场切入点，填补中档价格大屏幕彩电这个市场空白
PC业务	质量和服务较好的品牌机在市场上维持着高价格的身价； 在家庭和小企业用户中，低价的兼容机占据了很大的市场份额。	针对家庭用户，推出5 000元以下的低价电脑，为了节省成本而不预装操作系统，被业界称为“光屁股”电脑
手机业务	摩托罗拉、诺基亚、爱立信占据了80%左右的市场份额，其他西门子、索尼、三星等厂商也有各自表现出色的机型； 国产手机产品系列门类不齐全，模仿痕迹重，特色不明显，几乎均不被人们所知。	针对手机的产品周期越来越短的特点，推出钻石、宝石手机，迎合部分中国人把手机当成耐用品和奢侈品的习惯

（二）市场战略

1、市场营销理念

在激烈的市场竞争中，TCL 探索出一整套符合企业自身发展特点和适应市场环境变化的营销理念。由于公司产品涉及空调、洗衣机、电冰箱、电脑、小家电以及照明电器等多个细分子市场，每个细分子市场的渠道、促销和定价都有所区别。因此，TCL 采取了差异市场营销和品牌营销想结合的营销理念，通过 TCL 这一品牌知名度打造在各细分市场的核心竞争优势。

2、市场营销模式

TCL 采取渠道营销模式，先后推出“有计划的市场推广”、“区域市场推广”战略，并实施“深耕细作”和“千店工程”计划，与国内大型渠道经销商达成合作，迅速在全国范围内广布营销网络。同时开展以“幸福快车”为标志的服务营销，完善 TCL 这一品牌的营销体系。

3、国际化战略

TCL 的国际化战略是其市场战略的重要组成部分，国际化过程包括三个阶段：

第一阶段：规模积累和品牌初创阶段。该阶段 TCL 以贸易为主，从电话机的来料加工到彩电研制生产再到冰箱、空调、洗衣机、电脑等细分市场的成功切入，TCL 的企业规模日渐扩大，品牌知名度日益提高。

第二阶段：国际化的初创阶段。TCL 于 1998 年开始探索国际化经营，以 TCL 国际控股有限公司在香港上市为契机，采取“步步为营，先易后难”的策略，首先从东南亚、中东、东欧、南非等发展中国家的新兴市场开始拓展海外业务，推广 TCL 自有品牌，建立销售网络。截至 2004 年，TCL 海外业务平均增长速度达到 106%。

第三阶段，国际化布局阶段。在新兴市场中积累了一定的国际化运作经验之后，TCL 对法国汤姆逊彩电业务和阿尔卡特手机业务进行并购重组，成立 TCL 汤姆逊电子有限公司和 TCL 阿尔卡特移动电话有限公司进军欧美市场。借助汤姆逊和阿尔卡特的研发优势及国际化管理经验，TCL 在打通欧美市场的同时也提高了在海内外的品牌地位。目前，TCL 的业务涵盖了中国、欧洲、北美以及亚洲、独联体、中东、非洲、大洋洲、中南美洲等在内的新兴市场国家，客户和营销网络已遍及全球 100 多个国家和地区，在主要区域均已建立起领先的市场地位。

后 记

为全景展示过去一年国内外消费品工业的发展情况，深入剖析影响和制约我国消费品工业发展面临的突出问题，研判消费品工业未来的发展形势，我们集全所研究人员之力，组织撰写了《中国消费品工业发展蓝皮书(2012)》。

本书由杨拴昌主编，内容的撰写分工如下：闫逢柱负责书稿的整体框架设计，并撰写国际篇第一章、第三章和发展篇第三章。李向阳负责撰写国际篇第一章和区域篇，代晓霞负责撰写发展篇第二章、第三章和政策篇，姚霞负责撰写行业篇，陈娟负责撰写企业篇，蒋国策负责撰写发展篇第一章。

在本书的撰写过程中，得到了工业和信息化部消费品工业司王黎明司长、王伟副司长、孙平调研员等诸位领导的悉心指导和无私帮助，在此表示诚挚的谢意。

本书是目前国内唯一聚焦消费品工业的蓝皮书。我们希望通过此书的出版，能为消费品工业的行业管理提供一定的指导和借鉴，为保持我国消费品工业的持续健康发展进言献策。不足之处，恳请各位专家和读者批评指正。